中国人文社会科学期刊AMI
综合评价报告
（2018）

荆林波◎主　编
苏金燕　耿海英◎副主编

中国社会科学出版社

图书在版编目（CIP）数据

中国人文社会科学期刊AMI综合评价报告．2018／荆林波主编．
—北京：中国社会科学出版社，2020．1
ISBN 978－7－5203－5938－2

Ⅰ．①中…　Ⅱ．①荆…　Ⅲ．①人文科学—学术期刊—研究报告—
中国—2018　Ⅳ．①G237．5

中国版本图书馆CIP数据核字(2020)第013991号

出 版 人　赵剑英
责任编辑　喻　苗
责任校对　张小川
责任印制　王　超

出　　版　中国社会科学出版社
社　　址　北京鼓楼西大街甲158号
邮　　编　100720
网　　址　http://www.csspw.cn
发 行 部　010－84083685
门 市 部　010－84029450
经　　销　新华书店及其他书店

印　　刷　北京明恒达印务有限公司
装　　订　廊坊市广阳区广增装订厂
版　　次　2020年1月第1版
印　　次　2020年1月第1次印刷

开　　本　710×1000　1/16
印　　张　26.75
插　　页　2
字　　数　398千字
定　　价　128.00元

前　　言

荆林波

一直以来，中国社会科学院有三个定位：马克思主义的坚强阵地，哲学社会科学的最高学术殿堂，党中央、国务院的思想库与智囊团。就最高学术殿堂而言，我们也面临着习近平总书记在“5·17讲话”中所提及的问题，其中包括“学术评价体系不够科学”。

长期以来，学术评价体系不仅仅困扰着我国哲学社会科学研究者，而且也困扰着对应的管理者。如何科学地发挥学术评价的指挥棒，激发哲学社会科学研究者的热情，提高科研的产出水平，是当下我国哲学社会科学界面临的一个首要问题。为此，2013年12月26日，中国社会科学院中国社会科学评价中心正式挂牌，其宗旨就是要构建科学权威、公开公正的哲学社会科学的评价体系，探索一条中国特色的评价之路。

在初创时期，我们选择了有一定基础的学术期刊评价入手，通过近1年的共同努力，我们2014年11月在人民大会堂隆重推出了中国人文社会科学期刊评价研究报告，创新地提出了中国人文社会科学期刊AMI综合评价指标体系（简称AMI评价体系），独树一帜地倡导主观评价与客观评价相结合，坚持正确的意识导向，对存在政治方向问题的期刊实行“一票否决”。即使在定量评价方面，我们也做出了大量的尝试，包括：对期刊过去5年影响因子的计量，对期刊获奖的评分，对学科贡献的计量，等等。毫不夸张地说，我们的研究开创了中国人文社会科学期刊的新时代，引领了期刊评价的导向，获得了较为广泛的关注、认同与支持。比如，我们的研究报告荣获中国社会科学院 2014 年度创新工程十大成果。再比如，我们承接中宣部出版局等委托对教育部学科评估 A 刊经济学继续评价，联合原国家新闻出版广电总局进行期刊评价，我们可以直接从相关管理部门获得期刊的年检数据，这极大地增强了我们的数据可靠性。

我们并没有因此停止探索的脚步，根据我们的 AMI 评价体系，2015 年发布了《马克思主义理论学科期刊评价报告》，全面对马克思主义学科的期刊进行了综合评价，提出了针对性的政策建议，获得了相关部门的认可与采纳。

当然，我们并没有急于陆续发布期刊评价报告，我们根据期刊的发展状况、我们的研究能力，特别是考虑到评价的周期及其影响，我们慎重地决定每四年进行一次期刊评价。这个主导思想，尽管与有的评价机构不同，但是与中央的有关精神却十分吻合。比如，2018 年 7 月，中共中央办公厅、国务院办公厅印发《关于深化项目评审、人才评价、机构评估改革的意见》，要求深化“三评”改革，构建科学、规范、高效、诚信的科技评价体系，特别提出要建立中长期绩效评价制度，提出以 5 年为评价周期进行综合评价①。为此，我们从 2015 年开始，积极探索推出新的人文社会科学期刊评价报告，经过几年的艰苦努力，2018 年 11 月，我们正式推出了《中国人文社会科学期刊 AMI 期刊综合评价报告（2018 年）》，经过修改，我们正式出版此报告。通读此报告，我们认为它有如下特点：

第一，坚持并且持续创新 AMI 评价体系。我们在 2014 年 AMI 评价体系的基础上，根据现有的状况，进行了适度调整，进一步完善了我们的 AMI 评价体系，进而把我们的评价结果统称为 A 刊评价。

第二，扩大了评价期刊的范围。首先，我们传统的人文社会科学期

---

① 建立中长期绩效评价制度。根据科研机构从事的科研活动类型，分类建立相应的评价指标和评价方式，避免简单以高层次人才数量评价科研事业单位。建立综合评价与年度抽查评价相结合的中央级科研事业单位绩效评价长效机制。以 5 年为评价周期，对科研事业单位开展综合评价，涵盖职责定位、科技产出、创新效益等方面。5 年期间，每年按一定比例，聚焦年度绩效完成情况等重点方面，开展年度抽查评价。

刊的范围，即 A 刊的评价范围进一步扩大了，我们对近两千种人文社会期刊进行评价，这是我国目前期刊评价最大的一次。其次，我们对新刊，即创刊不足 5 年的期刊进行了评价，这是过去同行都没有触及的领域。最后，我们首次对在我国出版的英文期刊进行了评价。当然，如何在老刊与新刊之间、中文刊与英文刊之间做好评价平衡，也是我们面临的一个难题。所以，我们一直在探索与创新。2018 年 10 月 18 日分别召开新刊专家现场评审会和英文刊专家现场评审会，面对面地听取评审专家的意见，集思广益，不断完善，针对性地推出了新刊综合评价指标体系（新刊 AMI，2018）和英文刊综合评价指标体系（英文刊 AMI，2018）。这些有益的尝试，完善了我们的 AMI 评价体系，也为我们未来的发展积累了宝贵的经验。

第三，对学科分类进行了细化和调整。2014 年，我们对 24 个学科进行划分，而这次开展期刊评价时，结合教育部《学位授予和人才培养学科目录（2018 年）》、国家标准《学科分类与代码》（GB/T 13745—2009）以及《中国图书馆分类法（第五版）》等学科、图书分类的基础上，我们在 A 刊评价时共分成 3 个学科大类、23 个学科类和 33 个学科子类进行评价。第一大类侧重人文学科类期刊，第二大类侧重社会科学类期刊，第三大类侧重综合类期刊。

第四，塑造了全新的同行评价四个层级。2014 年，我们非常注重专家定性评价与数据定量评价相结合，充分发挥专家学者的同行评议作用。尽管如此，2014 年开展专家定性评价时，专家的选取仍然存在一定随意性。为此，为更好地开展期刊评价工作，充分发挥同行专家作用，我们构建了四个层次的同行评价专家层：

第一个层次，咨询委员会。咨询委员会委员由来自各领域具有重大影响力的专家学者和管理人员构成，并且考虑到地域、学科、年龄、机构等。目前，咨询委员会由 41 人组成，咨询委员会不设主任委员，所有委员享有同样权利。咨询委员负责对评价研究院开展期刊评价的全过程进行监督，提出改进意见。比如，2018 年 11 月 1 日，由我们组织召开了“中国人文社会科学期刊评价委员会”咨询委员会在京委员第一次全体会议。来自中国社会科学院、原国家新闻出版广电总局、中国人民解放军军事科学院、清华大学、北京大学、中国人民大学、北京师范大学、中国音乐学院等近十个政府机关、研究机构和高校的 30 余位专家学者和科研管理人员参加会议，再次审议了期刊评价指标体系及期刊评价结果等内容。

第二层次，学科专家委员会。期刊评价学科专家委员会的基本做法是：设立两个主任委员，一个是学科专家，一个是期刊专家。一般而言，每个学科中同一个单位的人员不超过两人。我们鼓励中国社会科学院以外的专家加入专家委员会，避免把专家委员会变成中国社会科学院的高级职称评定委员会。

2018 年 9 月 5 日，评价研究院在中国社会科学网对第一批建成的 24 个学科类的期刊评价专家委员会名单进行了公示，率先贯彻落实中央精神，从评价信息公开、透明开始。截至目前，共完成 29 个学科类共 465 个期刊评价专家委员会的筹建，另外 4 个学科的专家委员会名单已经初步拟定，后续工作正在推进过程中。除评价研究院自行组建各学科期刊评价专家委员会外，对于个别学科，特别是不熟悉的学科，还以委托形式委托在该学科具有一定科研实力的科研机构负责筹建。比如，委托北京大学负责人文地理学期刊评价专家委员会，委托北京体育大学负责心理学期刊评价专家委员会建设，委托浙江财经大学负责统计学期刊评价专家委员会的建设，委托南京体育学院负责体育学期刊评价专家委员会的建设，委托中南民族大学负责民族学与文化学的期刊评价专家委员会的建设，委托湖北经济学院负责环境科学期刊评价专家委员会的建设。

第三个层次，推荐专家。推荐专家，即由专家委员会委员、各期刊编辑部及评价院特邀专家推荐的同行评议专家。推荐专家成员涵盖了各学科甚至方向的专家，保证学科范围小、发行范围不大的期刊也能做到“每个期刊有人评”。2018 年 9 月，公示《中国社会科学评价研究院推荐专家名单》时有 4928 人，随后根据公示后反馈意见，对推荐专家名单进行了修订，最终确定为 5066 人。

第四个层次，评阅专家。包括科研人员、管理人员以及在读学生

（主要指博士、硕士研究生）。我们通过网络让评阅专家对期刊进行评价，并积极筹建评价研究院“哲学社会科学评价专家库”。截止 2018 年 10 月 30 日，参与评价研究院期刊评价工作并申请进入我院“哲学社会科学评价专家库”的共计 1426 人。根据评价研究院专家库遴选原则，共遴选出 728 人进入“哲学社会科学评价专家库”（不含咨询委、专家委、推荐专家）。

总之，通过该专家体系建设，有效完善了同行评议专家队伍，确保了评价研究院有的放矢的开展期刊评价工作，不仅可以高效、精准地征求专家意见，也使得整个评价研究院的评价工作具有可持续性。2018 年 10 月 27 日，在南京审计大学的全力支持下，中国社会科学评价研究院召开了中国人文社会科学期刊评价专家委员第一次学科主任委员扩大会议，包括咨询委员、主任委员、专家委员以及评价专家等近 80 人参加会议，对期刊综合评价指标体系及评价结果进行了讨论，对各学科期刊评价的前期工作进行审核，达成了“南审共识”，具体内容如下：

倡议每年 10 月的第四个星期六为“社科评价日”，加强期刊同行评议专家的联系，共同探讨推进期刊科学评价体系的建设；

坚持政治导向一票否决；

坚持公开公平公正的全过程透明评价原则；

坚持主观评价与客观评价、定性评价与定量评价相结合；

坚持符合期刊发展的周期评价；

坚持严格的期刊评价等级、绝不放水的原则；

坚持统筹全面发展、兼顾特色、地区差异的原则。

这些原则在 2018 年期刊评价过程中都得到了具体的体现。比如，本年度本来是对 1304 种期刊（A 刊），采用一票否决指标、学术不端指标后，共剔除 13 种期刊，最终仅对 1291 种期刊进行评价。又如，在期刊评价过程中，尽量公开期刊评价过程及重要环节，充分利用中国社会科学网、评价研究院微信公众号、期刊评价微信群等方式，扩大信息披露范围。再如，对一些小学科（绝学）、新兴学科、偏远地区的期刊等采取了一定的倾向，支持这些期刊的发展，而不是简单地采取“一刀切”的评价指标体系。

第五，期刊评价分五个等级，而同等级内的期刊不公布得分、不进行排名。2014 年，我们首创了从顶级期刊——权威期刊——核心期刊——扩展期刊四个层级，2018 年，我们又增加一个评价等级——入库期刊，变为期刊评价的五个等级。这次期刊评价结果，对参评期刊只给出评价等级，同一等级内期刊按期刊名称音序排列，不给出各期刊具体评价分数，以期避免大家过度关注分数，而影响反思期刊自身在吸引力、管理力和影响力等方面的差距。应该说，我们这些创新做法不仅仅得到了期刊界的广泛欢迎，也被其他评价机构所采纳。

第六，新的运行保障体制。从 2013 年年底挂牌“中国社会科学院中国社会科学评价研究中心”，我们曾经隶属社科院图书馆、社科院信息化管理办公室，一直是一个社科院的院属机构。经过多年的努力，在中国社会科学院院党组的大力支持下，经中编办、财政部等批准，“中国社会科学院中国社会科学评价研究中心”正式转制为“中国社会科学评价研究院”，成为一个独立的正局级单位，并且在 2017 年 7 月 21 日顺利挂牌，揭开了人文社科评价新的篇章。按照《中国社会科学评价研究院章程》，评价院全体人员认真筹划未来的发展规划，逐步勾画出未来五年发展目标、重大研究项目及工作路线图。

综上所述，经过又一轮的人文社会科学期刊的评价，我们再次检验了研究队伍，增强了我们的信心。我们公布评价报告之后，得到了社会各界的反应，通过这些反馈，我们也加强了与外界的联系，强化了彼此的了解，也为我们下一步进行相关评价奠定了坚实的基础。我们深信，我们的评价创新永远在路上，我们的创新必须与时代同步，与科研同步，才能真正发挥其应有的作用。

目　　录

第一篇　A刊评价报告

第二篇　A 刊评价与其他期刊评价的对比

第三篇　新刊评价报告

第四篇 英文期刊评价报告

第五篇　附件

图表目录

第一篇

A 刊评价报告

第一部分　A 刊评价说明

一　A 刊期刊评价指标体系

中国人文社会科学期刊评价是 2014 年中国社会科学评价研究中心（中国社会科学评价研究院前身）成立后开展的第一个大型评价项目，并于当年 11 月 22 日在人民大会堂发布《中国人文社会科学期刊评价报告（2014 年）》。今年，评价研究院完成“中国人文社会科学期刊 AMI 综合评价指标体系（A 刊 AMI，2018）”的设计工作，并将该指标体系运用到了实践中，对我国人文社会科学领域的 1291 种期刊进行了评价。

（一）中国人文社会科学期刊 AMI 综合评价模型

人文社会科学期刊评价主要从吸引力、管理力和影响力三个层次对期刊进行评价，中国人文社会科学期刊评价模型如图 1 所示。一是吸引力（Attraction Power）：指评价客体的外部环境，良好的外部环境能够吸引更多的资源，提升评价客体的吸引力。二是管理力（Management Power）：指评价客体管理者管理评价客体的能力，促进评价客体发展的能力。三是影响力（Impact Power）：是评价客体实力的直接表现，是吸引力和管理力水平的最终体现。

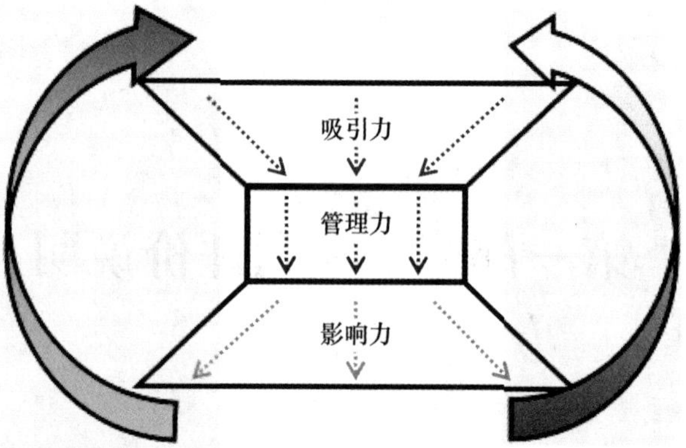

图 1　中国人文社会科学期刊综合评价模型

（二）中国人文社会科学期刊 AMI 综合评价指标体系

中国人文社会科学期刊 AMI 综合评价指标体系（A 刊 AMI，2018）（简称《A 刊 AMI 评价指标体系》）由 3 个一级指标、10 个二级指标和 24 个三级指标构成；实行一票否决制；设置一票否决指标、计分指标、扣分指标和观察指标。各指标按照三大学科类划分权重计分，各指标统计时间及数据来源有所不同。“中国人文社会科学期刊 AMI 综合评价指标体系（A 刊 AMI，2018）”见表 1。

该指标体系以《中国人文社会科学期刊评价报告（2014 年）》中指标体系为基础，根据国家近期相关政策文件精神、结合人文学科特点，在充分听取专家意见基础上制定“《A 刊 AMI 评价指标体系》”，步骤如下：

第一步：根据《中国人文社会科学期刊评价报告（2014 年）》中指标体系进行修改，确定《A 刊 AMI 评价指标体系》初稿；

第二步：召开共计 24 个学科的期刊评价专家委员会，讨论《A 刊 AMI 评价指标体系》；

第三步：向学界公示《A 刊 AMI 评价指标体系》，听取学界意见，公示信息见中国社会科学网“中国社会科学评价研究院 2018 年期刊评价指标体系及推荐专家名单公示”；

第四步：汇总专家意见，确定《A 刊 AMI 评价指标体系》。

表 1　　**中国人文社会科学期刊 AMI 综合评价指标体系（A 刊 AMI，2018）**

一票否决指标	如认为该成果有违马克思主义基本原理，或有违中央现行基本方针政策，或存在情节严重的捏造、篡改、抄袭等学术不端行为，则一票否决，直接取消参评资格。	是□（一票否决）	否□（继续打分）

指标权重 第一大类	指标权重 第二大类	指标权重 第三大类	一级指标	二级指标	三级指标	指标说明	指标采集时间、来源及备注
45%	40%	35%	吸引力	获奖状况	期刊、编辑人员获奖	中国出版政府奖，中宣部“四个一批”	时间：2012 年至今；来源：网络
						国家社科基金资助出版	时间：2012 年至今；来源：网络； 备注：已经取消资格的期刊不加分
						百强社科期刊	时间：2012 年至今；来源：网络
					论文获奖	论文获得的行业奖项	时间：2012 年至今；来源：网络； 备注：每个学科不多于 2 项
				论文状况	基金论文比	国家级基金的基金论文比	时间：2012—2016 年；来源：CHSSCD； 备注：中国人文社会科学引文数据库（CHSSCD）是评价院自建引文数据库，下同
					开放获取	开放获取的程度和更新速度	时间：2018 年 1—2 月采集；来源：网络
					下载量	篇均下载次数	时间：2018 年 1—6 月，2017 年 1—12 月； 来源：国家哲学社会科学文献中心学术期刊数据库（http：//www. nssd. org/）

续表

指标权重			一级指标	二级指标	三级指标	指标说明	指标采集时间、来源及备注
第一大类	第二大类	第三大类					
45%	40%	35%	吸引力	同行评议	专家委员	根据同行评议指标进行打分	时间：2018 年 1 月至今； 来源：座谈会、通讯评审等
					推荐专家	根据同行评议指标进行打分	时间：2018 年 9 月将开始； 来源：数据采集网站； 备注：由专家委员、编辑部及特邀专家推荐的学者构成（详见 http：//www. cssn. cn/index/gg/201807/t20180731_4514684. shtml）
					科研人员、管理人员	根据同行评议指标进行打分	时间：2018 年 9 月开始； 来源：数据采集网站； 备注：参加评议的人员要遵守学术规范，抽查学者的真实性，以保证评议人员的真实有效性
20%	20%	20%	管理力	学术不端		交叉引用/交叉署名，变相买卖版面，抄袭剽窃等学术不端行为	时间：2012 年至今； 来源：原国家新闻出版广电总局，CNKI 学术不端文献检测系统检测数据，评价院接到举报后核实的信息等； 备注：该指标为扣分指标，无学术不端行为得“0”分，存在问题进行扣分

续表

指标权重			一级指标	二级指标	三级指标	指标说明	指标采集时间、来源及备注
第一大类	第二大类	第三大类					
20%	20%	20%	管理力	编辑队伍、作者队伍	编辑队伍	编辑人员数量、学历构成等	时间：2012 年至今； 来源：原国家新闻出版广电总局，期刊自评表数据（详见 http：//www. cssn. cn/index/gg/2018 07/t20180731_4514684. shtml）； 备注：该指标为观察指标，2018 年评价时不计分，但会关注各期刊编辑队伍建设情况，为开展后续评价做准备
					作者队伍	作者的年龄、学历、地区、机构构成等情况	时间：2012—2016 年； 来源：CHSSCD 备注：该指标为观察指标，2018 年评价时不计分，但会关注各期刊作者队伍建设情况，为开展后续评价做准备
				制度规范	制度建设	采稿（约稿）制度、发稿（审稿）制度、业务考核制度	时间：2012 年至今； 来源：原国家新闻出版广电总局，期刊自评表数据（详见 http：//www. cssn. cn/index/gg/2018 07/t20180731_4514684. shtml），各期刊网站数据等

续表

指标权重			一级指标	二级指标	三级指标	指标说明	指标采集时间、来源及备注
第一大类	第二大类	第三大类					
20%	20%	20%	管理力	制度规范	编辑规范	中外文题录信息，参考文献著录规范性、准确性，出版规范	时间：2012 年至今； 来源：原国家新闻出版广电总局，期刊自评表数据（详见 http：//www. cssn. cn/index/gg/201807/t20180731_4514684. shtml），评价院对期刊论文抽检数据等
				信息化建设	网站建设	网站建设，网站内容完备性及更新情况	时间：2018 年 6 月； 来源：评价院采集各期刊网站建设情况
					在线稿件处理系统	在线投稿、审稿系统建设情况	时间：2018 年 8 月； 来源：评价院从各期刊网站采集该数据； 备注：旨在引导编辑部弥补传统投审稿方式的不足，提高投审稿效率、缩短出版周期，以满足网络环境下用户需求
					微信公众号	微信公众号建设情况	时间：2018 年 6 月； 来源：评价院从各期刊微信公众号采集该数据； 备注：新环境下期刊的建设情况

续表

指标权重			一级指标	二级指标	三级指标	指标说明	指标采集时间、来源及备注
第一大类	第二大类	第三大类					
35%	40%	45%	影响力	学术影响力	即年影响因子	期刊在统计年发表的论文在当年被引的次数与该刊当年发表的论文数之比	时间：2011—2016 年； 来源：CHSSCD、评价院自建文摘库
					影响因子	期刊在统计年前两年发表的论文在统计年被引的次数与该刊前两年发表的论文数之比	
					五年影响因子	期刊在统计年前五年发表的论文在统计年被引的次数与该刊前五年发表的论文数之比	
					论文转载量	中国社会科学文摘、新华文摘、高等学校文科学术文摘和人大复印报刊资料	
					期刊与学科关系指标	学科扩展指标：在统计源期刊范围内，引用该刊的期刊数量与其所在学科全部期刊数量之比； 学科影响指标：期刊所在学科内引用该刊的期刊数与全部期刊数量之比	

续表

指标权重			一级指标	二级指标	三级指标	指标说明	指标采集时间、来源及备注
第一大类	第二大类	第三大类					
35%	40%	45%	影响力	社会影响力	发行量		时间：2012—2016 年； 来源：原国家新闻出版广电总局； 备注：该指标为观察指标，2018 年评价时不计分
					网络显示度	网络传播力	时间：2012—2016 年； 来源：原国家新闻出版广电总局； 备注：该指标为观察指标，2018 年评价时不计分，但会关注期刊网络传播情况
				国际影响力	海外发行	版权输出、海外出版情况	时间：2012 年至今； 来源：原国家新闻出版广电总局； 备注：该指标为观察指标，2018 年评价时不计分
					国际引用	被国外期刊引用次数	时间：2012 年至今； 来源：CNKI 的《中国学术期刊国际引证年报》

二　A 刊学科划分与期刊归类

(一) 学科分类的划分依据

2018 年 7 月，中共中央办公厅、国务院办公厅印发了《关于深化项目评审、人才评价、机构评估改革的意见》（简称《三评意见》）。《三评意见》中提出，“三评”的指导思想是“统筹自然科学和哲学社会科学等不同学科门类，推进分类评价制度建设，发挥好评价指挥棒和风向标作用，营造潜心研究、追求卓越、风清气正的科研环境，形成中国特色科技评价体系”。

根据《三评意见》的指导思想，本年度进行 A 刊评价时按照学科大类和学科类进行。在结合教育部《学位授予和人才培养学科目录（2018年)》、国家标准《学科分类与代码》（GB/T 13745—2009）以及《中国图书馆分类法（第五版)》等学科、图书分类的基础上，2018 年度 A 刊评价时共分成 3 个学科大类、23 个学科类和 33 个学科子类进行评价。

第一大类侧重人文学科类期刊，包括考古文博、历史学、马克思主义理论、民族学与文化学、文学、艺术学、语言学、哲学和宗教学共计 9 个学科类、10 个学科子类。

第二大类侧重综合类期刊，共计 1 个学科类、2 个学科子类。

第三大类侧重社会科学类期刊，包括法学，管理学，环境科学，教育学，经济学，人文地理学，社会学，体育学，统计学，图书馆、情报与档案学，心理学，新闻学与传播学和政治学共计 13 个学科类、21 个学科子类。

(二) 期刊的学科归类方法

首先，我们参考《中国图书馆分类法》、期刊 CN 号（国内统一刊号)、期刊论文分类号等对期刊进行粗分类；

其次，参考 CNKI（知网)、万方数据平台等期刊数据库对期刊的分类进行修订；

第三，参考中国社会科学院《中国人文社会科学期刊评价报告》、南京大学《CSSCI 来源期刊目录》、北京大学《中文核心期刊要目总览》等对期刊分类进行调整；

第四，请相关专家把关，核查分类中出现偏差的期刊；

第五，请各期刊编辑部填写《期刊编辑部自评信息表》（见表 16），申报其期刊所属学科类；

第六，公示评价期刊名单及分类，接受学术界反馈意见，公示信息见中国社会科学网“中国社会科学评价研究院 2018 年评价期刊名单和分类公示”；

第七，汇总分类意见，确定期刊分类。

(三) 期刊源的分学科分布

以中国社会科学评价研究院自建的《中国人文社会科学期刊引文数据库（CHSSCD）》期刊源为基础，对期刊源中期刊的更名、合并、停刊等情况进行处理，筛选确定出我国大陆地区发行的 1291 种 2012 年及以前创刊的中文人文社会科学学术性期刊作为本次期刊评价的期刊源。将 1291 种期刊源按照 3 个学科大类、23 个学科类和 33 个学科子类进行划分，得到学科分类期刊数量分布表，如表 2 所示。

表 2　　中国人文社会科学期刊评价学科分类表

序号	学科大类	一级学科	二级学科	期刊种数
1	侧重人文学科	考古文博	考古文博	21
2		历史学	历史学	44
3		马克思主义理论	马克思主义理论	21
4		民族学与文化学	民族学与文化学	36
5		文学	外国文学	7
6			中国文学	30
7		艺术学	艺术学	53
8		语言学	语言学	40
9		哲学	哲学	20
10		宗教学	宗教学	8

续表

序号	学科大类	一级学科	二级学科	期刊种数
11	侧重社会科学	法学	法学	47
12		管理学	管理学	58
13		环境科学	环境科学	9
14		教育学	教育学	99
15		经济学	财政	17
16			工业经济	12
17			金融	28
18			经济管理	14
19			经济综合	60
20			贸易经济	28
21			农业经济	17
22			世界经济	10
23		人文地理学	人文地理学	27
24		社会学	社会学	22
25		体育学	体育学	19
26		统计学	统计学	6
27		图书馆、情报与档案学	图书馆、情报与档案学	42
28		心理学	心理学	9
29		新闻学与传播学	新闻学与传播学	28
30		政治学	国际政治	37
31			中国政治	95
32	侧重综合期刊	综合性人文社会科学	高校综合性学报	244
33			综合人文社科期刊	83
合计				1291

三 A 刊期刊分级排序方法

本次评价按照期刊学术水平、综合评价得分及实际工作情况依次划分为顶级、权威、核心、扩展及入库五个等级。这次评价结果的排序方法是“划等不排序”，每个等级期刊的排列顺序按照期刊名称音序进行排列。

(一) 顶级期刊

期刊等级划分中的最高级别，不仅代表其所在学科的最高研究水平，也代表了我国人文社会科学学术研究的最高水平。划分方法是以综合评价打分排序为依据，根据期刊的学术水平、所在学科分类的期刊数量及专家意见，坚持宁缺毋滥原则，确定每个学科的顶级期刊数量。

(二) 权威期刊

期刊等级划分中的第二级别，是其所在学科的高水平期刊。划分方法是以综合评价打分排序为依据，根据期刊所在学科分类的期刊数量及专家意见，确定每个学科的权威期刊数量。每个学科一般有 1 个权威，但不超过 5 个权威。

(三) 核心期刊

期刊等级划分中的第三级别，能够代表其所在学科的研究水平。划分方法是以综合评价打分排序为依据，根据期刊所在学科分类的期刊数量及专家意见，基于一定比例确定每个学科的核心期刊数量。

(四) 扩展期刊

期刊等级划分中的第四个级别，是其所在学科具有一定学术水平的期刊。划分方法是以综合评价打分排序为依据，将进入本次评价范围，但非顶级、权威、核心的期刊列为扩展期刊。每个学科的扩展期刊数量不限。

(五) 入库期刊

期刊等级划分中的第五个级别，是虽然未被列入本次期刊评价

(2018 年度)，但已经进入 CHSSCD 数据库因没有该刊连续 5 年以上引文数据，拟列入下一次期刊评价（2022 年）的期刊。

四　A 刊数据来源与采集时间

(一) 数据来源

本次评价的数据来源主要由三部分构成，一是评价院自建、自采数据，二是第三方数据，三是期刊编辑部自评数据。

1. 评价院自建、自采数据

（1）自主研发的数据库

• 中国人文社会科学引文数据库（CHSSCD）。由中国社会科学院自主研制建设，包含 1798 种期刊自 1999 年至 2016 年的期刊引文数据；

• 中国人文社会科学论文摘转数据库。由中国社会科学院自主研制建设，包括《新华文摘》《中国社会科学文摘》《高等学校文科学术文摘》及《人大报刊复印资料》，2012—2016 年论文摘转数据。

（2）评价院采集数据

• 纸本期刊数据。通过到图书馆直接阅读的方式采集期刊印刷质量、阅读舒适程度（检查字体字号、栏数）等指标信息；

• 电子版期刊数据。通过下载期刊论文电子版的形式抽查期刊论文参考文献信息准确性等内容；

• 网络信息数据。通过访问期刊网站、机构网站等采集期刊“网站建设”“微信公众号”等信息。

（3）调研数据

以问卷调查、电话咨询、实地走访、专家座谈等形式采集“同行评议”“匿名审稿”“审稿流程”等指标的数据。

2. 管理部门等第三方数据

（1）期刊管理部门数据

• 全国哲学社会科学工作办公室，2012—2017 年国家社科基金资助学术期刊考核情况；

• 原国家新闻出版广电总局，2012—2016 年期刊年检数据。

（2）期刊数据库数据

• 中国社会科学院国家哲学社会科学文献中心，学术期刊数据库，2018 年 1—6 月、2017 年 1—12 月下载量数据（http：//www. nssd. org/）；

• 中国知网，CNKI 学术不端文献检测系统检测数据。

3. 期刊编辑部自评数据

各期刊编辑部填写《期刊编辑部自评信息表》（见表 16），采集编辑队伍、管理制度等指标信息。

（二）采集时间

由于指标的计算方法不同，每个指标的采集时间亦有所不同。如“即年影响因子”由 CHSSCD 数据库 2016 年数据计算而得，“五年影响因子”由 CHSSCD 数据库 2011—2016 年数据计算而得出，“同行评议”指标问卷发放回收时间是 2018 年 9 月 28 日—10 月 15 日。

第二部分　A刊评价结果

一　A刊评价总体情况

本次评价采用《A刊AMI评价指标体系》，对1304种中国人文社会科学学术期刊进行初评，采用一票否决指标、学术不端指标以及停刊等原因剔除13种期刊，最终有1291种期刊参与评价，评出5种顶级期刊，56种权威期刊，519种核心期刊和711种扩展期刊。具体期刊等级分布情况如表3所示。

表3　　　　2018年中国人文社会科学期刊评价等级分布表

序号	学科大类	一级学科	二级学科	顶级	权威	核心	扩展	期刊种数
1	侧重人文学科	考古文博	考古文博		3	7	11	21
2		历史学	历史学	1	2	18	23	44
3		马克思主义理论	马克思主义理论	1	2	10	8	21
4		民族学与文化学	民族学与文化学		1	14	21	36
5		文学	外国文学		1	4	2	7
6			中国文学		2	12	16	30
7		艺术学	艺术学		1	23	29	53
8		语言学	语言学		3	19	18	40
9		哲学	哲学		1	10	9	20
10		宗教学	宗教学		1	2	5	8

续表

序号	学科大类	一级学科	二级学科	顶级	权威	核心	扩展	期刊种数
11	侧重社会科学	法学	法学		3	20	24	47
12		管理学	管理学	1	3	22	32	58
13		环境科学	环境科学		1	3	5	9
14		教育学	教育学		3	43	53	99
15		经济学	财政		1	7	9	17
16			工业经济		1	4	7	12
17			金融		1	11	16	28
18			经济管理		1	5	8	14
19			经济综合	1	2	24	33	60
20			贸易经济		1	12	15	28
21			农业经济		1	7	9	17
22			世界经济		1	4	5	10
23		人文地理学	人文地理学		1	10	16	27
24		社会学	社会学		1	10	11	22
25		体育学	体育学		1	10	8	19
26		统计学	统计学		1	1	4	6
27		图书馆、情报与档案学	图书馆、情报与档案学		3	17	22	42
28		心理学	心理学		1	3	5	9
29		新闻学与传播学	新闻学与传播学		1	11	16	28
30		政治学	国际政治		2	16	19	37
31			中国政治		3	40	52	95
32	侧重综合期刊	综合性人文社会科学	高校综合性学报		4	74	166	244
33			综合人文社科期刊	1	2	46	34	83
合计				5	56	519	711	1291

另外，还有 433 种期刊为中国社会科学院的“入库”期刊，2018 年未对其进行评价，拟于 2022 年时进行评价。

二　A 刊分学科期刊评价结果（33 个子学科，1291 种期刊）

第一大类：侧重人文学科

（一）考古文博

该学科共收录 21 种期刊，其中：权威期刊 3 种，核心期刊 7 种，扩展期刊 11 种。同等级内期刊按照期刊名称的音序排列。

序号	刊名	主办单位	等级
1	考古	中国社会科学院考古研究所	权威
2	考古学报	中国社会科学院考古研究所	权威
3	文物	文物出版社	权威
4	东南文化	南京博物院	核心
5	敦煌研究	敦煌研究院	核心
6	故宫博物院院刊	故宫博物院	核心
7	华夏考古	河南省文物考古研究院；河南省文物考古学会	核心
8	江汉考古	湖北省文物考古研究所	核心
9	考古与文物	陕西省考古研究院	核心
10	中原文物	河南博物院	核心
11	北方文物	黑龙江省文物考古研究所	扩展
12	草原文物	内蒙古自治区文物考古研究所	扩展
13	敦煌学辑刊	兰州大学敦煌学研究所	扩展
14	南方文物	江西省文物考古研究院	扩展
15	农业考古	江西省社会科学院	扩展
16	四川文物	四川省文物局	扩展
17	文博	陕西省文物局	扩展
18	文物保护与考古科学	上海博物馆	扩展
19	文物春秋	河北省博物院	扩展
20	文物世界	山西省文物局	扩展
21	中国国家博物馆馆刊	中国国家博物馆	扩展

(二) 历史学

该学科共收录44 种期刊，其中：顶级期刊1 种，权威期刊2 种，核心期刊18 种，扩展期刊23 种。同等级内期刊按照期刊名称的音序排列。

序号	刊名	主办单位	等级
1	历史研究	中国社会科学院	顶级
2	近代史研究	中国社会科学院近代史研究所	权威
3	中国史研究	中国社会科学院历史研究所	权威
4	安徽史学	安徽省社会科学院	核心
5	当代中国史研究	中国社会科学院当代中国研究所	核心
6	华侨华人历史研究	中国华侨华人研究所	核心
7	抗日战争研究	中国社会科学院近代史研究所；中国抗日战争史学会	核心
8	历史档案	中国第一历史档案馆	核心
9	民国档案	中国第二历史档案馆	核心
10	清史研究	中国人民大学	核心
11	史学集刊	吉林大学	核心
12	史学理论研究	中国社会科学院世界历史研究所	核心
13	史学史研究	北京师范大学	核心
14	史学月刊	河南大学；河南省历史学会	核心
15	世界历史	中国社会科学院世界历史研究所	核心
16	文献	国家图书馆	核心
17	中国边疆史地研究	中国社会科学院中国边疆史地研究中心	核心
18	中国经济史研究	中国社会科学院经济研究所	核心
19	中国农史	中国农业历史学会；中国农业科学院；南京农业大学；中国农业遗产研究室	核心
20	中国社会经济史研究	厦门大学历史研究所	核心
21	中国史研究动态	中国社会科学院历史研究所	核心
22	党史研究与教学	中共福建省委党校	扩展
23	福建史志	福建省地方志编纂委员会；福建省地方志学会	扩展

续表

序号	刊名	主办单位	等级
24	古代文明	东北师范大学世界古典文明研究所；东北师范大学亚洲文明研究院；东北师范大学世界文明史研究中心；东北师范大学出版社	扩展
25	古籍整理研究学刊	东北师范大学文学院古籍整理研究所	扩展
26	古今农业	全国农业展览馆	扩展
27	贵州文史丛刊	贵州省文史研究馆	扩展
28	海交史研究	中国海外交通史研究会；福建省泉州海外交通史博物馆	扩展
29	军事历史	军事科学院军队政治工作研究院	扩展
30	军事历史研究（暂时停刊）	解放军南京政治学院	扩展
31	历史教学	历史教学社（天津）有限公司	扩展
32	历史教学问题	华东师范大学	扩展
33	史林	上海社会科学院历史研究所	扩展
34	文史	中华书局有限公司	扩展
35	文史杂志	四川省人民政府文史研究馆；四川省人民政府参事室	扩展
36	西夏研究	宁夏社会科学院	扩展
37	西域研究	新疆社会科学院	扩展
38	盐业史研究	自贡市盐业历史博物馆；中国盐业协会	扩展
39	中共党史研究	中共中央党史和文献研究院	扩展
40	中国地方志	中国地方志指导小组办公室	扩展
41	中国典籍与文化	教育部全国高等院校古籍整理研究工作委员会	扩展
42	中国科技史杂志	中国科学技术史学会；中国科学院自然科学史研究所	扩展
43	中国历史地理论丛	陕西师范大学	扩展
44	中华文史论丛	上海古籍出版社有限公司	扩展

（三）马克思主义理论

该学科共收录 21 种期刊，其中：顶级期刊 1 种，权威期刊 2 种，核心期刊 10 种，扩展期刊 8 种。该学科类中包括学术期刊（如《马克思主义研究》）和时政理论期刊（如《求是》）。同等级内期刊按照期刊名称的音序排列。

序号	刊名	主办单位	等级
1	求是	中国共产党中央委员会	顶级
2	马克思主义研究	中国社会科学院马克思主义研究院	权威
3	中国特色社会主义研究	北京市社会科学界联合会；北京市中国特色社会主义理论体系研究中心；北京市科学社会主义学会	权威
4	当代世界与社会主义	中央党史和文献研究院；中国国际共运史学会	核心
5	党的文献	中共中央党史和文献研究院；中央档案馆	核心
6	红旗文稿	求是杂志社	核心
7	教学与研究	中国人民大学	核心
8	理论视野	中国马克思主义研究基金会	核心
9	马克思主义与现实	中央党史和文献研究院	核心
10	毛泽东邓小平理论研究	上海市社会科学院	核心
11	社会主义研究	华中师范大学	核心
12	思想理论教育	上海市高等学校思想理论教育研究会；上海市教育科学研究院	核心
13	思想理论教育导刊	高等教育出版社	核心
14	当代世界社会主义问题	山东大学当代社会主义研究所	扩展
15	党建	中共中央宣传部	扩展
16	国外理论动态	中共中央编译局	扩展
17	科学社会主义	中国科学社会主义学会	扩展
18	毛泽东思想研究	四川省社会科学院；四川省社会科学界联合会等	扩展
19	南京政治学院学报	解放军南京政治学院	扩展

续表

序号	刊名	主办单位	等级
20	思想教育研究	中国高等教育学会；思想政治教育分会；北京科技大学	扩展
21	思想政治教育研究	哈尔滨理工大学	扩展

(四) 民族学与文化学

该学科共收录 36 种期刊，其中：权威期刊 1 种，核心期刊 14 种，扩展期刊 21 种。同等级内期刊按照期刊名称的音序排列。

序号	刊名	主办单位	等级
1	民族研究	中国社会科学院民族学与人类学研究所	权威
2	北方民族大学学报·哲学社会科学版	北方民族大学	核心
3	广西民族大学学报·哲学社会科学版	广西民族大学	核心
4	贵州民族研究	贵州省民族研究院	核心
5	民俗研究	山东大学	核心
6	民族学刊	西南民族大学	核心
7	人类学学报	中国科学院古脊椎动物与古人类研究所	核心
8	世界民族	中国社会科学院民族学与人类学研究所	核心
9	西北民族研究	西北民族大学	核心
10	西藏研究	西藏社会科学院	核心
11	西南民族大学学报·人文社会科学版	西南民族大学	核心
12	云南民族大学学报·哲学社会科学版	云南民族大学	核心
13	中国藏学	中国藏学研究中心	核心
14	中南民族大学学报·人文社会科学版	中南民族大学	核心
15	中央民族大学学报·哲学社会科学版	中央民族大学	核心

续表

序号	刊名	主办单位	等级
16	大连民族大学学报	大连民族大学	扩展
17	广西民族研究	广西民族问题研究中心	扩展
18	贵州民族大学学报·哲学社会科学版	贵州民族大学	扩展
19	黑龙江民族丛刊	黑龙江省民族研究所	扩展
20	湖北民族学院学报·哲学社会科学版	湖北民族学院	扩展
21	回族研究	宁夏社会科学院	扩展
22	满族研究	辽宁省民族宗教问题研究中心	扩展
23	民间文化论坛	中国民间文艺家协会	扩展
24	内蒙古民族大学学报·社会科学版	内蒙古民族大学	扩展
25	青海民族大学学报·社会科学版	青海民族大学	扩展
26	青海民族研究	青海民族大学民族学与社会学学院；青海民族大学民族研究所	扩展
27	上海文化	上海市作家协会；上海社会科学院文学研究所	扩展
28	文化学刊	辽宁社会科学院	扩展
29	文化遗产	中山大学	扩展
30	西北民族大学学报·哲学社会科学版	西北民族大学	扩展
31	西部蒙古论坛	新疆维吾尔自治区社会科学界联合会	扩展
32	西藏民族大学学报·哲学社会科学版	西藏民族学院	扩展
33	原生态民族文化学刊	凯里学院	扩展
34	中国文化	中国艺术研究院	扩展
35	中国文化研究	北京语言大学	扩展
36	中华文化论坛	四川省社会科学院	扩展

(五) 文学・外国文学

该学科共收录 7 种期刊，其中：权威期刊 1 种，核心期刊 4 种，扩展期刊 2 种。同等级内期刊按照期刊名称的音序排列。

序号	刊名	主办单位	等级
1	外国文学评论	中国社会科学院外国文学研究所	权威
2	当代外国文学	南京大学外国文学研究所	核心
3	国外文学	北京大学	核心
4	外国文学	北京外国语大学	核心
5	外国文学研究	华中师范大学	核心
6	俄罗斯文艺	北京师范大学	扩展
7	世界文学	中国社会科学院外国文学研究所	扩展

(六) 文学・中国文学

该学科共收录 30 种期刊，其中：权威期刊 2 种，核心期刊 12 种，扩展期刊 16 种。同等级内期刊按照期刊名称的音序排列。

序号	刊名	主办单位	等级
1	文学评论	中国社会科学院文学研究所	权威
2	文学遗产	中国社会科学院文学研究所	权威
3	当代文坛	四川省作家协会	核心
4	当代作家评论	辽宁省作家协会	核心
5	杜甫研究学刊	四川省杜甫学会；成都杜甫草堂博物馆	核心
6	红楼梦学刊	中国艺术研究院	核心
7	鲁迅研究月刊	北京鲁迅博物馆	核心
8	民族文学研究	中国社会科学院民族文学研究所	核心
9	南方文坛	广西文联	核心
10	文艺理论研究	中国文艺理论学会；华东师范大学	核心
11	文艺理论与批评	中国艺术研究院	核心

续表

序号	刊名	主办单位	等级
12	文艺争鸣	吉林省文学艺术界联合会	核心
13	中国文学研究	湖南师范大学	核心
14	中国现代文学研究丛刊	中国现代文学馆	核心
15	创作与评论	湖南省文学艺术界联合会	扩展
16	郭沫若学刊	四川省郭沫若研究会	扩展
17	汉语言文学研究	河南大学	扩展
18	华文文学	汕头大学	扩展
19	明清小说研究	江苏省社会科学院文学研究所明清小说研究中心	扩展
20	南京师范大学文学院学报	南京师范大学文学院	扩展
21	蒲松龄研究	蒲松龄纪念馆	扩展
22	世界华文文学论坛	江苏省社会科学院	扩展
23	文学与文化	南开大学出版社	扩展
24	文艺评论	黑龙江省文学艺术界联合会；黑龙江省文艺评论家协会	扩展
25	现代中文学刊	全国高等教育自学考试指导委员会文史专业委员会；华东师范大学	扩展
26	小说评论	陕西省作家协会	扩展
27	新文学史料	人民文学出版社有限公司	扩展
28	扬子江评论	江苏省作家协会	扩展
29	中国比较文学	上海外国语大学；中国比较文学学会	扩展
30	中国韵文学刊	中国韵文学会；湘潭大学	扩展

(七) 艺术学

该学科共收录 53 种期刊，其中：权威期刊 1 种，核心期刊 23 种，扩展期刊 29 种。同等级内期刊按照期刊名称的音序排列。

序号	刊名	主办单位	等级
1	文艺研究	中国艺术研究院	权威
2	北京电影学院学报	北京电影学院	核心
3	北京舞蹈学院学报	北京舞蹈学院	核心
4	当代电影	中国电影艺术研究中心；中国传媒大学	核心
5	电影文学	长影集团有限责任公司	核心
6	电影艺术	中国电影家协会	核心
7	美术研究	中央美术学院	核心
8	美育学刊	杭州师范大学	核心
9	民族艺术	广西民族文化艺术研究院	核心
10	民族艺术研究	云南民族艺术研究院	核心
11	南方建筑	广东省土木建筑学会	核心
12	人民音乐	中国音乐家协会	核心
13	戏剧（中央戏剧学院学报）	中央戏剧学院	核心
14	戏剧艺术	上海戏剧学院	核心
15	星海音乐学院学报	星海音乐学院	核心
16	艺术百家	江苏省文化艺术研究院	核心
17	艺术评论	中国艺术研究院	核心
18	音乐研究	人民音乐出版社有限公司	核心
19	音乐艺术（上海音乐学院学报）	上海音乐学院	核心
20	中国电视	中国电视艺术委员会	核心
21	中国音乐	中国音乐学院	核心
22	中国音乐学	中国艺术研究院	核心
23	中央音乐学院学报	中央音乐学院	核心
24	装饰	清华大学	核心
25	当代戏剧	陕西省戏剧家协会	扩展
26	电影评介	电影评介杂志社	扩展
27	黄钟（武汉音乐学院学报）	武汉音乐学院	扩展
28	交响	西安音乐学院	扩展

续表

序号	刊名	主办单位	等级
29	解放军艺术学院学报	解放军艺术学院	扩展
30	乐府新声	沈阳音乐学院	扩展
31	美术	中国美术家协会	扩展
32	美术观察	中国艺术研究院	扩展
33	南京艺术学院学报・美术与设计版	南京艺术学院	扩展
34	南京艺术学院学报・音乐与表演版	南京艺术学院	扩展
35	设计艺术研究	武汉理工大学	扩展
36	世界电影	中国电影家协会	扩展
37	世界美术	中央美术学院	扩展
38	四川戏剧	四川省艺术研究院	扩展
39	文化艺术研究	浙江省文化艺术研究院	扩展
40	西北美术	西安美术学院	扩展
41	戏剧文学	吉林省艺术研究院	扩展
42	戏曲艺术	中国戏曲学院	扩展
43	新美术	中国美术学院	扩展
44	艺术工作	鲁迅美术学院	扩展
45	艺术教育	中国文化传媒集团	扩展
46	艺术设计研究	北京服装学院	扩展
47	艺术探索	广西艺术学院	扩展
48	艺术与设计・理论版	经济日报社	扩展
49	音乐创作	中国音乐家协会	扩展
50	音乐探索	四川音乐学院	扩展
51	浙江艺术职业学院学报	浙江艺术职业学院	扩展
52	中国书法	中国书法协会	扩展
53	中国戏剧	中国戏剧家协会	扩展

(八) 语言学

该学科共收录 40 种期刊，其中：权威期刊 3 种，核心期刊 19 种，扩展期刊 18 种。同等级内期刊按照期刊名称的音序排列。

序号	刊名	主办单位	等级
1	世界汉语教学	北京语言大学	权威
2	外语教学与研究	北京外国语大学	权威
3	中国语文	中国社会科学院语言研究所	权威
4	北京第二外国语学院学报	北京第二外国语学院	核心
5	当代修辞学	复旦大学	核心
6	当代语言学	中国社会科学院语言研究所	核心
7	方言	中国社会科学院语言研究所	核心
8	古汉语研究	湖南师范大学	核心
9	民族语文	中国社会科学院民族学与人类学研究所	核心
10	外国语	上海外国语大学	核心
11	外语教学	西安外国语大学	核心
12	外语界	上海外国语大学	核心
13	外语学刊	黑龙江大学	核心
14	外语研究	解放军国际关系学院	核心
15	外语与外语教学	大连外国语大学	核心
16	西安外国语大学学报	西安外国语大学	核心
17	现代外语	广东外语外贸大学	核心
18	语文研究	山西省社会科学院	核心
19	语言教学与研究	北京语言大学	核心
20	语言科学	江苏师范大学语言研究所	核心
21	语言研究	华中科技大学	核心
22	中国翻译	当代中国与世界研究院；中国翻译协会	核心
23	辞书研究	上海辞书出版社有限公司	扩展
24	俄语学习	北京外国语大学	扩展
25	汉语学报	华中师范大学	扩展

续表

序号	刊名	主办单位	等级
26	汉语学习	延边大学	扩展
27	汉字文化	北京国际汉字研究会	扩展
28	解放军外国语学院学报	解放军外国语学院	扩展
29	日语学习与研究	对外经济贸易大学	扩展
30	山东外语教学	山东师范大学	扩展
31	上海翻译	上海市科技翻译学会	扩展
32	外国语文	四川外国语大学	扩展
33	外语电化教学	上海外国语大学	扩展
34	外语教学理论与实践	华东师范大学	扩展
35	语文学刊	内蒙古师范大学	扩展
36	语言文字应用	教育部语言文字应用研究所	扩展
37	语言与翻译	语言与翻译杂志社	扩展
38	云南师范大学学报·对外汉语教学与研究版	云南师范大学	扩展
39	中国科技翻译	中国科学院科技翻译工作者协会	扩展
40	中国外语	高等教育出版社	扩展

(九) 哲学

该学科共收录 20 种期刊，其中：权威期刊 1 种，核心期刊 10 种，扩展期刊 9 种。同等级内期刊按照期刊名称的音序排列。

序号	刊名	主办单位	等级
1	哲学研究	中国社会科学院哲学研究所	权威
2	道德与文明	中国伦理学会；天津社会科学院	核心
3	科学技术哲学研究	山西大学；山西省自然辩证法研究会	核心
4	伦理学研究	湖南师范大学	核心
5	逻辑学研究	中国逻辑学会；中山大学	核心
6	世界哲学	中国社会科学院哲学研究所	核心
7	哲学动态	中国社会科学院哲学研究所	核心

续表

序号	刊名	主办单位	等级
8	中国哲学史	中国哲学史学会	核心
9	周易研究	山东大学；中国周易学会	核心
10	自然辩证法通讯	中国科学院大学	核心
11	自然辩证法研究	中国自然辩证法研究会	核心
12	船山学刊	湖南省社会科学界联合会	扩展
13	第欧根尼	中国社会科学院信息情报研究院	扩展
14	管子学刊	齐文化研究院	扩展
15	科学与无神论	中国无神论学会	扩展
16	孔子研究	中国孔子基金会	扩展
17	现代哲学	广东哲学学会	扩展
18	医学与哲学（A）	中国自然辩证法研究会	扩展
19	哲学分析	上海人民出版社；上海社会科学院哲学研究所	扩展
20	自然科学史研究	中国科学院自然科学史研究所；中国科学技术史学会	扩展

(十) 宗教学

该学科共收录 8 种期刊，其中：权威期刊 1 种，核心期刊 2 种，扩展期刊 5 种。同等级内期刊按照期刊名称的音序排列。

序号	刊名	主办单位	等级
1	世界宗教研究	中国社会科学院世界宗教研究所	权威
2	世界宗教文化	中国社会科学院世界宗教研究所	核心
3	宗教学研究	四川大学道教与宗教文化研究所	核心
4	法音	中国佛教协会	扩展
5	五台山研究	山西省社会科学院；五台山研究会	扩展
6	中国道教	中国道教协会	扩展
7	中国穆斯林	中国伊斯兰教协会	扩展
8	中国宗教	国家宗教事务局	扩展

第二大类：侧重社会科学

(十一) 法学

该学科共收录 47 种期刊，其中：权威期刊 3 种，核心期刊 20 种，扩展期刊 24 种。同等级内期刊按照期刊名称的音序排列。

序号	刊名	主办单位	等级
1	法学研究	中国社会科学院法学研究所	权威
2	中国法学	中国法学会	权威
3	中外法学	北京大学	权威
4	比较法研究	中国政法大学比较法研究院	核心
5	当代法学	吉林大学	核心
6	东方法学	上海市法学会；上海人民出版社	核心
7	法律科学（西北政法大学学报）	西北政法大学	核心
8	法律适用	国家法官学院	核心
9	法商研究	中南财经政法大学	核心
10	法学	华东政法大学	核心
11	法学家	中国人民大学	核心
12	法学论坛	山东省法学会	核心
13	法学评论	武汉大学	核心
14	法学杂志	北京市法学会	核心
15	法制与社会发展	吉林大学	核心
16	国家检察官学院学报	国家检察官学院	核心
17	华东政法大学学报	华东政法大学	核心
18	环球法律评论	中国社会科学院法学研究所	核心
19	清华法学	清华大学	核心
20	现代法学	西南政法大学	核心
21	政法论坛	中国政法大学	核心
22	政治与法律	上海市社会科学院法学研究所	核心
23	中国刑事法杂志	最高人民检察院检察理论研究所	核心
24	北方法学	黑龙江大学	扩展

续表

序号	刊名	主办单位	等级
25	北京警察学院学报	北京警察学院	扩展
26	法治研究	浙江省法学会	扩展
27	甘肃政法学院学报	甘肃政法学院	扩展
28	行政法学研究	中国政法大学	扩展
29	河北法学	河北政法职业学院；河北省法学会	扩展
30	河南财经政法大学学报	河南财经政法大学	扩展
31	江苏警官学院学报	江苏警官学院	扩展
32	交大法学	上海交通大学	扩展
33	人民检察	检察日报社	扩展
34	山东警察学院学报	山东警察学院	扩展
35	上海政法学院学报（法治论丛）	上海政法学院	扩展
36	时代法学	湖南师范大学	扩展
37	西部法学评论	甘肃政法学院	扩展
38	证据科学	中国政法大学	扩展
39	政法论丛	山东政法学院	扩展
40	知识产权	中国知识产权研究会	扩展
41	中国版权	中国版权保护中心	扩展
42	中国海商法研究	中国海商法协会；大连海事大学	扩展
43	中国监狱学刊	中央司法警官学院	扩展
44	中国检察官	国家检察官学院	扩展
45	中国人民公安大学学报·社会科学版	中国人民公安大学	扩展
46	中国司法鉴定	司法鉴定科学研究院	扩展
47	中国政法大学学报	中国政法大学	扩展

(十二) 管理学

该学科共收录 58 种期刊，其中：顶级期刊 1 种，权威期刊 3 种，核心期刊 22 种，扩展期刊 32 种。同等级内期刊按照期刊名称的音序排列。

序号	刊名	主办单位	等级
1	管理世界	国务院发展研究中心	顶级
2	经济管理	中国社会科学院工业经济研究所	权威
3	南开管理评论	南开大学	权威
4	中国软科学	中国软科学研究会；中国科学技术信息研究所	权威
5	公共管理学报	哈尔滨工业大学管理学院	核心
6	管理工程学报	浙江大学	核心
7	管理科学	哈尔滨工业大学管理学院	核心
8	管理科学学报	天津大学；国家自然科学基金委员会管理科学部	核心
9	管理评论	中国科学院大学	核心
10	管理学报	华中科技大学	核心
11	华东经济管理	安徽经济管理学院	核心
12	会计研究	中国会计学会	核心
13	科技管理研究	广东省科学学与科技管理研究会	核心
14	科技进步与对策	湖北省科技信息研究院	核心
15	科学管理研究	内蒙古自治区软科学研究会	核心
16	科学学研究	中国科学学与科技政策研究会	核心
17	科学学与科学技术管理	中国科学学与科技政策研究会；天津市科学学研究所	核心
18	科研管理	中国科学院科技战略咨询研究院	核心
19	领导科学	河南省社会科学界联合会	核心
20	外国经济与管理	上海财经大学	核心
21	系统工程理论与实践	中国系统工程学会	核心
22	研究与发展管理	复旦大学	核心
23	中国管理科学	中国优选法统筹法与经济数学研究会；中国科学院科技战略咨询研究院	核心
24	中国行政管理	中国行政管理学会	核心
25	中国科技论坛	中国科学技术发展战略研究院	核心
26	中国人力资源开发	中国人力资源开发研究会	核心
27	财会通讯	湖北省会计学会	扩展
28	财会月刊	武汉出版社；武汉市会计学会	扩展

续表

序号	刊名	主办单位	等级
29	财务与会计	中国财政杂志社	扩展
30	工程管理学报	哈尔滨工业大学；中国建筑业协会管理现代化专业委员会	扩展
31	公共管理与政策评论	中国人民大学	扩展
32	管理案例研究与评论	大连理工大学	扩展
33	管理工程师	郑州航空工业管理学院	扩展
34	管理现代化	中国管理现代化研究会	扩展
35	管理学刊	新乡学院；中国社会主义经济规律系统研究会	扩展
36	广西经济管理干部学院学报	广西经济管理干部学院	扩展
37	会计与经济研究	上海立信会计金融学院	扩展
38	会计之友	山西社会科学报刊社	扩展
39	技术经济与管理研究	山西社会科学报刊社	扩展
40	技术与创新管理	西安科技大学；陕西省高等学校科研管理协会	扩展
41	军事运筹与系统工程	军事科学院作战理论和条令研究部	扩展
42	科技导报	中国科学技术学会	扩展
43	科技与管理	哈尔滨理工大学	扩展
44	科技与经济	南京市科技信息研究所	扩展
45	科学决策	中国航天科技集团公司第 710 研究所；中国社会经济系统分析研究会；欧亚系统科学研究会	扩展
46	科学与社会	中国科学院学部；中国科学院科技政策与管理科学研究院	扩展
47	企业改革与管理	首钢集团有限公司	扩展
48	软科学	四川省科技促进发展研究中心	扩展
49	未来与发展	中国未来研究会	扩展
50	西部经济管理论坛	西华大学	扩展
51	系统工程	湖南省系统工程与管理学会	扩展
52	系统管理学报	上海交通大学	扩展
53	现代管理科学	江苏省技术经济与管理现代化研究会	扩展
54	预测	合肥工业大学预测与发展研究所	扩展

续表

序号	刊名	主办单位	等级
55	战略决策研究	广东外语外贸大学	扩展
56	中国科学基金	国家自然科学基金委员会	扩展
57	中国卫生政策研究	中国医学科学院	扩展
58	中国注册会计师	中国注册会计师协会	扩展

(十三) 环境科学

该学科共收录9种期刊，其中：权威期刊1种，核心期刊3种，扩展期刊5种。同等级内期刊按照期刊名称的音序排列。

序号	刊名	主办单位	等级
1	中国人口·资源与环境	中国可持续发展研究会；山东省可持续发展研究中心；中国21世纪议程管理中心；山东师范大学	权威
2	长江流域资源与环境	中国科学院资源环境科学与技术局；中国科学院武汉文献情报中心	核心
3	资源科学	中国科学院地理科学与资源研究所；中国自然资源学会	核心
4	自然资源学报	中国自然资源学会；中国科学院地理科学与资源研究所	核心
5	环境保护	中国环境出版社	扩展
6	环境科学研究	中国环境科学研究院	扩展
7	鄱阳湖学刊	江西省社会科学院	扩展
8	生态与农村环境学报	环境保护部南京环境科学研究所	扩展
9	中国环境管理	生态环境部环境发展中心	扩展

(十四) 教育学

该学科共收录99种期刊，其中：权威期刊3种，核心期刊43种，扩展期刊53种。同等级内期刊按照期刊名称的音序排列。

序号	刊名	主办单位	等级
1	北京大学教育评论	北京大学	权威
2	高等教育研究	华中科技大学；中国高等教育学会高等教育学专业委员会	权威
3	教育研究	中央教育科学研究院	权威
4	比较教育研究	北京师范大学	核心
5	大学教育科学	湖南大学；中国机械工业教育协会	核心
6	当代教育科学	山东省教育科学研究院	核心
7	电化教育研究	西北师范大学；中国电化教育研究会	核心
8	复旦教育论坛	复旦大学	核心
9	高等工程教育研究	华中科技大学；中国工程院教育委员会等	核心
10	高教发展与评估	武汉理工大学；中国交通教育研究会；高教研究分会；中国高等教育学会；教育评估分会	核心
11	高校教育管理	江苏大学	核心
12	国家教育行政学院学报	国家教育行政学院	核心
13	河北师范大学学报 · 教育科学版	河北师范大学	核心
14	湖南师范大学教育科学学报	湖南师范大学	核心
15	华东师范大学学报 · 教育科学版	华东师范大学	核心
16	江苏高教	江苏教育报刊总社	核心
17	教师教育研究	北京师范大学；华东师范大学；教育部高校师资培训交流北京中心	核心
18	教育发展研究	上海市教育科学研究院；上海市高等教育学会	核心
19	教育科学	辽宁师范大学	核心
20	教育科学研究	北京教育科学研究院；北京开放大学	核心
21	教育评论	福建省教育科学研究所；福建省教育学会	核心
22	教育学报	北京师范大学	核心
23	教育学术月刊	江西省教育科学研究所；江西省教育学会	核心
24	教育研究与实验	华中师范大学	核心
25	教育与经济	华中师范大学；中国教育经济学会研究会	核心

续表

序号	刊名	主办单位	等级
26	教育与职业	中华职业教育社	核心
27	开放教育研究	上海开放大学	核心
28	课程·教材·教法	人民教育出版社有限公司	核心
29	清华大学教育研究	清华大学	核心
30	全球教育展望	华东师范大学	核心
31	外国教育研究	东北师范大学	核心
32	现代大学教育	湖南省高等教育学会；中南大学	核心
33	现代教育管理	辽宁教育研究院	核心
34	现代教育技术	清华大学	核心
35	现代远程教育研究	四川广播电视大学	核心
36	学前教育研究	中国学前教育研究会；长沙师范学院	核心
37	学位与研究生教育	国务院学位委员会	核心
38	远程教育杂志	浙江广播电视大学	核心
39	中国电化教育	中央电化教育部	核心
40	中国高等教育	中国教育报刊社	核心
41	中国高教研究	中国高等教育学会	核心
42	中国高校科技	教育部科技发展中心	核心
43	中国教育学刊	中国教育学会	核心
44	中国特殊教育	中央教育科学研究院	核心
45	中国远程教育	中央广播电视大学	核心
46	中国职业技术教育	教育部职业技术教育中心研究所；中国职业技术教育学会；高等教育出版社有限公司；北京师范大学	核心
47	成人教育	黑龙江省教育学院	扩展
48	创新与创业教育	中南大学	扩展
49	大学教育	广西教育学院	扩展
50	当代继续教育	湖北大学	扩展
51	当代教育论坛	湖南省教育科学研究院	扩展
52	当代教育与文化	西北师范大学	扩展
53	当代职业教育	四川广播电视大学	扩展

续表

序号	刊名	主办单位	等级
54	高等教育研究学报	国防科技大学	扩展
55	高等理科教育	兰州大学；中国高等教育学会理科教育专业委员会	扩展
56	高教探索	广东省高等教育学会	扩展
57	高校辅导员	山东大学	扩展
58	高校辅导员学刊	安徽师范大学	扩展
59	广东第二师范学院学报	广东第二师范学院	扩展
60	广西教育学院学报	广西教育学院	扩展
61	黑龙江高教研究	哈尔滨师范大学；黑龙江省高教学会	扩展
62	华文教学与研究	暨南大学华文学院；暨南大学华文教育研究院	扩展
63	基础教育	华东师范大学	扩展
64	继续教育	解放军总装备部继续教育中心	扩展
65	继续教育研究	哈尔滨师范大学	扩展
66	江苏第二师范学院学报	江苏第二师范学院	扩展
67	教学研究	燕山大学	扩展
68	教学与管理	太原师范学院	扩展
69	教育理论与实践	山西省教育科学研究院；山西省教育学会	扩展
70	教育探索	黑龙江省教育科学研究院	扩展
71	教育文化论坛	贵州大学	扩展
72	教育与教学研究	成都大学	扩展
73	教育与考试	福建省教育考试院；厦门大学考试研究中心	扩展
74	考试研究	天津市教育招生考试院；天津人民出版社	扩展
75	科普研究	中国科普研究所	扩展
76	民族教育研究	中央民族大学	扩展
77	南昌师范学院学报	南昌师范学院	扩展
78	内蒙古师范大学学报·教育科学版	内蒙古师范大学	扩展
79	陕西学前师范学院学报·学前教育版	陕西学前师范学院	扩展
80	上海教育科研	上海市教育科学研究院普通教育研究所	扩展

续表

序号	刊名	主办单位	等级
81	上海教育评估研究	上海市教育评估院	扩展
82	数学教育学报	天津师范大学；中国教育学会	扩展
83	天津师范大学学报·基础教育版	天津师范大学	扩展
84	外国中小学教育	上海师范大学	扩展
85	渭南师范学院学报	渭南师范学院	扩展
86	物理教师	苏州大学	扩展
87	现代教育论丛	广东省教育科学研究所	扩展
88	现代远距离教育	黑龙江广播电视大学；黑龙江省远程教育学会	扩展
89	学校党建与思想教育	湖北长江报刊传媒集团	扩展
90	研究生教育研究	中国学位与研究生教育学会；中国科学技术大学	扩展
91	语文建设	语言出版社有限公司	扩展
92	职教论坛	江西科技师范大学	扩展
93	职业技术教育	吉林工程技术师范学院	扩展
94	职业教育研究	天津职业技术师范大学	扩展
95	中国成人教育	中华人民共和国教育部职业教育与成人教育司；中国成人教育协会；山东省教育厅	扩展
96	中国大学教学	高等教育出版社有限公司	扩展
97	中国俄语教学	北京外国语大学	扩展
98	中国考试	教育部考试中心	扩展
99	中国农业教育	南京农业大学	扩展

(十五) 经济学·财政

该学科共收录 17 种期刊，其中：权威期刊 1 种，核心期刊 7 种，扩展期刊 9 种。同等级内期刊按照期刊名称的音序排列。

序号	刊名	主办单位	等级
1	财政研究	中国财政学会	权威
2	财经科学	西南财经大学	核心
3	财经论丛	浙江财经大学	核心
4	财经问题研究	东北财经大学	核心
5	当代财经	江西财经大学	核心
6	审计研究	中国审计学会	核心
7	审计与经济研究	南京审计大学	核心
8	税务研究	中国税务杂志社	核心
9	财经理论研究	内蒙古财经大学	扩展
10	财经理论与实践	湖南大学	扩展
11	地方财政研究	辽宁省财政科学研究所；东北财经大学财政税务学院；辽宁大学地方财政研究院	扩展
12	国际税收	中国国际税收研究会；中国税务杂志社	扩展
13	湖南财政经济学院学报	湖南财政经济学院	扩展
14	税收经济研究	中共国家税务总局党校；国家税务总局税务干部进修学院	扩展
15	税务与经济	吉林财经大学	扩展
16	新疆财经	新疆财经大学	扩展
17	中国财政	中国财政杂志社	扩展

(十六) 经济学·工业经济

该学科共收录 12 种期刊，其中：权威期刊 1 种，核心期刊 4 种，扩展期刊 7 种。同等级内期刊按照期刊名称的音序排列。

序号	刊名	主办单位	等级
1	中国工业经济	中国社会科学院工业经济研究所	权威
2	产业经济研究	南京财经大学	核心
3	技术经济	中国技术经济学会	核心
4	建筑经济	中国建筑学会；中国建筑设计研究院；亚太建设科技信息研究院	核心

续表

序号	刊名	主办单位	等级
5	企业经济	江西省社会科学院	核心
6	产经评论	暨南大学	扩展
7	工业工程与管理	上海交通大学	扩展
8	工业技术经济	吉林省科学技术信息研究所；吉林省科学技术情报学会；创新方法研究会	扩展
9	海洋经济	国家海洋信息中心	扩展
10	中国国土资源经济	中国地质矿产经济学会；中国国土资源经济研究院	扩展
11	资源开发与市场	四川省自然资源科学研究院	扩展
12	资源与产业	中国地质大学（北京）；中国地质调查局；国土资源部人力资源开发中心	扩展

(十七) 经济学 · 金融

该学科共收录 28 种期刊，其中：权威期刊 1 种，核心期刊 11 种，扩展期刊 16 种。同等级内期刊按照期刊名称的音序排列。

序号	刊名	主办单位	等级
1	金融研究	中国金融学会	权威
2	保险研究	中国保险学会	核心
3	国际金融研究	中国银行股份有限公司；中国国际金融学会	核心
4	金融监管研究	《中国农村金融》杂志社	核心
5	金融经济学研究	广东金融学院	核心
6	金融理论与实践	中国人民银行郑州中心支行；河南省金融学会	核心
7	金融论坛	中国城市金融学会；城市金融研究所	核心
8	南方金融	中国人民银行广州分行	核心
9	银行家	《银行家》杂志社	核心
10	征信	中国人民银行郑州培训学院	核心
11	证券市场导报	深圳证券交易所综合研究所	核心
12	中国金融	中国金融出版社	核心

续表

序号	刊名	主办单位	等级
13	财务与金融	中南大学	扩展
14	金融发展研究	山东省金融学会	扩展
15	金融教育研究	江西师范大学	扩展
16	金融评论	中国社会科学院金融研究所	扩展
17	金融与经济	江西省金融学会	扩展
18	农村金融研究	中国农村金融学会	扩展
19	区域金融研究	广西金融学会	扩展
20	上海金融	上海市金融学会	扩展
21	投资研究	中国建设银行股份有限公司	扩展
22	武汉金融	中国金融学会;《武汉金融》杂志社	扩展
23	西南金融	四川省金融学会	扩展
24	新金融	交通银行股份有限公司	扩展
25	中国货币市场	中国外汇交易中心暨全国银行间同业拆借中心	扩展
26	中国钱币	中国钱币博物馆;中国钱币学会	扩展
27	中国医疗保险	中国医疗保险研究会	扩展
28	中国资产评估	中国资产评估协会	扩展

(十八) 经济学·经济管理

该学科共收录 14 种期刊，其中：权威期刊 1 种，核心期刊 5 种，扩展期刊 8 种。同等级内期刊按照期刊名称的音序排列。

序号	刊名	主办单位	等级
1	数量经济技术经济研究	中国社会科学院数量经济与技术经济研究所	权威
2	当代经济管理	河北地质大学	核心
3	宏观经济管理	国家发展和改革委员会《宏观经济管理》编辑部	核心
4	经济与管理	河北经贸大学	核心
5	经济与管理评论	山东财经大学	核心
6	经济与管理研究	首都经济贸易大学	核心

续表

序号	刊名	主办单位	等级
7	国土资源科技管理	成都理工大学；国土资源部科技与国际合作司	扩展
8	旅游论坛	桂林旅游学院	扩展
9	品牌研究	山西社会科学报刊社	扩展
10	企业管理	中国企业联合会	扩展
11	山东工商学院学报	山东工商学院	扩展
12	运筹与管理	中国运筹学会	扩展
13	郑州航空工业管理学院学报	郑州航空工业管理学院	扩展
14	中国劳动	人力资源和社会保障部劳动科学研究所；中国劳动学会	扩展

(十九) 经济学·经济综合

该学科共收录 60 种期刊，其中：顶级期刊 1 种，权威期刊 2 种，核心期刊 24 种，扩展期刊 33 种。同等级内期刊按照期刊名称的音序排列。

序号	刊名	主办单位	等级
1	经济研究	中国社会科学院经济研究所	顶级
2	经济学（季刊）	北京大学出版社	权威
3	经济学动态	中国社会科学院经济研究所	权威
4	财经研究	上海财经大学	核心
5	当代经济科学	西安交通大学	核心
6	当代经济研究	吉林财经大学	核心
7	改革	重庆社会科学院	核心
8	广东财经大学学报	广东财经大学	核心
9	贵州财经大学学报	贵州财经大学	核心
10	经济经纬	河南财经政法大学	核心
11	经济科学	北京大学	核心
12	经济理论与经济管理	中国人民大学	核心
13	经济评论	武汉大学	核心

续表

序号	刊名	主办单位	等级
14	经济社会体制比较	中共党史和文献研究院	核心
15	经济体制改革	四川省社会科学院	核心
16	经济问题	山西省社会科学院	核心
17	经济学家	西南财经大学；四川社会科学学术基金会（新知研究院）	核心
18	经济纵横	吉林省社会科学院；吉林省社会科学界联合会	核心
19	南方经济	广东省社会科学院；广东经济学会	核心
20	南开经济研究	南开大学经济学院	核心
21	上海财经大学学报·哲学社会科学版	上海财经大学	核心
22	西安财经学院学报	西安财经学院	核心
23	政治经济学评论	中国人民大学	核心
24	中国经济问题	厦门大学经济研究所	核心
25	中南财经政法大学学报	中南财经政法大学	核心
26	中南林业科技大学学报·社会科学版	中南林业科技大学	核心
27	中央财经大学学报	中央财经大学	核心
28	北方经济	内蒙古自治区发展研究中心	扩展
29	东北财经大学学报	东北财经大学	扩展
30	改革与战略	广西壮族自治区社会科学界联合会	扩展
31	广西财经学院学报	广西财经学院	扩展
32	河北地质大学学报	河北地质大学	扩展
33	河北经贸大学学报	河北经贸大学	扩展
34	宏观经济研究	中国宏观经济研究院（国家发展和改革委员会宏观经济研究院）	扩展
35	环渤海经济瞭望	天津市信息中心	扩展
36	江西财经大学学报	江西财经大学	扩展
37	经济论坛	河北省社会科学院	扩展
38	经济师	山西省社会科学院	扩展
39	经济问题探索	云南省发展和改革委员会	扩展

续表

序号	刊名	主办单位	等级
40	经济研究参考	经济科学出版社	扩展
41	经济研究导刊	黑龙江省报刊出版有限公司	扩展
42	开发研究	甘肃省社会科学院	扩展
43	开放导报	综合开发研究院（中国・深圳）	扩展
44	南京审计大学学报	南京审计大学	扩展
45	内蒙古财经大学学报	内蒙古财经大学	扩展
46	山东经济战略研究	山东省兖州大统矿业有限公司	扩展
47	上海经济	上海社会科学院应用经济研究所	扩展
48	上海经济研究	上海社会科学院经济研究所	扩展
49	生产力研究	山西省社会科学报刊社	扩展
50	生态经济	云南教育出版社有限责任公司	扩展
51	特区经济	深圳市深投教育有限公司	扩展
52	卫生经济研究	华东卫生经济研究协作会	扩展
53	西部论坛	重庆工商大学	扩展
54	现代财经	天津财经大学	扩展
55	现代经济探讨	江苏省社会科学院	扩展
56	消费经济	湘潭大学；湖南商学院；湖南师范大学	扩展
57	新疆财经大学学报	新疆财经大学	扩展
58	云南财经大学学报	云南财经大学	扩展
59	中国发展	中国致公党中央委员会	扩展
60	中国卫生经济	中国卫生经济学会；国家卫生计生委卫生发展研究中心	扩展

(二十) 经济学・贸易经济

该学科共收录 28 种期刊，其中：权威期刊 1 种，核心期刊 12 种，扩展期刊 15 种。同等级内期刊按照期刊名称的音序排列。

序号	刊名	主办单位	等级
1	财贸经济	中国社会科学院财经战略研究院	权威
2	北京工商大学学报·社会科学版	北京工商大学	核心
3	财贸研究	安徽财经大学	核心
4	国际经贸探索	广东外语外贸大学	核心
5	国际贸易	中国商务出版社	核心
6	国际贸易问题	对外经济贸易大学	核心
7	价格理论与实践	中国价格协会	核心
8	山西财经大学学报	山西财经大学	核心
9	商业经济研究	中国商业经济学会	核心
10	商业经济与管理	浙江工商大学	核心
11	商业研究	哈尔滨商业大学；中国商业经济学会	核心
12	首都经济贸易大学学报	首都经济贸易大学	核心
13	中国流通经济	北京物资学院	核心
14	北京财贸职业学院学报	北京财贸职业学院	扩展
15	对外经贸实务	武汉纺织大学；中国国际贸易学会	扩展
16	国际商务（对外经济贸易大学学报）	对外经济贸易大学	扩展
17	国际商务研究	上海对外经贸大学	扩展
18	价格月刊	价格月刊杂志社	扩展
19	江苏商论	江苏省商业经济学会	扩展
20	兰州财经大学学报·社会科学版	兰州财经大学	扩展
21	南京财经大学学报	南京财经大学	扩展
22	商学研究	湖南商学院	扩展
23	上海对外经贸大学学报	上海对外经贸大学	扩展
24	天津商务职业学院学报	天津商务职业学院	扩展
25	天津商业大学学报	天津商业大学	扩展
26	中国经贸导刊	国家发展和改革委员会中国经济导刊杂志社	扩展
27	中国市场	中国物流与采购联合会	扩展
28	中国物价	国家发展和改革委员会市场与价格研究所	扩展

(二十一) 经济学・农业经济

该学科共收录 17 种期刊，其中：权威期刊 1 种，核心期刊 7 种，扩展期刊 9 种。同等级内期刊按照期刊名称的音序排列。

序号	刊名	主办单位	等级
1	中国农村经济	中国社会科学院农村发展研究所	权威
2	林业经济	中国林业经济学会	核心
3	农业技术经济	中国农业技术经济学会；中国农业科学院农业经济与发展研究所	核心
4	农业经济问题	中国农业经济学会；中国农业科学院农业经济与发展研究所	核心
5	农业现代化研究	中国科学院亚热带农业生态研究所	核心
6	水利经济	河海大学；中国水利经济研究会	核心
7	中国农村观察	中国社会科学院农村发展研究所	核心
8	中国上地科学	中国土地学会；中国土地勘测规划院	核心
9	林业经济问题	中国林业经济学会	扩展
10	农村经济	四川省社会科学院	扩展
11	农业经济	辽宁省农业经济学会	扩展
12	农业经济与管理	东北农业大学；中国农村合作经济管理学会	扩展
13	世界农业	农业农村部农业贸易促进中心（ATPC）；经济合作与发展组织（OECD）；联合国粮农组织（FAO）；国际贸易与可持续发展中心（ICTSD）	扩展
14	台湾农业探索	福建省农科院农业经济与科技信息研究所	扩展
15	新疆农垦经济	新疆生产建设兵团农垦经济研究会	扩展
16	中国农业资源与区划	中国农业科学院农业资源与农业区划研究所；全国农业资源区划办公室；中国农业资源与区划学会	扩展
17	中国土地	中国国土资源报社	扩展

(二十二) 经济学·世界经济

该学科共收录 10 种期刊，其中：权威期刊 1 种，核心期刊 4 种，扩展期刊 5 种。同等级内期刊按照期刊名称的音序排列。

序号	刊名	主办单位	等级
1	世界经济	中国世界经济学会；中国社会科学院世界经济与政治研究所	权威
2	国际经济评论	中国社会科学院世界经济与政治研究所	核心
3	全球化	中国国际经济交流中心	核心
4	世界经济研究	上海市社会科学院世界经济研究所	核心
5	现代日本经济	吉林大学；全国日本经济学会	核心
6	国际经济合作	商务部国际贸易经济合作研究院	扩展
7	国际石油经济	中国石油集团经济技术研究院；中国石油学会石油经济专业委员会；中国石油规划总院	扩展
8	世界经济文汇	复旦大学	扩展
9	世界经济与政治论坛	江苏省社会科学院世界经济研究所	扩展
10	亚太经济	福建省社会科学院	扩展

(二十三) 人文地理学

该学科共收录 27 种期刊，其中：权威期刊 1 种，核心期刊 10 种，扩展期刊 16 种。同等级内期刊按照期刊名称的音序排列。

序号	刊名	主办单位	等级
1	旅游学刊	北京联合大学旅游学院	权威
2	城市发展研究	中国城市科学研究会	核心
3	城市规划	中国城市规划学会	核心
4	城市规划学刊	同济大学	核心
5	城市问题	北京市社会科学院	核心
6	地理科学	中国科学院东北地理与农业生态研究所	核心

续表

序号	刊名	主办单位	等级
7	地理学报	中国地理学会；中国科学院地理科学与资源研究所	核心
8	地理研究	中国科学院地理科学与资源研究所；中国地理学会	核心
9	地域研究与开发	河南省科学院地理研究所	核心
10	经济地理	中国地理学会；湖南省经济地理研究所	核心
11	人文地理	中国地理学会；西安外国语大学	核心
12	城市	天津市建设工程技术研究所；天津市城市科学研究会	扩展
13	城市观察	广州市社会科学界联合会	扩展
14	地理与地理信息科学	河北省科学院地理科学研究所	扩展
15	风景园林	北京林业大学	扩展
16	干旱区资源与环境	内蒙古农业大学沙漠治理研究所	扩展
17	规划师	广西华蓝设计（集团）有限公司	扩展
18	国际城市规划	中国城市规划设计研究院	扩展
19	国土与自然资源研究	黑龙江省科学院自然与生态研究所	扩展
20	旅游科学	上海师范大学旅游学院；上海旅游高等专科学校	扩展
21	上海城市规划	上海市城市规划设计研究院	扩展
22	上海国土资源	上海市地质调查研究院；上海市地质学会	扩展
23	世界地理研究	中国地理学会	扩展
24	四川旅游学院学报	四川旅游学院	扩展
25	西部人居环境学刊	重庆大学	扩展
26	现代城市研究	南京城市科学研究会	扩展
27	小城镇建设	中国建筑设计研究院；城镇规划设计研究院有限责任公司	扩展

(二十四) 社会学

该学科共收录 22 种期刊，其中：权威期刊 1 种，核心期刊 10 种，扩展期刊 11 种。同等级内期刊按照期刊名称的音序排列。

序号	刊名	主办单位	等级
1	社会学研究	中国社会科学院社会学研究所	权威
2	当代青年研究	上海社会科学院社会学研究所	核心
3	妇女研究论丛	全国妇联妇女研究所；中国妇女研究会	核心
4	青年研究	中国社会科学院社会学研究所	核心
5	人口学刊	吉林大学	核心
6	人口研究	中国人民大学	核心
7	人口与经济	首都经济贸易大学	核心
8	社会	上海大学	核心
9	社会保障研究	武汉大学	核心
10	中国青年研究	中国青少年研究中心；中国青少年研究会	核心
11	中国人口科学	中国社会科学院人口与劳动经济研究所	核心
12	北京青年研究	北京青年政治学院	扩展
13	残疾人研究	残疾人事业发展研究会	扩展
14	南方人口	中山大学人口研究所	扩展
15	青年探索	广州市穗港澳青少年研究所	扩展
16	青少年犯罪问题	华东政法大学	扩展
17	人口与发展	北京大学	扩展
18	人口与社会	南京邮电大学	扩展
19	社会工作	江西省民政厅	扩展
20	西北人口	甘肃省卫生和计划生育委员会；兰州大学；甘肃省统计局；甘肃省人口学会	扩展
21	中国人才	人力资源和社会保障部中国人事报刊社	扩展
22	中华女子学院学报	中华女子学院	扩展

(二十五) 体育学

该学科共收录 19 种期刊，其中：权威期刊 1 种，核心期刊 10 种，扩展期刊 8 种。同等级内期刊按照期刊名称的音序排列。

序号	刊名	主办单位	等级
1	体育科学	中国体育科学学会	权威
2	北京体育大学学报	北京体育大学	核心
3	成都体育学院学报	成都体育学院	核心
4	上海体育学院学报	上海体育学院	核心
5	沈阳体育学院学报	沈阳体育学院	核心
6	首都体育学院学报	首都体育学院	核心
7	体育学刊	华南理工大学；华南师范大学	核心
8	体育学研究	南京体育学院	核心
9	体育与科学	江苏省体育科学研究所	核心
10	武汉体育学院学报	武汉体育学院	核心
11	中国体育科技	国家体育总局体育科学研究所	核心
12	广州体育学院学报	广州体育学院	扩展
13	河北体育学院学报	河北体育学院	扩展
14	青少年体育	北京体育大学	扩展
15	山东体育科技	山东体育科学学会；山东省体育科学研究中心	扩展
16	山东体育学院学报	山东体育学院	扩展
17	体育文化导刊	国家体育总局体育文化发展中心	扩展
18	天津体育学院学报	天津体育学院	扩展
19	西安体育学院学报	西安体育学院	扩展

(二十六) 统计学

该学科共收录 6 种期刊，其中：权威期刊 1 种，核心期刊 1 种，扩展期刊 4 种。同等级内期刊按照期刊名称的音序排列。

序号	刊名	主办单位	等级
1	统计研究	中国统计学会；国家统计局统计科学研究所	权威
2	统计与信息论坛	西安财经学院；中国统计教育学会高教分会	核心
3	数理统计与管理	中国现场统计研究会	扩展
4	调研世界	中国统计学会	扩展
5	统计与决策	湖北长江报刊传媒（集团）有限公司	扩展
6	中国统计	中国统计出版社	扩展

(二十七) 图书馆、情报与档案学

该学科共收录 42 种期刊，其中：权威期刊 3 种，核心期刊 17 种，扩展期刊 22 种。同等级内期刊按照期刊名称的音序排列。

序号	刊名	主办单位	等级
1	图书情报工作	中国科学院文献情报中心	权威
2	图书情报知识	武汉大学	权威
3	中国图书馆学报	中国图书馆学会；国家图书馆	权威
4	大学图书馆学报	北京大学	核心
5	档案学通讯	中国人民大学	核心
6	档案学研究	中国档案学会	核心
7	国家图书馆学刊	中国国家图书馆	核心
8	情报科学	中国科学技术情报学会；吉林大学	核心
9	情报理论与实践	中国国防科学技术信息学会；中国兵器工业集团第二一〇研究所	核心
10	情报学报	中国科学技术情报学会；中国科学技术信息研究所	核心
11	情报杂志	陕西省科学技术情报研究院	核心
12	情报资料工作	中国人民大学	核心
13	数据分析与知识发现	中国科学院文献情报中心	核心
14	图书馆	湖南图书馆；湖南省图书馆学会	核心
15	图书馆建设	黑龙江省图书馆；黑龙江省图书馆学会	核心
16	图书馆论坛	广东省立中山图书馆	核心
17	图书馆杂志	上海市图书馆学会；上海图书馆（上海科学技术情报研究所）	核心
18	图书与情报	甘肃省图书馆；甘肃省科技情报研究所	核心
19	现代情报	中国科技情报学会；吉林省科技信息研究所	核心
20	信息资源管理学报	武汉大学	核心
21	北京档案	北京市档案局；北京档案学会	扩展
22	档案管理	河南省档案局	扩展
23	档案与建设	江苏省档案局；江苏省档案学会	扩展

续表

序号	刊名	主办单位	等级
24	高校图书馆工作	湖南省高等学校图书情报工作委员会	扩展
25	河南图书馆学刊	河南省图书馆学会；河南省图书馆	扩展
26	晋图学刊	山西省高等学校图书情报工作委员会；山西省图书馆	扩展
27	情报探索	福建省科学技术情报学会；福建省科学技术信息研究所	扩展
28	山东图书馆学刊	山东省图书馆；山东省图书馆学会	扩展
29	山西档案	山西省档案局；山西省档案学会	扩展
30	数字图书馆论坛	中国科学技术信息研究所；南京大学；北京万方数据股份有限公司	扩展
31	四川图书馆学报	四川省图书馆学会	扩展
32	图书馆工作与研究	天津图书馆；天津市图书馆学会；天津市少年儿童图书馆	扩展
33	图书馆界	广西图书馆学会；广西壮族自治区图书馆	扩展
34	图书馆理论与实践	宁夏图书馆学会；宁夏回族自治区图书馆	扩展
35	图书馆学刊	辽宁省图书馆学会；辽宁省图书馆	扩展
36	图书馆学研究	吉林省图书馆	扩展
37	图书馆研究	江西省图书馆学会；江西省图书馆	扩展
38	新世纪图书馆	江苏省图书馆学会；南京图书馆	扩展
39	浙江档案	浙江省档案局；浙江省档案学会	扩展
40	中国档案	中国档案杂志社	扩展
41	中国科技资源导刊	中国科学技术信息研究所；南京大学	扩展
42	中国图书评论	中国图书评论杂志社	扩展

(二十八) 心理学

该学科共收录 9 种期刊，其中：权威期刊 1 种，核心期刊 3 种，扩展期刊 5 种。同等级内期刊按照期刊名称的音序排列。

序号	刊名	主办单位	等级
1	心理学报	中国心理学会；中国科学院心理研究所	权威
2	心理发展与教育	北京师范大学	核心
3	心理科学	中国心理学会	核心
4	心理科学进展	中国科学院心理研究所	核心
5	心理学探新	江西师范大学	扩展
6	心理与行为研究	天津师范大学	扩展
7	应用心理学	浙江省心理学会；浙江大学	扩展
8	中国临床心理学杂志	中国心理卫生协会；中南大学	扩展
9	中国心理卫生杂志	中国心理卫生协会	扩展

(二十九) 新闻学与传播学

该学科共收录 28 种期刊，其中：权威期刊 1 种，核心期刊 11 种，扩展期刊 16 种。同等级内期刊按照期刊名称的音序排列。

序号	刊名	主办单位	等级
1	新闻与传播研究	中国社会科学院新闻与传播研究所	权威
2	编辑学报	中国科学技术期刊编辑学会	核心
3	编辑之友	山西三晋报刊传媒集团有限责任公司	核心
4	出版科学	湖北省编辑学会；武汉大学	核心
5	当代传播	新疆日报社	核心
6	国际新闻界	中国人民大学	核心
7	科技与出版	清华大学出版社有限公司	核心
8	现代传播（中国传媒大学学报）	中国传媒大学	核心
9	新闻大学	复旦大学	核心
10	新闻记者	上海报业集团；上海社会科学院新闻研究所	核心
11	中国出版	中国新闻出版传媒集团	核心
12	中国科技期刊研究	中国科学院自然科学期刊编辑研究会；中国科学院文献情报中心	核心
13	编辑学刊	上海市编辑学会；上海世纪出版集团	扩展

续表

序号	刊名	主办单位	等级
14	出版发行研究	中国新闻出版研究院	扩展
15	出版广角	广西期刊传媒集团有限公司	扩展
16	传媒	中国新闻出版研究院	扩展
17	当代电视	中国电视艺术家协会	扩展
18	电视研究	中央电视台	扩展
19	今传媒	陕西《今传媒》杂志社有限责任公司	扩展
20	青年记者	大众报业集团	扩展
21	现代出版	中国传媒大学出版社有限责任公司；中国大学出版社协会	扩展
22	新闻爱好者	河南日报报业集团	扩展
23	新闻界	四川日报报业集团	扩展
24	新闻与写作	北京日报报业集团	扩展
25	新闻战线	人民日报社	扩展
26	中国编辑	中国编辑学会；高等教育出版社有限公司	扩展
27	中国广播电视学刊	中国广播电影电视社会组织联合会	扩展
28	中国记者	新华通讯社	扩展

(三十) 政治学·国际政治

该学科共收录 37 种期刊，其中：权威期刊 2 种，核心期刊 16 种，扩展期刊 19 种。同等级内期刊按照期刊名称的音序排列。

序号	刊名	主办单位	等级
1	当代亚太	中国社会科学院亚太与全球战略研究院；中国亚洲太平洋学会	权威
2	世界经济与政治	中国社会科学院世界经济与政治研究所	权威
3	东北亚论坛	吉林大学	核心
4	东南亚研究	暨南大学东南亚研究所	核心
5	俄罗斯东欧中亚研究	中国社会科学院俄罗斯东欧中亚研究所	核心
6	国际安全研究	国际关系学院	核心

续表

序号	刊名	主办单位	等级
7	国际观察	上海外国语大学	核心
8	国际问题研究	中国国际问题研究院	核心
9	国际政治研究	北京大学	核心
10	拉丁美洲研究	中国社会科学院拉丁美洲研究所；中国拉丁美洲学会	核心
11	美国研究	中国社会科学院美国研究所；中华美国学会	核心
12	南亚研究	中国社会科学院亚太与全球战略研究院	核心
13	欧洲研究	中国社会科学院欧洲研究所	核心
14	日本学刊	中国社会科学院日本研究所；中华日本学会	核心
15	太平洋学报	中国太平洋学会	核心
16	外交评论	外交学院	核心
17	西亚非洲	中国社会科学院西亚非洲研究所	核心
18	现代国际关系	中国现代国际关系研究院	核心
19	阿拉伯世界研究	上海外国语大学	扩展
20	当代韩国	社会科学文献出版社；中国社会科学院韩国研究中心	扩展
21	当代世界	当代世界研究中心	扩展
22	德国研究	同济大学	扩展
23	东北亚学刊	天津社会科学院东北亚研究所；天津社会科学院出版社有限公司	扩展
24	东南亚南亚研究	云南省社会科学院；中国（昆明）南亚东南亚研究院	扩展
25	东南亚纵横	广西社会科学院东南亚研究所	扩展
26	俄罗斯学刊	黑龙江大学	扩展
27	俄罗斯研究	华东师范大学	扩展
28	国际论坛	北京外国语大学	扩展
29	国际研究参考	中国现代国际关系研究院	扩展
30	国际展望	上海国际问题研究院	扩展
31	和平与发展	和平与发展研究中心	扩展
32	南亚研究季刊	四川大学南亚研究所	扩展

续表

序号	刊名	主办单位	等级
33	南洋问题研究	厦门大学南洋研究院	扩展
34	日本问题研究	河北大学	扩展
35	日本研究	辽宁大学日本研究所	扩展
36	外国问题研究	东北师范大学	扩展
37	西伯利亚研究	黑龙江省社会科学院	扩展

(三十一) 政治学·中国政治

该学科共收录95种期刊，其中：权威期刊3种，核心期刊40种，扩展期刊52种。该学科类中包括学术期刊和时政理论期刊。同等级内期刊按照期刊名称的音序排列。

序号	刊名	主办单位	等级
1	国家行政学院学报	国家行政学院	权威
2	政治学研究	中国社会科学院政治学研究所	权威
3	中共中央党校学报	中共中央党校	权威
4	北京行政学院学报	北京行政学院	核心
5	党政研究	中共四川省委省直机关党校	核心
6	电子政务	中国科学院文献情报中心	核心
7	福建行政学院学报	福建行政学院	核心
8	甘肃行政学院学报	甘肃行政学院	核心
9	公共行政评论	广东人民出版社有限公司；广东省治理现代化研究所	核心
10	观察与思考	浙江省社会科学院	核心
11	广东行政学院学报	广东行政学院	核心
12	行政管理改革	国家行政学院	核心
13	行政论坛	黑龙江省行政学院	核心
14	行政与法	吉林省行政学院	核心
15	湖湘论坛	中共湖南省委党校	核心
16	江苏行政学院学报	江苏省行政学院	核心

续表

序号	刊名	主办单位	等级
17	理论导刊	中共陕西省委党校	核心
18	理论探索	中共山西省委党校；山西行政学院	核心
19	理论探讨	中共黑龙江省委党校	核心
20	理论学刊	中共山东省委党校	核心
21	理论与改革	中共四川省委党校；四川行政学院	核心
22	岭南学刊	中共广东省委党校	核心
23	领导之友（现更名为治理现代化研究）	中共河北省委党校	核心
24	前线	中国共产党北京市委员会	核心
25	求实	中共江西省委党校	核心
26	人大研究	甘肃省人大常委会	核心
27	人民论坛	人民日报社	核心
28	人民论坛·学术前沿	人民论坛杂志社	核心
29	上海行政学院学报	上海行政学院	核心
30	台湾研究	中国社会科学院台湾研究所	核心
31	台湾研究集刊	厦门大学台湾研究院	核心
32	探索	中共重庆市委党校	核心
33	新视野	中共北京市委党校；北京行政学院	核心
34	长白学刊	中共吉林省委党校	核心
35	政工学刊	海军大连舰艇学院	核心
36	治理研究（中共浙江省委党校学报）	中共浙江省委党校；浙江行政学院	核心
37	中共杭州市委党校学报	中共杭州市委党校；杭州行政学院	核心
38	中共宁波市委党校学报	中共宁波市委党校；宁波市行政学院；宁波市社会主义学院	核心
39	中国党政干部论坛	中共中央党校	核心
40	中国井冈山干部学院学报	中国井冈山干部学院	核心
41	中国劳动关系学院学报	中国劳动关系学院	核心
42	中国延安干部学院学报	中国延安干部学院	核心

续表

序号	刊名	主办单位	等级
43	紫光阁	《紫光阁》杂志社	核心
44	兵团党校学报	兵团党委党校	扩展
45	大连干部学刊	中共大连市委党校；大连行政学院；大连市社会主义学院	扩展
46	党政干部学刊	中共辽宁省委党校	扩展
47	党政论坛	中共上海市委党校	扩展
48	福建省社会主义学院学报	福建省社会主义学院	扩展
49	甘肃理论学刊	中共甘肃省委党校	扩展
50	共产党员	中国共产党辽宁省委员会	扩展
51	贵阳市委党校学报	中共贵阳市委党校；贵阳市行政学院	扩展
52	贵州省党校学报	中共贵州省委党校；贵州行政学院	扩展
53	哈尔滨市委党校学报	中共哈尔滨市委党校	扩展
54	河北青年管理干部学院学报	河北青年管理干部学院	扩展
55	湖北行政学院学报	中共湖北省委党校；湖北省行政学院	扩展
56	湖南行政学院学报	湖南行政学院	扩展
57	江南社会学院学报	江南社会学院	扩展
58	军队政工理论研究	解放军南京政治学院	扩展
59	科学发展	上海市人民政府发展研究中心	扩展
60	克拉玛依学刊	中共克拉玛依市委员会党校（克拉玛依行政学院）	扩展
61	老区建设	江西省扶贫和移民办公室；江西省社会科学界联合会	扩展
62	理论研究	中共内蒙古自治区委员会党校；内蒙古自治区行政学院	扩展
63	理论与现代化	天津市社会科学界联合会	扩展
64	廉政文化研究	南通大学	扩展
65	辽宁省社会主义学院学报	辽宁省社会主义学院	扩展

续表

序号	刊名	主办单位	等级
66	宁夏党校学报	中共宁夏回族自治区委党校；宁夏回族自治区行政学院	扩展
67	农业部管理干部学院学报	农业部管理干部学院	扩展
68	攀登	中共青海省委党校；青海省行政学院；青海省社会主义学院	扩展
69	企业文明	中央企业党建思想政治工作研究会；中国兵器工业思想政治工作研究会等	扩展
70	前沿	内蒙古自治区社会科学界联合会	扩展
71	人权	中国人权研究会；中国人民大学法学院	扩展
72	厦门特区党校学报	中共厦门市委党校	扩展
73	山东行政学院学报	山东行政学院	扩展
74	山西社会主义学院学报	山西社会主义学院；山西中华文化学院	扩展
75	上海党史与党建	上海党史报刊社	扩展
76	上海市社会主义学院学报	上海市社会主义学院	扩展
77	实事求是	中共新疆维吾尔自治区委员会党校；新疆维吾尔自治区行政学院	扩展
78	探求	中共广州市委党校（广州行政学院）	扩展
79	特区实践与理论	中共深圳市党委党校；深圳行政学院；深圳社会主义学院；深圳经济管理学院	扩展
80	天津行政学院学报	天津行政学院	扩展
81	团结	中国国民党革命委员会中央委员会宣传部	扩展
82	学习论坛	中共河南省委党校；河南行政学院	扩展
83	延边党校学报	中共延边州委党校；延边州行政学院	扩展
84	云南行政学院学报	云南行政学院	扩展
85	长春市委党校学报	中共长春市委党校；长春市行政学院	扩展
86	政治思想史	天津师范大学	扩展
87	中共福建省委党校学报	中共福建省委党校	扩展
88	中共济南市委党校学报	中共济南市委党校；济南市行政学院；济南市社会主义学院	扩展

续表

序号	刊名	主办单位	等级
89	中共南昌市委党校学报	中共南昌市委党校	扩展
90	中共山西省委党校学报	中共山西省委党校；山西行政学院	扩展
91	中共石家庄市委党校学报	中共石家庄市委党校；石家庄行政学院；石家庄市社会主义学院	扩展
92	中共天津市委党校学报	中共天津市委党校	扩展
93	中共云南省委党校学报	中共云南省委党校	扩展
94	中国浦东干部学院学报	中国浦东干部学院	扩展
95	中央社会主义学院学报	中央社会主义学院	扩展

第三大类：侧重综合期刊

(三十二) 综合·高校综合性学报

该学科共收录 244 种期刊，其中：权威期刊 4 种，核心期刊 74 种，扩展期刊 166 种。同等级内期刊按照期刊名称的音序排列。

序号	刊名	主办单位	等级
1	北京大学学报·哲学社会科学版	北京大学	权威
2	北京师范大学学报·社会科学版	北京师范大学	权威
3	清华大学学报·哲学社会科学版	清华大学	权威
4	中国人民大学学报	中国人民大学	权威
5	安徽大学学报·哲学社会科学版	安徽大学	核心
6	安徽师范大学学报·人文社会科学版	安徽师范大学	核心
7	北京工业大学学报·社会科学版	北京工业大学	核心
8	北京理工大学学报·社会科学版	北京理工大学	核心
9	北京联合大学学报·人文社会科学版	北京联合大学	核心
10	重庆大学学报·社会科学版	重庆大学	核心
11	重庆理工大学学报·社会科学版	重庆理工大学	核心
12	大连理工大学学报·社会科学版	大连理工大学	核心
13	东北大学学报·社会科学版	东北大学	核心
14	东北师大学报·哲学社会科学版	东北师范大学	核心

续表

序号	刊名	主办单位	等级
15	东南大学学报·哲学社会科学版	东南大学	核心
16	福建师范大学学报·哲学社会科学版	福建师范大学	核心
17	复旦学报·社会科学版	复旦大学	核心
18	哈尔滨工业大学学报·社会科学版	哈尔滨工业大学	核心
19	海南大学学报·人文社会科学版	海南大学	核心
20	河北大学学报·哲学社会科学版	河北大学	核心
21	河北师范大学学报·哲学社会科学版	河北师范大学	核心
22	河海大学学报·哲学社会科学版	河海大学	核心
23	河南大学学报·社会科学版	河南大学	核心
24	河南师范大学学报·哲学社会科学版	河南师范大学	核心
25	湖北大学学报·哲学社会科学版	湖北大学	核心
26	湖南大学学报·社会科学版	湖南大学	核心
27	湖南科技大学学报·社会科学版	湖南科技大学	核心
28	湖南师范大学社会科学学报	湖南师范大学	核心
29	华东师范大学学报·哲学社会科学版	华东师范大学	核心
30	华南农业大学学报·社会科学版	华南农业大学	核心
31	华南师范大学学报·社会科学版	华南师范大学	核心
32	华中科技大学学报·社会科学版	华中科技大学	核心
33	华中农业大学学报·社会科学版	华中农业大学	核心
34	华中师范大学学报·人文社会科学版	华中师范大学	核心
35	吉林大学社会科学学报	吉林大学	核心
36	吉首大学学报·社会科学版	吉首大学	核心
37	暨南学报·哲学社会科学版	暨南大学	核心
38	江苏大学学报·社会科学版	江苏大学	核心
39	江西师范大学学报·哲学社会科学版	江西师范大学	核心
40	兰州大学学报·社会科学版	兰州大学	核心
41	南京大学学报·哲学·人文科学·社会科学	南京大学	核心
42	南京工业大学学报·社会科学版	南京工业大学	核心
43	南京农业大学学报·社会科学版	南京农业大学	核心
44	南京师大学报·社会科学版	南京师范大学	核心

续表

序号	刊名	主办单位	等级
45	南开学报・哲学社会科学版	南开大学	核心
46	厦门大学学报・哲学社会科学版	厦门大学	核心
47	山东大学学报・哲学社会科学版	山东大学	核心
48	山西大学学报・哲学社会科学版	山西大学	核心
49	陕西师范大学学报・哲学社会科学版	陕西师范大学	核心
50	上海大学学报・社会科学版	上海大学	核心
51	上海交通大学学报・哲学社会科学版	上海交通大学	核心
52	上海师范大学学报・哲学社会科学版	上海师范大学	核心
53	深圳大学学报・人文社会科学版	深圳大学	核心
54	首都师范大学学报・社会科学版	首都师范大学	核心
55	四川大学学报・哲学社会科学版	四川大学	核心
56	四川师范大学学报・社会科学版	四川师范大学	核心
57	苏州大学学报・哲学社会科学版	苏州大学	核心
58	天津师范大学学报・社会科学版	天津师范大学	核心
59	同济大学学报・社会科学版	同济大学	核心
60	武汉大学学报・哲学社会科学版	武汉大学	核心
61	西安交通大学学报・社会科学版	西安交通大学	核心
62	西北大学学报・哲学社会科学版	西北大学	核心
63	西北农林科技大学学报・社会科学版	西北农林科技大学	核心
64	西北师大学报・社会科学版	西北师范大学	核心
65	西藏大学学报・社会科学版	西藏大学	核心
66	西南大学学报・社会科学版	西南大学	核心
67	湘潭大学学报・哲学社会科学版	湘潭大学	核心
68	新疆师范大学学报・哲学社会科学版	新疆师范大学	核心
69	烟台大学学报・哲学社会科学版	烟台大学	核心
70	云南大学学报・社会科学版	云南大学	核心
71	云南师范大学学报・哲学社会科学版	云南师范大学	核心
72	浙江大学学报・人文社会科学版	浙江大学	核心
73	浙江工商大学学报	浙江工商大学	核心
74	郑州大学学报・哲学社会科学版	郑州大学	核心

续表

序号	刊名	主办单位	等级
75	中国地质大学学报·社会科学版	中国地质大学（武汉）	核心
76	中国农业大学学报·社会科学版	中国农业大学	核心
77	中南大学学报·社会科学版	中南大学	核心
78	中山大学学报·社会科学版	中山大学	核心
79	安徽农业大学学报·社会科学版	安徽农业大学	扩展
80	安庆师范大学学报·社会科学版	安庆师范大学	扩展
81	宝鸡文理学院学报·社会科学版	宝鸡文理学院	扩展
82	北华大学学报·社会科学版	北华大学	扩展
83	北京航空航天大学学报·社会科学版	北京航空航天大学	扩展
84	北京化工大学学报·社会科学版	北京化工大学	扩展
85	北京交通大学学报·社会科学版	北京交通大学	扩展
86	北京科技大学学报·社会科学版	北京科技大学	扩展
87	北京林业大学学报·社会科学版	北京林业大学	扩展
88	北京邮电大学学报·社会科学版	北京邮电大学	扩展
89	渤海大学学报·哲学社会科学版	渤海大学	扩展
90	长安大学学报·社会科学版	长安大学	扩展
91	长春大学学报·社会科学版	长春大学	扩展
92	长春师范大学学报	长春师范大学	扩展
93	长沙理工大学学报·社会科学版	长沙理工大学	扩展
94	常州大学学报·社会科学版	常州大学	扩展
95	成都大学学报·社会科学版	成都大学	扩展
96	成都理工大学学报·社会科学版	成都理工大学	扩展
97	成都师范学院学报	成都师范学院	扩展
98	赤峰学院学报·汉文哲学社会科学版	赤峰学院	扩展
99	重庆第二师范学院学报	重庆第二师范学院	扩展
100	重庆工商大学学报·社会科学版	重庆工商大学	扩展
101	重庆交通大学学报·社会科学版	重庆交通大学	扩展
102	重庆师范大学学报·社会科学版	重庆师范大学	扩展
103	重庆文理学院学报·社会科学版	重庆文理学院	扩展
104	重庆邮电大学学报·社会科学版	重庆邮电大学	扩展

续表

序号	刊名	主办单位	等级
105	大连海事大学学报・社会科学版	大连海事大学	扩展
106	电子科技大学学报・社会科学版	电子科技大学	扩展
107	东华理工大学学报・社会科学版	东华理工大学	扩展
108	福建农林大学学报・哲学社会科学版	福建农林大学	扩展
109	福州大学学报・哲学社会科学版	福州大学	扩展
110	甘肃广播电视大学学报	甘肃广播电视大学	扩展
111	赣南师范大学学报	赣南师范大学	扩展
112	广东海洋大学学报	广东海洋大学	扩展
113	广东青年职业学院学报	广东青年职业学院	扩展
114	广东外语外贸大学学报	广东外语外贸大学	扩展
115	广西大学学报・哲学社会科学版	广西大学	扩展
116	广西广播电视大学学报	广西广播电视大学	扩展
117	广西师范大学学报・哲学社会科学版	广西师范大学	扩展
118	广西师范学院学报・哲学社会科学版	广西师范学院	扩展
119	广州大学学报・社会科学版	广州大学	扩展
120	贵州大学学报・社会科学版	贵州大学	扩展
121	贵州师范大学学报・社会科学版	贵州师范大学	扩展
122	贵州师范学院学报	贵州师范学院	扩展
123	哈尔滨商业大学学报・社会科学版	哈尔滨商业大学	扩展
124	海南师范大学学报・社会科学版	海南师范大学	扩展
125	杭州师范大学学报・社会科学版	杭州师范大学	扩展
126	合肥工业大学学报・社会科学版	合肥工业大学	扩展
127	河北北方学院学报・社会科学版	河北北方学院	扩展
128	河北大学成人教育学院学报	河北大学成人教育学院	扩展
129	河北工业大学学报・社会科学版	河北工业大学	扩展
130	河北广播电视大学学报	河北广播电视大学	扩展
131	河北经贸大学学报・综合版	河北经贸大学	扩展
132	河北科技大学学报・社会科学版	河北科技大学	扩展
133	河北民族师范学院学报	河北民族师范学院	扩展
134	河南工业大学学报・社会科学版	河南工业大学	扩展
135	河南教育学院学报・哲学社会科学版	河南教育学院	扩展

续表

序号	刊名	主办单位	等级
136	河南科技大学学报·社会科学版	河南科技大学	扩展
137	河南科技学院学报·社会科学版	河南科技学院	扩展
138	河南理工大学学报·社会科学版	河南理工大学	扩展
139	湖北工程学院学报	湖北工程学院	扩展
140	湖北理工学院学报·人文社会科学版	湖北理工学院	扩展
141	湖北师范大学学报·哲学社会科学版	湖北师范大学	扩展
142	湖北文理学院学报	湖北文理学院	扩展
143	湖南第一师范学院学报	湖南第一师范学院	扩展
144	湖南广播电视大学学报	湖南广播电视大学	扩展
145	湖南农业大学学报·社会科学版	湖南农业大学	扩展
146	华北电力大学学报·社会科学版	华北电力大学	扩展
147	华东理工大学学报·社会科学版	华东理工大学	扩展
148	华南理工大学学报·社会科学版	华南理工大学	扩展
149	华侨大学学报·哲学社会科学版	华侨大学	扩展
150	淮阴师范学院学报·哲学社会科学版	淮阴师范学院	扩展
151	吉林师范大学学报·人文社会科学版	吉林师范大学	扩展
152	济南大学学报·社会科学版	济南大学	扩展
153	佳木斯大学社会科学学报	佳木斯大学	扩展
154	嘉应学院学报	嘉应学院	扩展
155	江汉大学学报·社会科学版	江汉大学	扩展
156	江苏科技大学学报·社会科学版	江苏科技大学	扩展
157	江苏师范大学学报·哲学社会科学版	江苏师范大学	扩展
158	井冈山大学学报·社会科学版	井冈山大学	扩展
159	九江学院学报·社会科学版	九江学院	扩展
160	昆明理工大学学报·社会科学版	昆明理工大学	扩展
161	兰州文理学院学报·社会科学版	兰州文理学院	扩展
162	丽水学院学报	丽水学院	扩展
163	辽宁大学学报·哲学社会科学版	辽宁大学	扩展
164	辽宁工程技术大学学报·社会科学版	辽宁工程技术大学	扩展
165	辽宁工业大学学报·社会科学版	辽宁工业大学	扩展
166	辽宁教育行政学院学报	辽宁教育行政学院	扩展

续表

序号	刊名	主办单位	等级
167	辽宁师范大学学报・社会科学版	辽宁师范大学	扩展
168	岭南师范学院学报	岭南师范学院	扩展
169	牡丹江师范学院学报・哲学社会科学版	牡丹江师范学院	扩展
170	南昌大学学报・人文社会科学版	南昌大学	扩展
171	南华大学学报・社会科学版	南华大学	扩展
172	南京航空航天大学学报・社会科学版	南京航空航天大学	扩展
173	南京理工大学学报・社会科学版	南京理工大学	扩展
174	南京医科大学学报・社会科学版	南京医科大学	扩展
175	南京邮电大学学报・社会科学版	南京邮电大学	扩展
176	南京中医药大学学报・社会科学版	南京中医药大学	扩展
177	南通大学学报・社会科学版	南通大学	扩展
178	南阳师范学院学报	南阳师范学院	扩展
179	内蒙古大学学报・哲学社会科学版	内蒙古大学	扩展
180	内蒙古师范大学学报・哲学社会科学版	内蒙古师范大学	扩展
181	宁波大学学报・人文科学版	宁波大学	扩展
182	宁夏大学学报・人文社会科学版	宁夏大学	扩展
183	齐鲁师范学院学报	齐鲁师范学院	扩展
184	齐齐哈尔大学学报・哲学社会科学版	齐齐哈尔大学	扩展
185	青岛科技大学学报・社会科学版	青岛科技大学	扩展
186	青岛农业大学学报・社会科学版	青岛农业大学	扩展
187	青海师范大学学报・哲学社会科学版	青海师范大学	扩展
188	三峡大学学报・人文社会科学版	三峡大学	扩展
189	山东师范大学学报・人文社会科学版	山东师范大学	扩展
190	山西高等学校社会科学学报	太原理工大学；太原科技大学；山西农业大学；长治医学院；太原工业学院；山西医科大学汾阳学院；山西工程技术学院；山西传媒学院；山西大学；中北大学；山西医科大学；山西中医学院	扩展

续表

序号	刊名	主办单位	等级
191	山西农业大学学报・社会科学版	山西农业大学	扩展
192	山西师大学报・社会科学版	山西师范大学	扩展
193	陕西广播电视大学学报・综合版	陕西广播电视大学	扩展
194	陕西理工大学学报・社会科学版	陕西理工大学	扩展
195	汕头大学学报・人文社会科学版	汕头大学	扩展
196	商丘师范学院学报	商丘师范学院学报编辑部	扩展
197	上饶师范学院学报	上饶师范学院	扩展
198	邵阳学院学报・社会科学版	邵阳学院	扩展
199	绍兴文理学院学报	绍兴文理学院	扩展
200	沈阳大学学报・社会科学版	沈阳大学	扩展
201	沈阳工业大学学报・社会科学版	沈阳工业大学	扩展
202	沈阳建筑大学学报・社会科学版	沈阳建筑大学	扩展
203	沈阳农业大学学报・社会科学版	沈阳农业大学	扩展
204	沈阳师范大学学报・社会科学版	沈阳师范大学	扩展
205	石河子大学学报・哲学社会科学版	石河子大学	扩展
206	石家庄铁道大学学报・社会科学版	石家庄铁道大学	扩展
207	四川理工学院学报・社会科学版	四川理工学院	扩展
208	四川文理学院学报	四川文理学院	扩展
209	塔里木大学学报	塔里木大学	扩展
210	太原理工大学学报・社会科学版	太原理工大学	扩展
211	天津大学学报・社会科学版	天津大学	扩展
212	天津职业院校联合学报	天津市职业教育与成人教育学会；天津 27 所职业学院	扩展
213	温州大学学报・社会科学版	温州大学	扩展
214	武汉科技大学学报・社会科学版	武汉科技大学	扩展
215	武汉理工大学学报・社会科学版	武汉理工大学	扩展
216	武汉理工大学学报・信息与管理工程版	武汉理工大学	扩展
217	西安电子科技大学学报・社会科学版	西安电子科技大学	扩展

续表

序号	刊名	主办单位	等级
218	西安建筑科技大学学报·社会科学版	西安建筑科技大学	扩展
219	西安文理学院学报·社会科学版	西安文理学院	扩展
220	西昌学院学报·社会科学版	西昌学院	扩展
221	西华大学学报·哲学社会科学版	西华大学	扩展
222	西华师范大学学报·哲学社会科学版	西华师范大学	扩展
223	西南交通大学学报·社会科学版	西南交通大学	扩展
224	西南科技大学学报·哲学社会科学版	西南科技大学	扩展
225	西南政法大学学报	西南政法大学	扩展
226	咸阳师范学院学报	咸阳师范学院	扩展
227	新疆大学学报·哲学·人文社会科学版	新疆大学	扩展
228	信阳师范学院学报·哲学社会科学版	信阳师范学院	扩展
229	徐州工程学院学报·社会科学版	徐州工程学院	扩展
230	延安大学学报·社会科学版	延安大学	扩展
231	延边大学学报·社会科学版	延边大学	扩展
232	盐城工学院学报·社会科学版	盐城工学院	扩展
233	燕山大学学报·哲学社会科学版	燕山大学	扩展
234	扬州大学学报·人文社会科学版	扬州大学	扩展
235	云南农业大学学报·社会科学	云南农业大学	扩展
236	枣庄学院学报	枣庄学院	扩展
237	浙江师范大学学报·社会科学版	浙江师范大学	扩展
238	浙江树人大学学报·人文社会科学版	浙江树人大学	扩展
239	郑州航空工业管理学院学报·社会科学版	郑州航空工业管理学院	扩展
240	郑州轻工业学院学报·社会科学版	郑州轻工业学院	扩展
241	中国海洋大学学报·社会科学版	中国海洋大学	扩展
242	中国矿业大学学报·社会科学版	中国矿业大学	扩展
243	中国石油大学学报·社会科学版	中国石油大学（华东）	扩展
244	中州大学学报	中州大学	扩展

(三十三) 综合·综合人文社科期刊

该学科共收录 83 种期刊，其中：顶级期刊 1 种，权威期刊 2 种，核心期刊46 种，扩展期刊34 种。该学科类中包括学术期刊和时政理论期刊。同等级内期刊按照期刊名称的音序排列。

序号	刊名	主办单位	等级
1	中国社会科学	中国社会科学院	顶级
2	文史哲	山东大学	权威
3	学术月刊	上海市社会科学界联合会	权威
4	北京社会科学	北京市社会科学院	核心
5	重庆社会科学	重庆社会科学院	核心
6	东南学术	福建省社会科学界联合会	核心
7	东岳论丛	山东社会科学院	核心
8	读书	生活·读书·新知三联书店有限公司	核心
9	福建论坛·人文社会科学版	福建省社会科学院	核心
10	甘肃社会科学	甘肃省社会科学院	核心
11	广东社会科学	广东省社会科学院	核心
12	贵州社会科学	贵州省社会科学院	核心
13	国外社会科学	中国社会科学院信息情报研究院	核心
14	河北学刊	河北省社会科学院	核心
15	河南社会科学	河南省社会科学界联合会	核心
16	江海学刊	江苏省社会科学院	核心
17	江汉论坛	湖北省社会科学院	核心
18	江汉学术	江汉大学	核心
19	江淮论坛	安徽省社会科学院	核心
20	江苏社会科学	江苏省哲学社会科学界联合会	核心
21	江西社会科学	江西省社会科学院	核心
22	开放时代	广州市社会科学院	核心
23	理论月刊	湖北省社会科学界联合会	核心
24	南京社会科学	南京市社会科学界联合会；南京市社会科学院	核心
25	内蒙古社会科学	内蒙古自治区社会科学院	核心
26	宁夏社会科学	宁夏社会科学院	核心
27	齐鲁学刊	曲阜师范大学	核心

续表

序号	刊名	主办单位	等级
28	青海社会科学	青海省社会科学院	核心
29	求是学刊	黑龙江大学	核心
30	人文杂志	陕西省社会科学院	核心
31	山东社会科学	山东省社会科学界联合会	核心
32	社会科学	上海社会科学院	核心
33	社会科学辑刊	辽宁社会科学院	核心
34	社会科学研究	四川省社会科学院	核心
35	社会科学战线	吉林省社会科学院	核心
36	思想战线	云南大学	核心
37	探索与争鸣	上海市社会科学界联合会	核心
38	天津社会科学	天津社会科学院	核心
39	学海	江苏省社会科学院	核心
40	学术界	安徽省社会科学界联合会	核心
41	学术研究	广东省社会科学界联合会	核心
42	学习与实践	武汉市社会科学院	核心
43	学习与探索	黑龙江省社会科学院	核心
44	殷都学刊	安阳师范学院	核心
45	云南社会科学	云南省社会科学院	核心
46	浙江社会科学	浙江省社会科学界联合会	核心
47	浙江学刊	浙江省社会科学院	核心
48	中国社会科学院研究生院学报	中国社会科学院研究生院	核心
49	中州学刊	河南省社会科学院	核心
50	长江学术	武汉大学	扩展
51	北方论丛	哈尔滨师范大学	扩展
52	创新	南宁市社会科学院	扩展
53	大庆社会科学	大庆市社会科学界联合会	扩展
54	东方论坛	青岛大学	扩展
55	东疆学刊	延边大学	扩展
56	发展研究	福建省人民政府发展研究中心；中国区域经济学会	扩展

续表

序号	刊名	主办单位	等级
57	广西社会科学	广西壮族自治区社会科学界联合会	扩展
58	桂海论丛	中共广西壮族自治区委员会党校；广西行政学院	扩展
59	国际社会科学杂志·中文版	中国社会科学杂志社	扩展
60	黑龙江社会科学	黑龙江省社会科学院	扩展
61	湖北社会科学	湖北省社会科学界联合会；湖北省社会科学院	扩展
62	湖南社会科学	湖南省社会科学界联合会	扩展
63	江南论坛	无锡市哲学社会科学联合会	扩展
64	晋阳学刊	山西省社会科学院	扩展
65	经济与社会发展	广西社会科学院	扩展
66	科学·经济·社会	兰州大学；甘肃省科学技术协会	扩展
67	兰州学刊	兰州市社会科学院；兰州市社会科学界联合会	扩展
68	理论界	辽宁省社会科学界联合会	扩展
69	南都学坛	南阳师范学院	扩展
70	社会科学家	桂林市社会科学界联合会	扩展
71	社会科学论坛	河北省社会科学界联合会	扩展
72	社科纵横	甘肃省社会科学界联合会	扩展
73	世纪桥	《世纪桥》编辑部	扩展
74	唐都学刊	西安文理学院	扩展
75	天中学刊	黄淮学院	扩展
76	武陵学刊	湖南文理学院	扩展
77	新疆社会科学	新疆社会科学院	扩展
78	学术交流	黑龙江省社会科学界联合会	扩展
79	学术论坛	广西社会科学院	扩展
80	学术探索	云南省社会科学界联合会	扩展
81	阴山学刊·社会科学版	包头师范学院	扩展
82	阅江学刊	南京信息工程大学	扩展
83	云梦学刊	湖南理工学院	扩展

三　A 刊入库期刊评价名单（433 种期刊,2018 年未参与评价）

2018 年采用《A 刊 AMI 评价指标体系》对我国人文社会科学 1291 种学术期刊进行了评价［见“分学科期刊评价结果（1291 种期刊）”］，还有 433 种期刊为中国社会科学院的“入库”期刊，2018 年未对其进行评价，拟于 2022 年时进行评价。这 433 种入库期刊名单如下。

序号	刊名	主办单位
1	阿坝师范学院学报	阿坝师范学院
2	安徽工业大学学报·社会科学版	安徽工业大学
3	安徽广播电视大学学报	安徽广播电视大学
4	安徽行政学院学报	安徽行政学院
5	安徽理工大学学报·社会科学版	安徽理工大学
6	八桂侨刊	广西华侨历史学会
7	百年潮	中国中共党史学会
8	北京党史	中共北京市委党史研究室
9	北京教育学院学报	北京教育学院
10	北京经济管理职业学院学报	北京经济管理职业学院
11	北京劳动保障职业学院学报	北京市劳动保障职业学院
12	北京政法职业学院学报	北京政法职业学院
13	边疆经济与文化	黑龙江边疆经济学会；黑龙江省高师师资培训中心
14	财会研究	甘肃省财政科学研究所
15	柴达木开发研究	青海柴达木日报社
16	产业与科技论坛	河北省科学技术协会
17	长春理工大学学报·社会科学版	长春理工大学
18	长江大学学报·社会科学版	长江大学

续表

序号	刊名	主办单位
19	长江论坛	中共武汉市委党校；武汉行政学院
20	长沙大学学报	长沙学院（原长沙大学）
21	成都行政学院学报	成都行政学院
22	重庆广播电视大学学报	重庆广播电视大学
23	重庆行政·公共论坛	重庆行政学院
24	重庆三峡学院学报	重庆三峡学院
25	出版与印刷	上海出版印刷高等专科学校
26	创造	中共云南省委党校
27	大学图书情报学刊	安徽省高校图书情报工作委员会
28	当代兵团	中共新疆生产建设兵团委员会
29	当代江西	中共江西省委
30	当代教师教育	陕西师范大学
31	当代教育理论与实践	湖南科技大学
32	当代经济	湖北省国有资产监督管理委员会；湖北第二师范学院（原湖北省经济干部管理学院）
33	当代外语研究	上海交通大学
34	档案时空	湖南省档案局；湖南省档案学会
35	党的生活（黑龙江）	中共黑龙江省委政策研究室
36	党史博采（下）	党史博采杂志社
37	党史文苑	中共江西省委党史研究室；江西省中共党史学会
38	党政干部论坛	中共湖北省委党校；湖北省行政学院
39	电子商务	中国电子学会；中国信息产业商会；中电新一代（北京）信息技术研究院
40	电子知识产权	工业和信息化部电子科学技术情报研究所；工业和信息化部电子知识产权中心
41	东北亚外语研究	大连外国语学院
42	东华大学学报·社会科学版	东华大学
43	东南传播	福建省广播影视集团
44	东吴学术	常熟理工学院

续表

序号	刊名	主办单位
45	对外经贸	黑龙江省国际经济贸易学会
46	发展	甘肃省人民政府研究室
47	法国研究	武汉大学
48	法医学杂志	司法鉴定科学研究院
49	法制与经济	广西日报社
50	犯罪研究	上海市犯罪学学会
51	犯罪与改造研究	司法部预防犯罪研究所
52	佛山科学技术学院学报・社会科学版	佛山科学技术学院
53	佛学研究	中国佛教文化研究所
54	福建广播电视大学学报	福建广播电视大学
55	福建江夏学院学报	福建江夏学院
56	福建金融	福建省金融学会
57	福建理论学习	中共福建省委讲师团
58	福建医科大学学报・社会科学版	福建医科大学
59	福州党校学报	中共福州市委党校
60	阜阳师范学院学报・社会科学版	阜阳师范学院
61	改革与开放	南京工程咨询中心
62	甘肃高师学报	兰州城市学院；甘肃民族师范学院；定西师范高等专科学校；陇南师范高等专科学校
63	港口经济	开益国际咨询研究中心（天津）
64	高等财经教育研究	山西财经大学
65	高等继续教育学报	华中师范大学
66	高等职业教育	天津职业大学
67	高教论坛	广西高等教育学会
68	工程经济	中国建设工程造价管理协会建行委员会
69	工业工程	广东工业大学
70	公安法治研究（贵州警官职业学院学报）	贵州警官职业学院
71	共产党人	中共宁夏回族自治区委员会
72	管理观察	中国科学技术信息研究所

续表

序号	刊名	主办单位
73	广播电视大学学报·哲学社会科学版	中央广播电视大学委托内蒙古广播电视大学
74	广东技术师范学院学报	广东技术师范学院
75	广东开放大学学报	广东开放大学；广东理工职业学院
76	广东省社会主义学院学报	广东省社会主义学院
77	广西地方志	广西壮族自治区地方志编纂委员会办公室；广西地方志协会
78	广西科技师范学院学报	广西科技师范学院
79	广西民族师范学院学报	广西民族师范学院
80	广西青年干部学院学报	广西青年干部学院
81	广西社会主义学院学报	广西社会主义学院
82	广西政法管理干部学院学报	广西政法管理干部学院
83	广义虚拟经济研究	中航出版传媒有限责任公司
84	广州城市职业学院学报	广州城市职业学院
85	广州广播电视大学学报	广州广播电视大学
86	广州社会主义学院学报	广州社会主义学院
87	贵阳学院学报·社会科学版	贵阳学院
88	贵州社会主义学院学报	贵州省社会主义学院
89	国防	军事科学院；国家国防动员委员会综合办公室
90	国防科技大学学报	国防科技大学
91	国际金融	中国国际金融学会
92	国学学刊	中国人民大学
93	哈尔滨师范大学社会科学学报	哈尔滨师范大学
94	海军工程大学学报	海军工程大学
95	海南广播电视大学学报	海南广播电视大学
96	海南热带海洋学院学报	海南热带海洋学院
97	海峡法学	福建省台湾法律研究所
98	海洋开发与管理	中国海洋工程咨询协会海洋出版社
99	汉字汉语研究	郑州大学
100	杭州电子科技大学学报·社会科学版	杭州电子科技大学

续表

序号	刊名	主办单位
101	航海教育研究	大连海事大学
102	合肥师范学院学报	合肥师范学院
103	河北工程大学学报·社会科学版	河北工程大学
104	河北金融	河北省金融学会；中国人民银行石家庄中心支行
105	河北联合大学学报·社会科学版	华北理工大学
106	河北省社会主义学院学报	河北省社会主义学院
107	河南广播电视大学学报	河南广播电视大学
108	黑河学刊	黑河市社会科学界联合会
109	黑龙江教育·高教研究与评估	黑龙江大学教务部
110	黑龙江教育学院学报	黑龙江省教育学院
111	黑龙江省社会主义学院学报	黑龙江省社会主义学院
112	黑龙江省政法管理干部学院学报	黑龙江省政法管理干部学院
113	衡阳师范学院学报	衡阳师范学院
114	后勤工程学院学报	中国人民解放军后勤工程学院
115	湖北第二师范学院学报	湖北第二师范学院
116	湖北工业大学学报	湖北工业大学
117	湖北经济学院学报	湖北经济学院
118	湖北经济学院学报·人文社会科学版	湖北经济学院
119	湖北美术学院学报	湖北美术学院
120	湖北省社会主义学院学报	湖北省社会主义学院
121	湖南包装	湖南省包装总公司
122	湖南工业大学学报·社会科学版	湖南工业大学
123	湖南人文科技学院学报	湖南人文科技学院
124	湖南省社会主义学院学报	湖南省社会主义学院
125	华北金融	中国人民银行天津分行
126	华北水利水电大学学报·社会科学版	华北水利水电大学
127	华夏教师	中国青年出版总社
128	华夏文化	陕西省轩辕黄帝研究会
129	淮北师范大学学报·哲学社会科学版	淮北师范大学

续表

序号	刊名	主办单位
130	环境科学与管理	黑龙江省环境科学研究院
131	黄冈师范学院学报	黄冈师范学院
132	黄山学院学报	黄山学院
133	会计师	江西省报刊传媒有限责任公司
134	惠州学院学报	惠州学院
135	火力与指挥控制	北方自动控制技术研究所
136	基础教育研究	广西教育学会
137	吉林工商学院学报	吉林工商学院
138	吉林金融研究	中国人民银行长春中心支行
139	吉林省经济管理干部学院学报	吉林省经济管理干部学院；吉林经济职业技术学院
140	吉林省社会主义学院学报	吉林省社会主义学院
141	集美大学学报・教育科学版	集美大学
142	集美大学学报・哲社版	集美大学
143	检察风云（社会治理理论专刊）	上海市人民检察院；中国检察出版社
144	江南大学学报・人文社会科学版	江南大学
145	江苏地方志	江苏省地方志编纂委员会办公室
146	江苏教育研究	江苏省教育科学研究院
147	江苏理工学院学报	江苏理工学院
148	江西广播电视大学学报	江西广播电视大学
149	江西科技师范大学学报	江西科技师范大学
150	教育导刊	广州市教育科学研究所
151	教育科学论坛	四川省教育科学研究院
152	教育实践与研究	河北省教育科学研究所
153	教育研究与评论	江苏凤凰教育出版社有限公司
154	金融会计	中国金融会计学会
155	金融经济・理论版	湖南省金融学会；长沙金融电子结算中心
156	金融理论与教学	哈尔滨金融学院
157	金融纵横	江苏省金融学会
158	经济导刊	中信出版集团股份有限公司

续表

序号	刊名	主办单位
159	经济界	中国民主建国会中央委员会
160	经营管理者	四川省企业联合会
161	就业与保障	《就业与保障》杂志社
162	决策	安徽省人民政府发展研究中心
163	决策探索	河南省人民政府发展研究中心
164	军事体育学报	解放军陆军特种作战学院
165	喀什大学学报	喀什大学
166	开封大学学报	开封大学
167	凯里学院学报	凯里学院
168	科技成果管理与研究	中国科技成果管理研究会；中国科学技术信息研究所
169	科技创新导报	中国宇航出版有限责任公司；北京合作创新国际科技服务中心
170	科技与法律	中国科学技术法学会
171	科学	上海科学技术出版社
172	科学文化评论	中国科学院自然科学史研究所；中国科学院规划局
173	科学与管理	山东省科学院
174	空军预警学院学报	空军预警学院
175	昆明学院学报	昆明学院
176	兰台世界	辽宁省档案局；辽宁省档案学会
177	理论导报	中共江西省委讲师团
178	理论观察	齐齐哈尔市科学界联合会
179	理论建设	中共安徽省委党校
180	理论学习与探索	铁道部党校
181	理论与当代	中共贵州省委讲师团
182	廉政瞭望	四川日报报业集团
183	粮食问题研究	四川粮油批发中心
184	两岸关系	海峡两岸关系协会
185	辽东学院学报·社会科学版	辽东学院

续表

序号	刊名	主办单位
186	辽宁公安司法管理干部学院学报	辽宁公安司法管理干部学院
187	辽宁广播电视大学学报	辽宁广播电视大学
188	辽宁行政学院学报	辽宁行政学院
189	辽宁教育	辽宁教育宣传中心
190	聊城大学学报·社会科学版	聊城大学
191	瞭望	新华通讯社
192	临沂大学学报	临沂大学
193	岭南文史	广东省人民政府文史研究馆
194	鲁东大学学报·哲学社会科学版	鲁东大学
195	洛阳理工学院学报·社会科学版	洛阳理工学院
196	洛阳师范学院学报	洛阳师范学院
197	旅游研究	昆明学院
198	满语研究	黑龙江省满语研究所
199	煤炭高等教育	中国煤炭教育协会
200	煤炭经济研究	中国煤炭经济研究会；煤炭科学研究总院经济与信息研究所
201	美食研究	扬州大学
202	民主	中国民主促进会中央委员会
203	民主与科学	九三学社中央委员会
204	闽江学院学报	闽江学院
205	闽南师范大学学报·哲学社会科学版	闽南师范大学
206	南昌航空大学学报·社会科学版	南昌航空大学
207	南昌教育学院学报	南昌教育学院
208	南方论刊	茂名市社会科学界联合会
209	南方农村	广东省农村经济学会；广东科贸职业学院
210	南京大学法律评论	南京大学法学院
211	南京工程学院学报·社会科学版	南京工程学院
212	南京广播电视大学学报	南京广播电视大学
213	南京林业大学学报·人文社会科学版	南京林业大学
214	南京体育学院学报	南京体育学院

续表

序号	刊名	主办单位
215	南京晓庄学院学报	南京晓庄学院
216	南阳理工学院学报	南阳理工学院
217	内蒙古工业大学学报·社会科学版	内蒙古工业大学
218	内蒙古农业大学学报·社会科学版	内蒙古农业大学
219	内蒙古统战理论研究	内蒙古自治区社会科学院
220	内蒙古艺术学院学报	内蒙古艺术学院
221	宁波经济（财经视点）	宁波日报报业集团
222	宁波职业技术学院学报	宁波职业技术学院
223	农产品质量与安全	中国农业科学院
224	农村·农业·农民（A）	河南省人民政府发展研究中心；河南省农村发展研究中心
225	攀枝花学院学报·社会科学版	攀枝花学院
226	普洱学院学报	普洱学院
227	齐鲁艺苑（山东艺术学院学报）	山东艺术学院
228	企业科技与发展	广西科学技术情报研究所
229	企业研究	中国第一汽车集团公司
230	前进	中共山西省委
231	前进论坛	中国农工民主党中央委员会
232	青海党的生活	中共青海省委
233	青海金融	青海省金融学会
234	青海师范大学民族师范学院学报	青海师范大学民族师范学院
235	青年发展论坛（曾用名：江西青年职业学院学报）	江西青年职业学院
236	求索	湖南省社会科学院
237	求知	中共天津市委党校
238	全球科技经济瞭望	中国科学技术信息研究所；科学技术文献出版社
239	泉州师范学院学报	泉州师范学院
240	群言	中国民主同盟中央委员会
241	群众	中共江苏省委

续表

序号	刊名	主办单位
242	人力资源管理	《人力资源管理》杂志社
243	人民教育	中国教育报刊社
244	人民司法	最高人民法院
245	三峡论坛（三峡文学·理论版）	宜昌市文学艺术界联合会；三峡大学长江三峡发展研究中心
246	山东财经大学学报	山东财经大学
247	山东法官培训学院学报	山东法官培训学院（国家法官学院山东分院）
248	山东干部函授大学学报	山东干部函授大学
249	山东工会论坛	山东管理学院
250	山东科技大学学报·社会科学版	山东科技大学
251	山东理工大学学报·社会科学版	山东理工大学
252	山东农业大学学报·社会科学版	山东农业大学
253	山东青年政治学院学报	山东青年政治学院
254	山西广播电视大学学报	山西广播电视大学
255	山西经济管理干部学院学报	山西经济管理干部学院
256	山西煤炭管理干部学院学报	山西煤炭管理干部学院
257	山西青年职业学院学报	山西青年职业学院
258	山西省政法管理干部学院学报	山西省政法管理干部学院
259	陕西行政学院学报	陕西省行政学院
260	陕西青年职业学院学报	陕西青年职业学院
261	陕西社会主义学院学报	陕西社会主义学院
262	商业会计	中国商业联合会；中华全国供销合作总社财会部；中国储备粮管理总公司财务部；中国商业会计学会；中国粮食业协会
263	商业经济	黑龙江省商业经济研究所；黑龙江省商业经济学会
264	上海城市管理	上海城市管理学院
265	上海管理科学	上海市管理科学学会
266	上海理工大学学报·社会科学版	上海理工大学
267	上海立信会计金融学院学报	上海立信会计金融学院

续表

序号	刊名	主办单位
268	上海商业	上海市商业经济学会
269	上海市经济管理干部学院学报	上海市经济管理干部学院
270	沈阳干部学刊	中共沈阳市委党校；沈阳行政学院；沈阳市社会主义学院
271	沈阳工程学院学报·社会科学版	沈阳工程学院
272	审计月刊	湖北省审计研究所
273	生态科学	广东省生态学会；暨南大学
274	生态学报	中国生态学学会；中国科学院生态环境研究中心
275	胜利油田党校学报	胜利石油管理局党校
276	石油人力资源教育	中国石油教育学会
277	实践·思想理论版	中国共产党内蒙古自治区委员会
278	世界环境	环境保护部宣传教育中心
279	世界林业研究	中国林业科学研究院林业科技信息研究所
280	世界文化	天津外国语大学
281	世界中医药	世界中医药学会联合会
282	市场论坛	广西发展和改革委员会经济研究所；广西宏观经济学会
283	市场研究	河南省统计信息咨询中心
284	视野	兰州大学；兰州大学资产经营有限公司
285	税收征纳	武汉出版社；武汉市税务学会
286	丝绸之路	西北师范大学
287	思维与智慧	河北师范大学
288	思想政治工作研究	中国职工思想政治工作研究会
289	思想政治课教学	北京师范大学
290	思想政治课研究	华东师范大学
291	四川党的建设·城市版	中共四川省委
292	四川行政学院学报	四川行政学院
293	四川劳动保障	四川期刊传媒（集团）股份有限公司
294	四川民族学院学报	四川民族学院

续表

序号	刊名	主办单位
295	四川省社会主义学院学报	四川省社会主义学院
296	苏州大学学报·法学版	苏州大学
297	台州学院学报	台州学院
298	太原大学教育学院学报	太原大学教育学院
299	太原师范学院学报·社会科学版	太原师范学院
300	太原学院学报·社会科学版	太原学院
301	泰山学院学报	泰山学院
302	体育成人教育学刊	武汉体育学院
303	体育科学研究	集美大学
304	体育研究与教育	山西师范大学
305	天府新论	四川省社会科学界联合会
306	天津电大学报	天津广播电视大学
307	天津法学	天津公安警官职业学院；天津市法学会
308	天津经济	天津市经济发展研究院；天津市宏观经济学会
309	天津美术学院学报（北方美术）	天津美术学院
310	天津市工会管理干部学院学报	天津市工会管理干部学院
311	天津市社会主义学院学报	天津市社会主义学院
312	天津外国语大学学报	天津外国语大学
313	天津音乐学院学报	天津音乐学院
314	天水行政学院学报·哲学社会科学版	天水行政学院
315	天水师范学院学报	天水师范学院
316	统计科学与实践	浙江省统计研究与信息发布中心
317	统计与管理	河北省统计科学研究所
318	统计与咨询	黑龙江省统计局；黑龙江省统计学会
319	投资北京	投资北京杂志社
320	土木工程与管理学报	华中科技大学
321	吐鲁番学研究	新疆吐鲁番学研究院；新疆吐鲁番学学会
322	外国语言文学	福建师范大学
323	唯实	中共江苏省委党校

续表

序号	刊名	主办单位
324	文化与传播	广西大学
325	文化纵横	中国西部研究与发展促进会
326	文学自由谈	天津市文学艺术界联合会
327	乌鲁木齐职业大学学报	乌鲁木齐职业大学
328	五邑大学学报・社会科学版	五邑大学
329	西安工业大学学报	西安工业大学
330	西安石油大学学报・社会科学版	西安石油大学
331	西安政治学院学报	中国人民解放军西安政治学院
332	西北成人教育学院学报	西北师范大学继续教育学院
333	西北工业大学学报・社会科学版	西北工业大学
334	西部大开发	陕西省决策咨询委员会
335	西藏发展论坛	中共西藏自治区委党校；西藏自治区行政学院
336	西藏教育	西藏自治区教育学会；西藏自治区教育科学研究所
337	西藏艺术研究	西藏自治区民族艺术研究所
338	西南石油大学学报・社会科学版	西南石油大学
339	系统科学学报	太原理工大学
340	现代教育科学	吉林省教育科学院；吉林省高等教育学会；吉林省教育科研管理学会
341	现代经济信息	黑龙江省企业管理协会
342	现代商业	中华全国商业信息中心
343	现代台湾研究	福建社会科学院现代台湾研究所
344	现代语文	曲阜师范大学
345	现代中小学教育	东北师范大学；国家基础教育实验中心
346	协商论坛	政协河南省委员会办公厅
347	心理研究	河南大学
348	新东方	中共海南省委党校；海南省行政学院；海南省社会主义学院
349	新疆广播电视大学学报	新疆广播电视大学

续表

序号	刊名	主办单位
350	新疆社科论坛	新疆维吾尔自治区社会科学界联合会
351	新疆职业大学学报	新疆职业大学
352	新经济导刊	国务院发展研究中心信息中心
353	新闻与传播评论	武汉大学
354	新西部·理论版	陕西省社会科学院
355	新湘评论	中共湖南省委
356	新长征	中国共产党吉林省委员会
357	信息网络安全	公安部第三研究所；中国计算机学会计算机安全专业委员会
358	学理论	哈尔滨市社会科学院
359	学术评论	福建社会科学院
360	学习月刊	中共湖北省委党校，湖北省行政学院
361	学语文	安徽师范大学文学院
362	医学与社会	华中科技大学同济医学院
363	医学争鸣	第四军医大学
364	宜宾学院学报	宜宾学院
365	艺术广角	辽宁省文学艺术界联合会
366	艺术研究	哈尔滨师范大学
367	影剧新作	江西省艺术研究院
368	预防青少年犯罪研究	中国预防青少年犯罪研究会、中国青少年研究中心、中国青年出版社
369	云南大学学报·法学版	云南大学
370	云南开放大学学报	云南开放大学
371	云南社会主义学院学报	云南社会主义学院
372	运城学院学报	运城学院
373	债券	中央国债登记结算有限责任公司；时代出版传媒股份有限公司
374	肇庆学院学报	肇庆学院
375	浙江传媒学院学报	浙江传媒学院
376	浙江海洋大学学报·人文科学版	浙江海洋大学

续表

序号	刊名	主办单位
377	浙江金融	浙江省金融学会
378	浙江理工大学学报·社会科学版	浙江理工大学
379	郑州师范教育	郑州师范学院
380	政策	中共湖北省委办公厅；中共湖北省委政策研究室（省改革办）
381	政策瞭望	今日浙江杂志社
382	政法学刊	广东警官学院；广东省公安司法管理干部学院
383	政工导刊	国防大学政治学院
384	支部建设	中国共产党山西省委员会
385	中北大学学报·社会科学版	中北大学
386	中共成都市委党校学报	中共成都市委党校
387	中共桂林市委党校学报	中共桂林市委党校
388	中共合肥市委党校学报	中共合肥市委党校；合肥社会主义学院
389	中共乐山市委党校学报	中共乐山市委党校
390	中共南京市委党校学报	中共南京市委党校；南京市行政学院
391	中共南宁市委党校学报	中共南宁市委党校
392	中共青岛市委党校·青岛行政学院学报	中共青岛市委党校；青岛行政学院；学报编辑部
393	中共山西省直机关党校学报	中共山西省直机关党校；山西省直机关行政学院
394	中共四川省委党校学报	中共四川省委党校
395	中共太原市委党校学报	中共太原市委党校
396	中共乌鲁木齐市委党校学报	中共乌鲁木齐市委党校
397	中共伊犁州委党校学报	伊犁哈萨克自治州行政学院；中共伊犁哈萨克自治州委员会党校（协办）
398	中共银川市委党校学报	中共银川市委党校
399	中共郑州市委党校学报	中共郑州市委党校
400	中共珠海市委党校珠海市行政学院学报	中共珠海市委党校；珠海市行政学院

续表

序号	刊名	主办单位
401	中国标准化	中国标准化协会；中国标准化研究院
402	中国博物馆	中国博物馆协会
403	中国城市金融	中国工商银行股份有限公司
404	中国发展观察	中国发展出版社
405	中国房地产金融	中国房地产业协会
406	中国工人	中国工人出版社
407	中国管理信息化	吉林科学技术出版社
408	中国环境科学	中国环境科学学会
409	中国机构改革与管理	中国机构编制管理研究会
410	中国集体经济	中华全国手工业合作总社；中国工业合作经济学会
411	中国计量大学学报	中国计量大学
412	中国金融家	金融时报社
413	中国军队政治工作	军事科学院军队政治工作研究中心；中国军队政治工作编委会
414	中国科学院院刊	中国科学院
415	中国粮食经济	中国粮食经济杂志社
416	中国林业经济	中国林业经济学会；东北林业大学
417	中国美术教育	南京师范大学
418	中国民政	民政部政策研究中心
419	中国内部审计	中国内部审计学会
420	中国能源	国家发展和改革委员会能源研究所
421	中国人大	全国人大常委会办公厅
422	中国商论	中国商业联合会
423	中国司法	司法部司法研究所
424	中国外汇	中国外汇杂志社
425	中国卫生法制	中国卫生监督协会
426	中国文化遗产	中国文物报社
427	中国学校体育·高等教育	中国大学生体育协会；中国中学生体育协会
428	中国医学伦理学	西安交通大学

续表

序号	刊名	主办单位
429	中国政协 · 理论研究	政协全国委员会办公厅
430	中国资源综合利用	江苏北矿金属循环利用科技有限公司；中国物资再生协会
431	中小学管理	北京教育学院
432	装备学院学报	解放军装备学院科研部
433	装甲兵工程学院学报	解放军装甲兵工程学院科研部

第二篇

A 刊评价与其他期刊评价的对比

学术期刊作为学术传播与学术交流的平台和阵地，一直以来都备受包括学术界和政府管理部门等在内的社会各界的广泛重视。为进一步加强中国人文社会科学学术期刊的价值导向和学术质量建设，推动中国哲学社会科学繁荣发展，中国社会科学评价研究院于 2014 年构建了 AMI 期刊综合评价指标体系，并发布了首版《中国人文社会科学期刊评价报告(2014)》，该报告分别从吸引力、管理力和影响力三个方面多个角度对我国人文社会科学学术期刊的发展状况进行了综合评价。2018 年我们将发布第二版《中国人文社会科学期刊评价报告（2018）》（以下简称 A 刊），在延续上一版 AMI 期刊评价指标体系的基础上进行了改进和创新，最终从 1790 余种人文社会科学期刊中评选出了顶级期刊 5 种，权威期刊 56 种，核心期刊 519 种。

从国内主要期刊评价机构的评价周期来看，近两年也是各评价机构发布期刊评价结果的交汇期。北京大学即将发布 2017 版的《中文核心期刊要目总览》（以下简称 B 刊）、南京大学去年发布了《CSSCI 来源期刊(2017—2018)》（以下简称 C 刊），武汉大学去年发布了《中国学术期刊评价研究报告（2017—2018)》（以下简称 D 刊）。为了便于读者更加清晰地了解国内各评价机构的期刊评价情况，同时对中国人文社会科学学术期刊的发展现状有一个较为全面的认识，我们对上述四家评价机构已发布的期刊评价结果进行梳理和研究，分别从期刊评价范围、评价方法、评价过程和最终的评价结果等方面进行对比分析。

一　A 刊评价结果分析

(一) 2018 版 A 刊的基本情况

2018 版的 A 刊评价中共评出核心及以上级别期刊 580 种，其中包含 5 种顶级期刊，56 种权威期刊，519 种核心期刊，在延续 2014 版期刊级别划分的基础上，专业性与高端性并重，坚持质量导向，进一步严控顶级期刊比例。

从 A 刊 2018 版评选出的核心及以上级别期刊的地区分布来看，中国人文社会科学核心期刊分布存在着较强的集中现象，其中北京的核心及以上级别期刊数量最高，达 244 种，占全部核心及以上级别期刊总量的 42%，其次是上海、湖北、江苏和广东，其核心及以上级别期刊占比分别为 7. 07%、5. 52%、4. 66% 和 4. 31%，上述五个地区的累计占比高达 63. 63%。该组数据表明，中国人文社会科学期刊发展存在显著的地区差异性，集中度较高，各地区的人文社会科学学术期刊发展水平不平衡、不均匀。

从各地区参评期刊数量与其进入核心及以上级别期刊的比例来看，各个地区的期刊入核的比例也存在一定的差异性，其中西藏自治区仅有两种期刊参与评价，全部进入核心期刊目录，入核比例最高，其次是北京、湖北省和吉林省，其入核期刊比例均占该省份参与评价的期刊比例的 50% 以上，分别为 62. 56%、59. 26% 和 54. 05%。各地区入选核心及以上级别期刊数量及其占该地区参评期刊数量的比例如下图 2 所示。

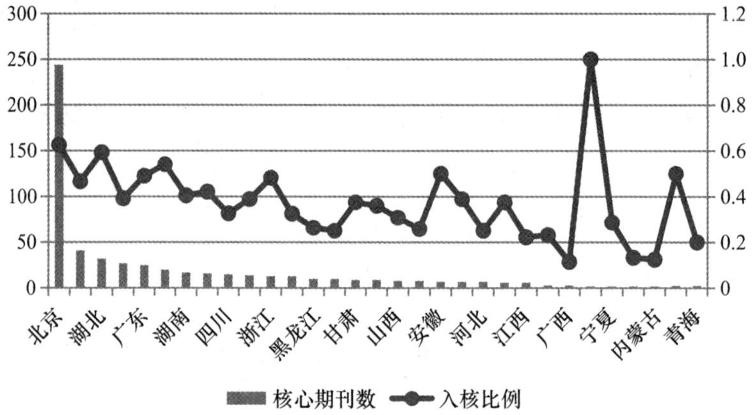

图 2　各地区入核期刊数量及其占该地区参评期刊数量的比例

从参评期刊的创刊时间来看，最终评选出的顶级、权威、核心和扩展期刊的级别与其刊龄之间也存在显著的相关关系。其中顶级期刊的平均刊龄为 45. 6 年，权威期刊的平均刊龄为 42. 6 年，核心期刊的平均刊龄为 37. 7 年，而扩展期刊的平均刊龄为 31. 2 年，从这个角度来看，学术期刊的发展需要一定时间的积累效应，才能产生其相应的学术影响。各级别期刊的级别与刊龄的关系如下图 3 所示。

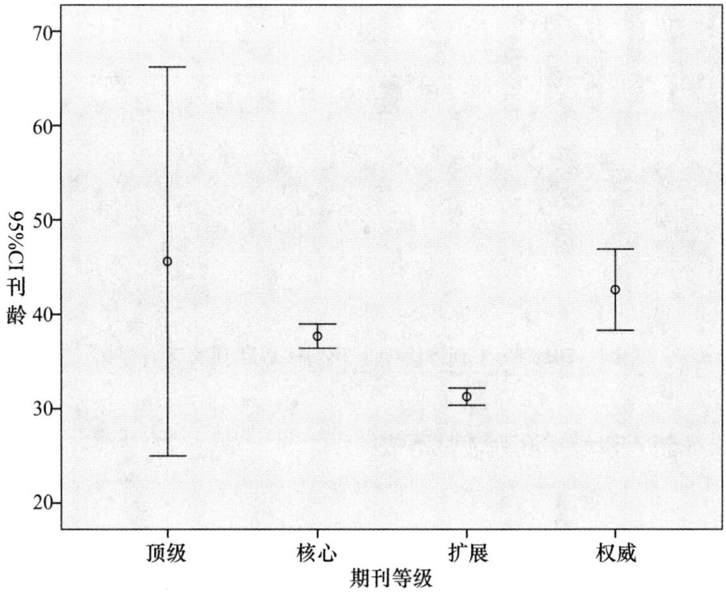

图 3 期刊等级与期刊年龄之间的关系

(二) A 刊 2018 版与 2014 版的变化情况

从 2018 版的 A 刊评价结果与 2014 版的对比来看，2014 版期刊评价结果中共评出核心及以上级别期刊 487 种，2018 版评出 580 种，整体数量上有所增加，原因在于 2018 版期刊评价范围大幅提升，评价范围从 2014 年的 733 种期刊扩展到了 2018 年的 1790 余种。但从具体核心期刊名单来看，两版中重叠的核心期刊数量为 414 种，即 2018 版 A 刊中有 166 种期刊在 2014 版中未进入核心期刊目录，其中有 58 种在 2014 版中参加评价但是未进入核心目录，另外 108 种期刊在 2014 版中未参加评价。

通过对上述 166 种新入核心的期刊所在学科的分布情况进行分析，可以看出，这些期刊主要集中在经济学、政治学（主要是中国政治）、教育学、综合性人文社会科学以及艺术学等学科，且主要以新参加评价的期

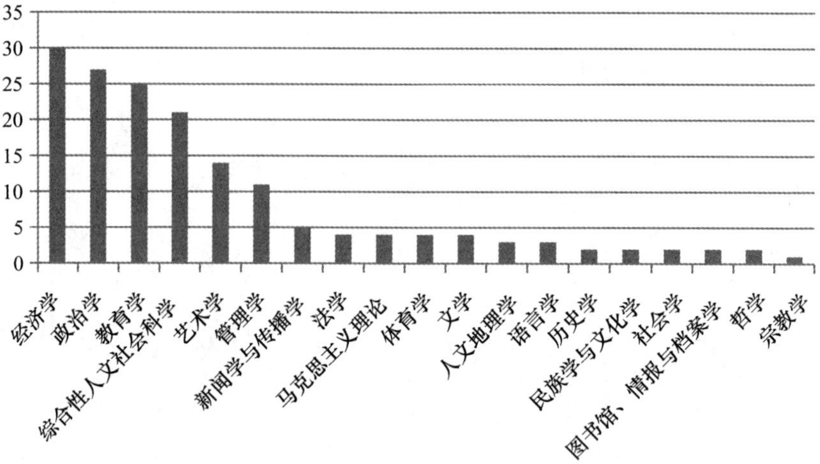

图 4　2018 版 A 刊评价中上升为核心期刊的学科分布

刊为主。(新入核心期刊列表见下表 4)

表 4　　2018 版 A 刊评价中上升为核心期刊的名单

(相同学科同一等级的期刊名单以刊名音序排列)

一级学科	刊名	主办单位	2018 版等级	2014 版等级
法学	东方法学	上海人民出版社;上海法学会	核心	
	法律适用	国家法官学院	核心	扩展
	国家检察官学院学报	国家检察官学院	核心	扩展
	中国刑事法杂志	最高人民检察院检察理论研究所	核心	扩展
管理学	公共管理学报	哈尔滨工业大学管理学院	核心	
	管理科学	哈尔滨工业大学管理学院	核心	
	管理评论	中国科学院大学	核心	
	华东经济管理	安徽经济管理学院	核心	
	科技管理研究	广东省科学学与科技管理研究会	核心	

续表

一级学科	刊名	主办单位	2018 版等级	2014 版等级
管理学	科学管理研究	内蒙古自治区软科学研究会	核心	扩展
	科学学与科学技术管理	中国科学学与科技政策研究会；天津市科学学研究所	核心	扩展
	领导科学	河南省社会科学界联合会	核心	
	系统工程理论与实践	中国系统工程学会	核心	
	研究与发展管理	复旦大学	核心	扩展
	中国人力资源开发	中国人力资源开发研究会	核心	扩展
教育学	大学教育科学	湖南大学；中国机械工业教育协会	核心	
	当代教育科学	山东省教育科学研究院	核心	
	电化教育研究	西北师范大学；中国电化教育研究会	核心	
	复旦教育论坛	复旦大学	核心	
	高教发展与评估	武汉理工大学；中国交通教育研究会；高教研究分会；中国高等教育学会；教育评估分会	核心	扩展
	高校教育管理	江苏大学	核心	扩展
	河北师范大学学报・教育科学版	河北师范大学	核心	
	湖南师范大学教育科学学报	湖南师范大学	核心	
	华东师范大学学报・教育科学版	华东师范大学	核心	
	教师教育研究	北京师范大学；华东师范大学；教育部高校师资培训交流北京中心	核心	
	教育科学研究	北京教育科学研究院；北京开放大学	核心	
	教育评论	福建省教育科学研究所；福建省教育学会	核心	扩展

续表

一级学科	刊名	主办单位	2018 版等级	2014 版等级
教育学	教育与职业	中华职业教育社	核心	
	开放教育研究	上海开放大学	核心	
	现代大学教育	湖南省高等教育学会；中南大学	核心	
	现代教育管理	辽宁教育研究院	核心	
	现代教育技术	清华大学	核心	
	现代远程教育研究	四川广播电视大学	核心	
	学前教育研究	中国学前教育研究会；长沙师范学院	核心	
	远程教育杂志	浙江广播电视大学	核心	
	中国电化教育	中央电化教育部	核心	
	中国高等教育	中国教育报刊社	核心	
	中国高校科技	教育部科技发展中心	核心	
	中国远程教育	中央广播电视大学	核心	
	中国职业技术教育	教育部职业技术教育中心研究所；中国职业技术教育学会；高等教育出版社有限公司；北京师范大学	核心	
经济学	财贸研究	安徽财经大学	核心	
	产业经济研究	南京财经大学	核心	
	当代经济管理	河北地质大学	核心	扩展
	当代经济研究	吉林财经大学	核心	扩展
	广东财经大学学报	广东财经大学	核心	扩展
	贵州财经大学学报	贵州财经大学	核心	扩展
	国际贸易	中国商务出版社	核心	
	宏观经济管理	国家发展和改革委员会《宏观经济管理》编辑部	核心	
	技术经济	中国技术经济学会	核心	
	价格理论与实践	中国价格协会	核心	
	建筑经济	中国建筑学会；中国建筑设计研究院；亚太建设科技信息研究院	核心	扩展

续表

一级学科	刊名	主办单位	2018 版等级	2014 版等级
经济学	金融监管研究	《中国农村金融》杂志社	核心	
	金融理论与实践	中国人民银行郑州中心支行；河南省金融学会	核心	扩展
	经济与管理	河北经贸大学	核心	
	经济与管理评论	山东财经大学	核心	扩展
	林业经济	中国林业经济学会	核心	
	南方金融	中国人民银行广州分行	核心	
	南方经济	广东省社会科学院；广东经济学会	核心	
	农业现代化研究	中国科学院亚热带农业生态研究所	核心	扩展
	全球化	中国国际经济交流中心	核心	
	商业经济研究	中国商业经济学会	核心	
	商业研究	哈尔滨商业大学；中国商业经济学会	核心	扩展
	审计与经济研究	南京审计大学	核心	
	首都经济贸易大学学报	首都经济贸易大学	核心	扩展
	水利经济	河海大学；中国水利经济研究会	核心	
	西安财经学院学报	西安财经学院	核心	扩展
	银行家	《银行家》杂志社	核心	
	征信	中国人民银行郑州培训学院	核心	
	政治经济学评论	中国人民大学	核心	
	中南林业科技大学学报·社会科学版	中南林业科技大学	核心	
历史学	华侨华人历史研究	中国华侨华人研究所	核心	扩展
	中国社会经济史研究	厦门大学历史研究所	核心	扩展
马克思主义	红旗文稿	求是杂志社	核心	
	理论视野	中国马克思主义研究基金会	核心	

续表

一级学科	刊名	主办单位	2018 版等级	2014 版等级
马克思主义	思想理论教育	上海市高等学校思想理论教育研究会；上海市教育科学研究院	核心	
	思想理论教育导刊	高等教育出版社	核心	
民族学与文化学	北方民族大学学报·哲学社会科学版	北方民族大学	核心	
	民族学刊	西南民族大学	核心	
人文地理学	城市问题	北京市社会科学院	核心	扩展
	地理科学	中国科学院东北地理与农业生态研究所	核心	
	地理学报	中国地理学会；中国科学院地理科学与资源研究所	核心	
社会学	当代青年研究	上海社会科学院社会学研究所	核心	扩展
	社会保障研究	武汉大学	核心	
体育学	成都体育学院学报	成都体育学院	核心	扩展
	沈阳体育学院学报	沈阳体育学院	核心	扩展
	首都体育学院学报	首都体育学院	核心	
	体育学研究	南京体育学院	核心	
图书馆、情报与档案学	现代情报	中国科技情报学会；吉林省科技信息研究所	核心	扩展
	信息资源管理学报	武汉大学	核心	
文学	当代外国文学	南京大学外国文学研究所	核心	
	杜甫研究学刊	四川省杜甫学会；成都杜甫草堂博物馆	核心	扩展
	南方文坛	广西文联	核心	
	中国文学研究	湖南师范大学	核心	扩展
新闻学与传播学	出版科学	湖北省编辑学会；武汉大学	核心	
	当代传播	新疆日报社	核心	
	科技与出版	清华大学出版社有限公司	核心	

续表

一级学科	刊名	主办单位	2018 版等级	2014 版等级
新闻学与传播学	新闻大学	复旦大学	核心	扩展
	新闻记者	上海报业集团；上海社会科学院新闻研究所	核心	
艺术学	北京电影学院学报	北京电影学院	核心	扩展
	北京舞蹈学院学报	北京舞蹈学院	核心	
	当代电影	中国电影艺术研究中心；中国传媒大学	核心	扩展
	电影文学	长影集团有限责任公司	核心	
	美术研究	中央美术学院	核心	扩展
	美育学刊	杭州师范大学	核心	
	民族艺术研究	云南民族艺术研究院	核心	
	南方建筑	广东省土木建筑学会	核心	
	人民音乐	中国音乐家协会	核心	扩展
	戏剧艺术	上海戏剧学院	核心	
	星海音乐学院学报	星海音乐学院	核心	
	艺术评论	中国艺术研究院	核心	
	中国电视	中国电视艺术委员会	核心	
	装饰	清华大学	核心	
语言学	北京第二外国语学院学报	北京第二外国语学院	核心	扩展
	古汉语研究	湖南师范大学	核心	扩展
	语文研究	山西省社会科学院	核心	扩展
哲学	逻辑学研究	中国逻辑学会；中山大学	核心	
	自然辩证法通讯	中国科学院大学	核心	扩展
政治学	党政研究	中共四川省委省直机关党校	核心	
	电子政务	中国科学院文献情报中心	核心	
	福建行政学院学报	福建行政学院	核心	
	甘肃行政学院学报	甘肃行政学院	核心	
	公共行政评论	广东人民出版社有限公司；广东省治理现代化研究所	核心	

续表

一级学科	刊名	主办单位	2018 版等级	2014 版等级
政治学	观察与思考	浙江省社会科学院	核心	
	广东行政学院学报	广东行政学院	核心	扩展
	国际安全研究	国际关系学院	核心	扩展
	行政管理改革	国家行政学院	核心	
	行政与法	吉林省行政学院	核心	扩展
	湖湘论坛	中共湖南省委党校	核心	
	理论探索	中共山西省委党校；山西行政学院	核心	
	岭南学刊	中共广东省委党校	核心	扩展
	领导之友（现更名为治理现代化研究）	中共河北省委党校	核心	
	前线	中国共产党北京市委员会	核心	
	人大研究	甘肃省人大常委会	核心	
	人民论坛	人民日报社	核心	
	人民论坛·学术前沿	人民论坛杂志社	核心	
	长白学刊	中共吉林省委党校	核心	扩展
	政工学刊	海军大连舰艇学院	核心	
	中共杭州市委党校学报	中共杭州市委党校；杭州行政学院	核心	扩展
	中共宁波市委党校学报	中共宁波市委党校；宁波市行政学院；宁波市社会主义学院	核心	扩展
	中国党政干部论坛	中共中央党校	核心	
	中国井冈山干部学院学报	中国井冈山干部学院	核心	扩展
	中国劳动关系学院学报	中国劳动关系学院	核心	扩展
	中国延安干部学院学报	中国延安干部学院	核心	
	紫光阁	《紫光阁》杂志社	核心	
宗教学	世界宗教文化	中国社会科学院世界宗教研究所	核心	

续表

一级学科	刊名	主办单位	2018 版等级	2014 版等级
综合性人文社会科学	北京工业大学学报·社会科学版	北京工业大学	核心	扩展
	北京理工大学学报·社会科学版	北京理工大学	核心	
	北京联合大学学报·人文社会科学版	北京联合大学	核心	扩展
	大连理工大学学报·社会科学版	大连理工大学	核心	
	读书	生活·读书·新知三联书店有限公司	核心	
	河海大学学报·哲学社会科学版	河海大学	核心	
	华南农业大学学报·社会科学版	华南农业大学	核心	
	华中农业大学学报·社会科学版	华中农业大学	核心	
	江汉学术	江汉大学	核心	扩展
	江西师范大学学报·哲学社会科学版	江西师范大学	核心	扩展
	南京工业大学学报·社会科学版	南京工业大学	核心	
	南京农业大学学报·社会科学版	南京农业大学	核心	
	青海社会科学	青海省社会科学院	核心	扩展
	西北农林科技大学学报·社会科学版	西北农林科技大学	核心	扩展
	西藏大学学报·社会科学版	西藏大学	核心	
	学习与实践	武汉市社会科学院	核心	

续表

一级学科	刊名	主办单位	2018 版等级	2014 版等级
综合性人文社会科学	烟台大学学报·哲学社会科学版	烟台大学	核心	扩展
	殷都学刊	安阳师范学院	核心	扩展
	浙江工商大学学报	浙江工商大学	核心	扩展
	中南大学学报·社会科学版	中南大学	核心	
	重庆社会科学	重庆社会科学院	核心	扩展

二 A 刊与北大、南大、武大期刊评价对比分析

从国内主要期刊评价机构的评价周期来看，近两年也是各评价机构发布期刊评价结果的交汇期。北京大学即将发布 2018 版的《中文核心期刊要目总览》（以下简称 B 刊）、南京大学去年发布了《CSSCI 来源期刊（2017—2018)》(以下简称 C 刊)，武汉大学去年发布了《中国学术期刊评价研究报告（2017—2018)》（以下简称 D 刊）。鉴于北京大学的《中文核心期刊要目总览（2017 版)》尚未正式发布，因此，下文将采用 B 刊 2014 版、C 刊 2017—2018 版、D 刊 2017—2018 版的相关评价结果进行具体分析。

(一) 评价对象与评价范围的对比

从评价对象与评价范围来看，A 刊评价对象为中国人文社会科学领域公开出版的学术期刊，基于新闻出版广电总局发布的两批学术期刊名单，以中国社会科学评价研究院自建的《中国人文社会科学期刊引文数据库（CHSSCD)》期刊源为基础，对期刊源中期刊的更名、合并、停刊等情况进行处理，筛选确定出中国大陆地区发行的 1291 种中文人文社会科学学术性期刊作为本次期刊评价的期刊源。

B 刊则基于文献计量学的“集中与分散”理论，以 2014 年我国正式出版的 9878 种期刊为评价对象，从中评选出 1983 种核心期刊，约占其评价对象总数的 20%①。

C 刊则从期刊引文数据库建设的需要出发，共遴选人文社会科学领域的学术期刊 553 种作为其 CSSCI 数据库的来源期刊，另外有 200 种扩展期刊②。

D 刊则把 6193 种自然科学和人文社会科学领域的学术期刊、302 种高职高专成高学院学报、125 种中文 OA 期刊作为评价对象，在其 2017—2018 年的学术期刊评价结果中共计评选出核心期刊 1892 种，其中人文社会科学核心期刊 740 种③。

(二) 评价方法与指标体系的对比

从四家期刊评价机构的期刊评价方法与指标体系来看，各机构的期刊评价方法与评价指标体系中也存在不同。

A 刊评价中构建了由吸引力、管理力和影响力 3 个一级指标、10 个二级指标和 24 个三级指标构成的中国人文社会科学期刊 AMI 综合评价指标体系。该指标体系中除了对期刊发展的全流程进行综合评价之外，更为明显的特征是进一步加强了同行评议在期刊评价中的作用，构建了四个层级的专家体系，包括咨询委员会、专家委员会、推荐专家和评阅专家，有效地完善了同行评议队伍，实行一票否决制，设置一票否决指标、计分指标、扣分指标和观察指标。同时针对不同期刊的学科属性不同，AMI 期刊评价指标体系中按照三大学科类划分各指标的计分权重，同时各指标统计时间及数据来源有所不同，实施分类评价策略。

---

① 朱强、何俊、蔡蓉华：《中文核心期刊要目总览（2014 版）》，北京大学出版社 2014 年版，第 5 页。

② 《CSSCI 来源期刊目录（2017—2018 年）》，http：//cssrac. nju. edu. cn/a/cpzx/zwshkxwsy/20171216/2853. html。

③ 邱均平、赵蓉英、刘霞等：《中国学术期刊评价报告（2017—2018）：RCCSE 权威、核心期刊排行榜与指南》，科学出版社 2017 年版。

B 刊的评价过程中则主要采用文献计量学的相关方法，从引用、转摘等角度对期刊使用情况作了统计分析，从而确定了核心期刊名录，其核心期刊遴选的主要目的是供图书馆选刊采刊使用。

表 5　北京大学《中文核心期刊总览》各版本评价指标体系构成①

版本	评价指标
1992	载文量、文摘量、被引量
1996	被索量、被摘量、被引量、载文量、被摘率、影响因子
2000	被索量、被摘量、被引量、载文量、被摘率、影响因子
2004	被索量、被摘量、被引量、他引量、被摘率、影响因子、获奖或被重要检索工具收录
2008	被索量、被摘量、被引量、他引量、被摘率、影响因子、获奖或被重要检索工具收录、基金论文比、Web 下载量
2011	被索量、被摘量、被引量、他引量、被摘率、影响因子、被重要检索工具收录、基金论文比、Web 下载量
2014	被索量、被摘量、被引量、他引量、被摘率、影响因子、他引影响因子、被重要检索工具收录、基金论文比、Web 下载量、论文被引指数、互引指数

从南京大学披露的 CSSCI 来源期刊遴选原则来看，C 刊的来源期刊遴选中主要包含以下几个方面的评价指标。从其评价指标来看，C 刊评价中采用定量（文献计量指标）评价与定性（学科专家）评价相结合的方法，但是在专家团队构成、定性评价权重占比等方面的公开与透明度上存在一定的局限②。

① 朱强、何俊、蔡蓉华:《中文核心期刊要目总览（2014 版)》，北京大学出版社 2014 年版，第 5 页。

② 《〈中文社会科学引文索引〉来源期刊/集刊遴选实施方案（试行)》，http://cssrac.nju.edu.cn/a/zlxz/20171221/2857.html。

《中文社会科学引文索引》来源期刊/集刊遴选实施方案（试行）

三、遴选原则

CSSCI 数据库来源期刊/集刊的遴选工作遵循以下原则：

1. 公开、公平、公正；

2. 总量控制，动态调整；

3. 定量（文献计量指标）评价与定性（学科专家）评价相结合；

4. 质量优先，兼顾地区与学科平衡。

图 5　南京大学 CSSCI 来源期刊/集刊遴选原则

武汉大学的中国学术期刊评价报告（2017—2018）采用“多元指标”和“分类评价”的评价原则，在具体操作方法上，D 刊评价采用定量评价和定性评价相结合的评价方法，从期刊发文、期刊被引用和第三方评价三个维度构建期刊评价指标体系，主要对期刊的质量和学术影响力方面进行了评价。具体操作过程中则是在定量评价的基础上，提取 60% 的期刊再进行专家定量评价。

表 6　　武汉大学评价指标体系①

评价指标	指标权重 1	指标权重 2
总被引频次	0. 15	0. 15
影响因子	0. 35	0. 35
即年指标	0. 1	0. 05
基金论文比	0. 1	0. 1
Web 下载率	0. 1	0. 1
二次文献转载或国外重要数据库收率	0. 15	0. 2
专家定性评审	0. 05	0. 05

注：指标权重 1 适用于自然科学学科；指标权重 2 适用于人文社会科学学科。

① 邱均平、赵蓉英、刘霞等：《中国学术期刊评价报告（2017—2018）：RCCSE 权威、核心期刊排行榜与指南》，科学出版社 2017 年版，第 18 页。

(三) 评价结果与等级划分的对比

A 刊 2018 版的评价结果中共计评出核心及以上级别期刊 580 种，核心区及以上级别期刊整体上占全部评价对象的比例约为 30%，其中包含 5 种顶级期刊，56 种权威期刊，519 种核心期刊。2018 版 A 刊评价在延续 2014 版期刊等级划分的基础上，专业性与高端性并重，坚持质量导向，严控顶级期刊比例，同时将原本简单的核心期刊概念进行了拓展，对期刊的综合实力进行了更好的阐释。相比而言，B 刊仍沿用核心期刊概念，且其评价范围较大，共评选出包含自然科学期刊等在内的核心期刊 1983 种；C 刊则采用来源期刊概念，共遴选人文社会科学领域的学术期刊 553 种作为其 CSSCI 数据库的来源期刊，另外有 200 种扩展期刊；D 刊则采用 A +、A、A - 等表示期刊等级，在具体操作过程中，D 刊则划定其评价范围的前 30% 为核心，并将其排名靠前的 5% 作为权威期刊，定为 A +，排名前 5%—20% 为 A，排名前 20%—30% 为 A -，其 2017—2018 年的学术期刊评价结果中共计评选出核心期刊 1892 种，其中人文社会科学核心期刊 740 种。

从各评价机构的期刊评价结果来看，A 刊评出的 580 种核心及以上级别期刊（包含权威、顶级）中，与 B 刊重叠的部分有 505 种（即有 75 种期刊非 B 刊核心），与 C 刊重叠的部分有 458 种（即有 122 种期刊非 C 刊核心），与 D 刊重叠的部分有 503 种（即有 77 种期刊非 D 刊核心），同时属于 A 刊、B 刊、C 刊、D 刊的核心及以上级别期刊共有 411 种（同时属于四家核心及以上级别的期刊名单详见表 7）。

通过对上述 411 种同时属于四家核心及以上级别期刊的刊发周期来看，参评期刊中刊发周期为月刊的期刊成为核心期刊的比例最高，达 41.05%，其次为双月刊、半月刊和季刊，分别为 32.91%、17.95% 和 15.03%（同时属于四家核心的参评期刊中刊期占比情况见图 6）。从这组数据来看，期刊质量与其刊发周期或载文量之间并没有必然的联系，相反，我们可以认为，由于期刊编辑部的管理力较强，来稿刊发周期较短，同时也能迅速产生较强的影响，因此该刊的期刊质量较高，吸引力和影

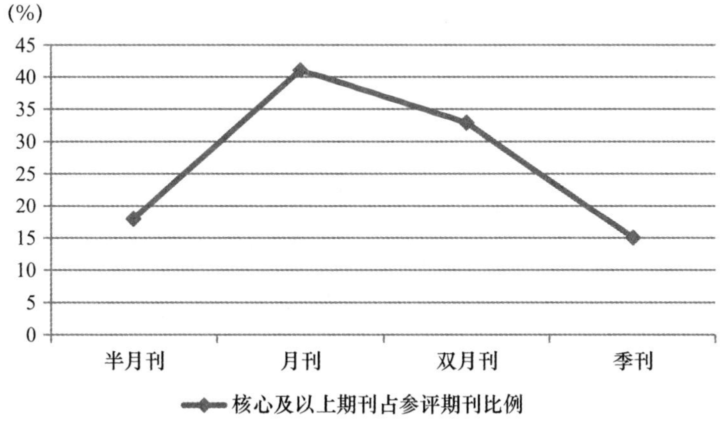

图 6　同时属于四家核心及以上级别的期刊在参评期刊中的占比情况

响力之间的交互作用显著，从而进一步促使其稿源较多，在内容建设、专题组稿等方面就有较高的选择度，并形成了良性循环效应。

表 7　　同时属于四家核心及以上级别的期刊名单

（相同学科同一等级的期刊名单以刊名音序排列）

一级学科	刊名	主办单位	2018 版等级
法学	法学研究	中国社会科学院法学研究所	权威
	中国法学	中国法学会	权威
	中外法学	北京大学	权威
	比较法研究	中国政法大学比较法研究院	核心
	当代法学	吉林大学	核心
	法律科学（西北政法大学学报）	西北政法大学	核心
	法商研究	中南财经政法大学	核心
	法学	华东政法大学	核心
	法学家	中国人民大学	核心
	法学论坛	山东省法学会	核心
	法学评论	武汉大学	核心
	法学杂志	北京市法学会	核心

续表

一级学科	刊名	主办单位	2018版等级
法学	法制与社会发展	吉林大学	核心
	华东政法大学学报	华东政法大学	核心
	环球法律评论	中国社会科学院法学研究所	核心
	清华法学	清华大学	核心
	现代法学	西南政法大学	核心
	政法论坛	中国政法大学	核心
	政治与法律	上海市社会科学院法学研究所	核心
	中国刑事法杂志	最高人民检察院检察理论研究所	核心
管理学	管理世界	国务院发展研究中心	顶级
	经济管理	中国社会科学院工业经济研究所	权威
	南开管理评论	南开大学	权威
	中国软科学	中国软科学研究会；中国科学技术信息研究所	权威
	公共管理学报	哈尔滨工业大学管理学院	核心
	管理工程学报	浙江大学	核心
	管理科学	哈尔滨工业大学管理学院	核心
	管理科学学报	天津大学；国家自然科学基金委员会管理科学部	核心
	管理评论	中国科学院大学	核心
	管理学报	华中科技大学	核心
	华东经济管理	安徽经济管理学院	核心
	会计研究	中国会计学会	核心
	科技进步与对策	湖北省科技信息研究院	核心
	科学管理研究	内蒙古自治区软科学研究会	核心
	科学学研究	中国科学学与科技政策研究会	核心
	科学学与科学技术管理	中国科学学与科技政策研究会；天津市科学学研究所	核心

续表

一级学科	刊名	主办单位	2018 版等级
管理学	科研管理	中国科学学与科技政策研究会；清华大学技术创新研究中心	核心
	外国经济与管理	上海财经大学	核心
	系统工程理论与实践	中国系统工程学会	核心
	研究与发展管理	复旦大学	核心
	中国管理科学	中国优选法统筹法与经济数学研究会；中国科学院科技战略咨询研究院	核心
	中国行政管理	中国行政管理学会	核心
	中国科技论坛	中国科学技术发展战略研究院	核心
环境科学	中国人口·资源与环境	中国可持续发展研究会；山东省可持续发展研究中心；中国 21 世纪议程管理中心；山东师范大学	权威
	长江流域资源与环境	中国科学院资源环境科学与技术局；中国科学院武汉文献情报中心	核心
	资源科学	中国科学院地理科学与资源研究所；中国自然资源学会	核心
	自然资源学报	中国自然资源学会；中国科学院地理科学与资源研究所	核心
教育学	北京大学教育评论	北京大学	权威
	高等教育研究	华中科技大学；中国高等教育学会高等教育学专业委员会	权威
	教育研究	中央教育科学研究院	权威
	比较教育研究	北京师范大学	核心
	电化教育研究	西北师范大学；中国电化教育研究会	核心
	复旦教育论坛	复旦大学	核心

续表

一级学科	刊名	主办单位	2018 版等级
教育学	高等工程教育研究	华中科技大学；中国工程院教育委员会等	核心
	高校教育管理	江苏大学	核心
	国家教育行政学院学报	国家教育行政学院	核心
	湖南师范大学教育科学学报	湖南师范大学	核心
	华东师范大学学报・教育科学版	华东师范大学	核心
	江苏高教	江苏教育报刊总社	核心
	教师教育研究	北京师范大学；华东师范大学；教育部高校师资培训交流北京中心	核心
	教育发展研究	上海市教育科学研究院；上海市高等教育学会	核心
	教育科学	辽宁师范大学	核心
	教育学报	北京师范大学	核心
	教育研究与实验	华中师范大学	核心
	教育与经济	华中师范大学；中国教育经济学会研究会	核心
	开放教育研究	上海开放大学	核心
	课程・教材・教法	人民教育出版社有限公司	核心
	清华大学教育研究	清华大学	核心
	全球教育展望	华东师范大学	核心
	外国教育研究	东北师范大学	核心
	现代大学教育	湖南省高等教育学会；中南大学	核心
	学前教育研究	中国学前教育研究会；长沙师范学院	核心
	学位与研究生教育	国务院学位委员会	核心
	中国电化教育	中央电化教育部	核心
	中国高等教育	中国教育报刊社	核心

续表

一级学科	刊名	主办单位	2018 版等级
教育学	中国高教研究	中国高等教育学会	核心
	中国教育学刊	中国教育学会	核心
	中国特殊教育	中央教育科学研究院	核心
	中国远程教育	中央广播电视大学	核心
经济学	经济研究	中国社会科学院经济研究所	顶级
	财贸经济	中国社会科学院财经战略研究院	权威
	财政研究	中国财政学会	权威
	金融研究	中国金融学会	权威
	经济学（季刊）	北京大学出版社	权威
	经济学动态	中国社会科学院经济研究所	权威
	世界经济	中国世界经济学会；中国社会科学院世界经济与政治研究所	权威
	数量经济技术经济研究	中国社会科学院数量经济与技术经济研究所	权威
	中国工业经济	中国社会科学院工业经济研究所	权威
	中国农村经济	中国社会科学院农村发展研究所	权威
	保险研究	中国保险学会	核心
	北京工商大学学报·社会科学版	北京工商大学	核心
	财经科学	西南财经大学	核心
	财经论丛	浙江财经大学	核心
	财经问题研究	东北财经大学	核心
	财经研究	上海财经大学	核心
	财贸研究	安徽财经大学	核心
	产业经济研究	南京财经大学	核心
	当代财经	江西财经大学	核心
	当代经济科学	西安交通大学	核心

续表

一级学科	刊名	主办单位	2018 版等级
经济学	当代经济研究	吉林财经大学	核心
	改革	重庆社会科学院	核心
	广东财经大学学报	广东财经大学	核心
	贵州财经大学学报	贵州财经大学	核心
	国际金融研究	中国银行股份有限公司；中国国际金融学会	核心
	国际经济评论	中国社会科学院世界经济与政治研究所	核心
	国际经贸探索	广东外语外贸大学	核心
	国际贸易	中国商务出版社	核心
	国际贸易问题	对外经济贸易大学	核心
	金融经济学研究	广东金融学院	核心
	金融论坛	中国城市金融学会；城市金融研究所	核心
	经济经纬	河南财经政法大学	核心
	经济科学	北京大学	核心
	经济理论与经济管理	中国人民大学	核心
	经济评论	武汉大学	核心
	经济社会体制比较	中共党史和文献研究院	核心
	经济体制改革	四川省社会科学院	核心
	经济问题	山西省社会科学院	核心
	经济学家	西南财经大学；四川社会科学学术基金会（新知研究院）	核心
	经济与管理研究	首都经济贸易大学	核心
	经济纵横	吉林省社会科学院；吉林省社会科学界联合会	核心
	南方经济	广东省社会科学院；广东经济学会	核心
	南开经济研究	南开大学经济学院	核心

续表

一级学科	刊名	主办单位	2018 版等级
经济学	农业技术经济	中国农业技术经济学会；中国农业科学院农业经济与发展研究所	核心
	农业经济问题	中国农业经济学会；中国农业科学院农业经济与发展研究所	核心
	山西财经大学学报	山西财经大学	核心
	商业经济与管理	浙江工商大学	核心
	商业研究	哈尔滨商业大学；中国商业经济学会	核心
	上海财经大学学报·哲学社会科学版	上海财经大学	核心
	审计研究	中国审计学会	核心
	审计与经济研究	南京审计大学	核心
	世界经济研究	上海市社会科学院世界经济研究所	核心
	税务研究	中国税务杂志社	核心
	现代日本经济	吉林大学；全国日本经济学会	核心
	证券市场导报	深圳证券交易所综合研究所	核心
	政治经济学评论	中国人民大学	核心
	中国经济问题	厦门大学经济研究所	核心
	中国农村观察	中国社会科学院农村发展研究所	核心
	中国土地科学	中国土地学会；中国土地勘测规划院	核心
	中南财经政法大学学报	中南财经政法大学	核心
	中央财经大学学报	中央财经大学	核心
考古文博	考古	中国社会科学院考古研究所	权威
	考古学报	中国社会科学院考古研究所	权威
	文物	文物出版社	权威

续表

一级学科	刊名	主办单位	2018 版等级
考古文博	东南文化	南京博物院	核心
	江汉考古	湖北省文物考古研究所	核心
	考古与文物	陕西省考古研究院	核心
历史学	历史研究	中国社会科学院	顶级
	近代史研究	中国社会科学院近代史研究所	权威
	中国史研究	中国社会科学院历史研究所	权威
	安徽史学	安徽省社会科学院	核心
	当代中国史研究	中国社会科学院当代中国研究所	核心
	清史研究	中国人民大学	核心
	史学集刊	吉林大学	核心
	史学理论研究	中国社会科学院世界历史研究所	核心
	史学月刊	河南大学；河南省历史学会	核心
	世界历史	中国社会科学院世界历史研究所	核心
	中国边疆史地研究	中国社会科学院中国边疆研究所	核心
	中国经济史研究	中国社会科学院经济研究所	核心
马克思主义	求是	中国共产党中央委员会	顶级
	马克思主义研究	中国社会科学院马克思主义研究院	权威
	中国特色社会主义研究	北京市社会科学界联合会；北京市中国特色社会主义理论体系研究中心；北京市科学社会主义学会	权威
	当代世界与社会主义	中央党史和文献研究院；中国国际共运史学会	核心
	党的文献	中共中央党史和文献研究院；中央档案馆	核心

续表

一级学科	刊名	主办单位	2018 版等级
马克思主义	红旗文稿	求是杂志社	核心
	教学与研究	中国人民大学	核心
	马克思主义与现实	中央党史和文献研究院	核心
	社会主义研究	华中师范大学	核心
	思想理论教育导刊	高等教育出版社	核心
民族学与文化学	民族研究	中国社会科学院民族学与人类学研究所	权威
	广西民族大学学报·哲学社会科学版	广西民族大学	核心
	贵州民族研究	贵州省民族研究院	核心
	民俗研究	山东大学	核心
	西北民族研究	西北民族大学	核心
	西南民族大学学报·人文社会科学版	西南民族大学	核心
	云南民族大学学报·哲学社会科学版	云南民族大学	核心
	中南民族大学学报·人文社会科学版	中南民族大学	核心
	中央民族大学学报·哲学社会科学版	中央民族大学	核心
人文地理学	旅游学刊	北京联合大学旅游学院	权威
	城市发展研究	中国城市科学研究会	核心
	城市规划	中国城市规划学会	核心
	城市规划学刊	同济大学	核心
	城市问题	北京市社会科学院	核心
	地理科学	中国科学院东北地理与农业生态研究所	核心
	地理学报	中国地理学会；中国科学院地理科学与资源研究所	核心

续表

一级学科	刊名	主办单位	2018 版等级
人文地理学	地理研究	中国科学院地理科学与资源研究所；中国地理学会	核心
	经济地理	中国地理学会；湖南省经济地理研究所	核心
	人文地理	中国地理学会；西安外国语大学	核心
社会学	社会学研究	中国社会科学院社会学研究所	权威
	妇女研究论丛	全国妇联妇女研究所；中国妇女研究会	核心
	青年研究	中国社会科学院社会学研究所	核心
	人口学刊	吉林大学	核心
	人口研究	中国人民大学	核心
	人口与经济	首都经济贸易大学	核心
	社会	上海大学	核心
	中国青年研究	中国青少年研究中心；中国青少年研究会	核心
	中国人口科学	中国社会科学院人口与劳动经济研究所	核心
体育学	体育科学	中国体育科学学会	权威
	北京体育大学学报	北京体育大学	核心
	成都体育学院学报	成都体育学院	核心
	上海体育学院学报	上海体育学院	核心
	首都体育学院学报	首都体育学院	核心
	体育学刊	华南理工大学；华南师范大学	核心
	体育与科学	江苏省体育科学研究所	核心
	武汉体育学院学报	武汉体育学院	核心
	中国体育科技	国家体育总局体育科学研究所	核心
统计学	统计研究	中国统计学会；国家统计局统计科学研究所	权威
	统计与信息论坛	西安财经学院；中国统计教育学会高教分会	核心

续表

一级学科	刊名	主办单位	2018 版等级
图书馆、情报与档案学	情报学报	中国科学技术情报学会；中国科学技术信息研究所	核心
	图书情报工作	中国科学院文献情报中心	权威
	图书情报知识	武汉大学	权威
	中国图书馆学报	中国图书馆学会；国家图书馆	权威
	大学图书馆学报	北京大学	核心
	档案学通讯	中国人民大学	核心
	档案学研究	中国档案学会	核心
	国家图书馆学刊	中国国家图书馆	核心
	情报科学	中国科学技术情报学会；吉林大学	核心
	情报理论与实践	中国国防科学技术信息学会；中国兵器工业集团第二一〇研究所	核心
	情报杂志	陕西省科学技术情报研究院	核心
	情报资料工作	中国人民大学	核心
	图书馆	湖南图书馆；湖南省图书馆学会	核心
	图书馆建设	黑龙江省图书馆；黑龙江省图书馆学会	核心
	图书馆论坛	广东省立中山图书馆	核心
	图书馆杂志	上海市图书馆学会；上海图书馆（上海科学技术情报研究所）	核心
	图书与情报	甘肃省图书馆；甘肃省科技情报研究所	核心
	现代情报	中国科技情报学会；吉林省科技信息研究所	核心
文学	外国文学评论	中国社会科学院外国文学研究所	权威
	文学评论	中国社会科学院文学研究所	权威

续表

一级学科	刊名	主办单位	2018 版等级
文学	文学遗产	中国社会科学院文学研究所	权威
	当代外国文学	南京大学外国文学研究所	核心
	当代作家评论	辽宁省作家协会	核心
	国外文学	北京大学	核心
	南方文坛	广西文联	核心
	外国文学	北京外国语大学	核心
	外国文学研究	华中师范大学	核心
	文艺理论研究	中国文艺理论学会；华东师范大学	核心
	中国文学研究	湖南师范大学	核心
	中国现代文学研究丛刊	中国现代文学馆	核心
心理学	心理学报	中国心理学会；中国科学院心理研究所	权威
	心理发展与教育	北京师范大学	核心
	心理科学	中国心理学会	核心
	心理科学进展	中国科学院心理研究所	核心
新闻学与传播学	新闻与传播研究	中国社会科学院新闻与传播研究所	权威
	编辑学报	中国科学技术期刊编辑学会	核心
	编辑之友	山西三晋报刊传媒集团有限责任公司	核心
	出版科学	湖北省编辑学会；武汉大学	核心
	当代传播	新疆日报社	核心
	国际新闻界	中国人民大学	核心
	科技与出版	清华大学出版社有限公司	核心
	现代传播（中国传媒大学学报）	中国传媒大学	核心
	新闻大学	复旦大学	核心
	新闻记者	上海报业集团；上海社会科学院新闻研究所	核心
	中国出版	中国新闻出版传媒集团	核心

续表

一级学科	刊名	主办单位	2018 版等级
新闻学与传播学	中国科技期刊研究	中国科学院自然科学期刊编辑研究会；中国科学院文献情报中心	核心
艺术学	文艺研究	中国艺术研究院	权威
	北京电影学院学报	北京电影学院	核心
	北京舞蹈学院学报	北京舞蹈学院	核心
	当代电影	中国电影艺术研究中心；中国传媒大学	核心
	电影艺术	中国电影家协会	核心
	民族艺术	广西民族文化艺术研究院	核心
	艺术百家	江苏省文化艺术研究院	核心
	音乐研究	人民音乐出版社有限公司	核心
	音乐艺术（上海音乐学院学报）	上海音乐学院	核心
	中国音乐学	中国艺术研究院	核心
	中央音乐学院学报	中央音乐学院	核心
语言学	世界汉语教学	北京语言大学	权威
	外语教学与研究	北京外国语大学	权威
	中国语文	中国社会科学院语言研究所	权威
	当代语言学	中国社会科学院语言研究所	核心
	外国语	上海外国语大学	核心
	外语教学	西安外国语大学	核心
	外语界	上海外国语大学	核心
	外语研究	解放军国际关系学院	核心
	外语与外语教学	大连外国语大学	核心
	现代外语	广东外语外贸大学	核心
	语言教学与研究	北京语言大学	核心
	中国翻译	当代中国与世界研究院；中国翻译协会	核心
哲学	哲学研究	中国社会科学院哲学研究所	权威
	道德与文明	中国伦理学会；天津社会科学院	核心

续表

一级学科	刊名	主办单位	2018 版等级
哲学	科学技术哲学研究	山西大学；山西省自然辩证法研究会	核心
	伦理学研究	湖南师范大学	核心
	哲学动态	中国社会科学院哲学研究所	核心
	自然辩证法研究	中国自然辩证法研究会	核心
政治学	当代亚太	中国社会科学院亚太与全球战略研究院；中国亚洲太平洋学会	权威
	国家行政学院学报	国家行政学院	权威
	世界经济与政治	中国社会科学院世界经济与政治研究所	权威
	政治学研究	中国社会科学院政治学研究所	权威
	中共中央党校学报	中共中央党校	权威
	北京行政学院学报	北京行政学院	核心
	东北亚论坛	吉林大学	核心
	公共行政评论	广东人民出版社有限公司；广东省治理现代化研究所	核心
	国际观察	上海外国语大学	核心
	国际问题研究	中国国际问题研究院	核心
	国际政治研究	北京大学	核心
	行政论坛	黑龙江省行政学院	核心
	湖湘论坛	中共湖南省委党校	核心
	江苏行政学院学报	江苏省行政学院	核心
	理论探索	中共山西省委党校；山西行政学院	核心
	理论探讨	中共黑龙江省委党校	核心
	理论学刊	中共山东省委党校	核心
	美国研究	中国社会科学院美国研究所；中华美国学会	核心

续表

一级学科	刊名	主办单位	2018 版等级
政治学	南亚研究	中国社会科学院亚太与全球战略研究院	核心
	欧洲研究	中国社会科学院欧洲研究所	核心
	日本学刊	中国社会科学院日本研究所；中华日本学会	核心
	上海行政学院学报	上海行政学院	核心
	台湾研究集刊	厦门大学台湾研究院	核心
	太平洋学报	中国太平洋学会	核心
	探索	中共重庆市委党校	核心
	外交评论	外交学院	核心
	现代国际关系	中国现代国际关系研究院	核心
宗教学	世界宗教研究	中国社会科学院世界宗教研究所	权威
	世界宗教文化	中国社会科学院世界宗教研究所	核心
	宗教学研究	四川大学道教与宗教文化研究所	核心
综合性人文社会科学	中国社会科学	中国社会科学院	顶级
	北京大学学报·哲学社会科学版	北京大学	权威
	北京师范大学学报·社会科学版	北京师范大学	权威
	清华大学学报·哲学社会科学版	清华大学	权威
	文史哲	山东大学	权威
	学术月刊	上海市社会科学界联合会	权威
	中国人民大学学报	中国人民大学	权威
	安徽大学学报·哲学社会科学版	安徽大学	核心

续表

一级学科	刊名	主办单位	2018 版等级
综合性人文社会科学	安徽师范大学学报 · 人文社会科学版	安徽师范大学	核心
	北京社会科学	北京市社会科学院	核心
	东北大学学报 · 社会科学版	东北大学	核心
	东北师大学报 · 哲学社会科学版	东北师范大学	核心
	东南大学学报 · 哲学社会科学版	东南大学	核心
	东南学术	福建省社会科学界联合会	核心
	东岳论丛	山东社会科学院	核心
	读书	生活 · 读书 · 新知三联书店有限公司	核心
	福建论坛 · 人文社会科学版	福建省社会科学院	核心
	福建师范大学学报 · 哲学社会科学版	福建师范大学	核心
	复旦学报 · 社会科学版	复旦大学	核心
	甘肃社会科学	甘肃省社会科学院	核心
	广东社会科学	广东省社会科学院	核心
	贵州社会科学	贵州省社会科学院	核心
	国外社会科学	中国社会科学院信息情报研究院	核心
	河北学刊	河北省社会科学院	核心
	河南大学学报 · 社会科学版	河南大学	核心
	河南社会科学	河南省社会科学界联合会	核心
	河南师范大学学报 · 哲学社会科学版	河南师范大学	核心
	湖北大学学报 · 哲学社会科学版	湖北大学	核心
	湖南大学学报 · 社会科学版	湖南大学	核心

续表

一级学科	刊名	主办单位	2018 版等级
综合性人文社会科学	湖南科技大学学报・社会科学版	湖南科技大学	核心
	湖南师范大学社会科学学报	湖南师范大学	核心
	华东师范大学学报・哲学社会科学版	华东师范大学	核心
	华南农业大学学报・社会科学版	华南农业大学	核心
	华南师范大学学报・社会科学版	华南师范大学	核心
	华中科技大学学报・社会科学版	华中科技大学	核心
	华中农业大学学报・社会科学版	华中农业大学	核心
	华中师范大学学报・人文社会科学版	华中师范大学	核心
	吉林大学社会科学学报	吉林大学	核心
	暨南学报・哲学社会科学版	暨南大学	核心
	江海学刊	江苏省社会科学院	核心
	江汉论坛	湖北省社会科学院	核心
	江淮论坛	安徽省社会科学院	核心
	江苏社会科学	江苏省哲学社会科学界联合会	核心
	江西社会科学	江西省社会科学院	核心
	江西师范大学学报・哲学社会科学版	江西师范大学	核心
	开放时代	广州市社会科学院	核心
	兰州大学学报・社会科学版	兰州大学	核心
	南京大学学报・哲学・人文科学・社会科学	南京大学	核心
	南京农业大学学报・社会科学版	南京农业大学	核心

续表

一级学科	刊名	主办单位	2018 版等级
综合性人文社会科学	南京社会科学	南京市社会科学界联合会；南京市社会科学院	核心
	南京师大学报·社会科学版	南京师范大学	核心
	南开学报·哲学社会科学版	南开大学	核心
	内蒙古社会科学	内蒙古自治区社会科学院	核心
	宁夏社会科学	宁夏社会科学院	核心
	齐鲁学刊	曲阜师范大学	核心
	求是学刊	黑龙江大学	核心
	人文杂志	陕西省社会科学院	核心
	厦门大学学报·哲学社会科学版	厦门大学	核心
	山东大学学报·哲学社会科学版	山东大学	核心
	山东社会科学	山东省社会科学界联合会	核心
	山西大学学报·哲学社会科学版	山西大学	核心
	上海大学学报·社会科学版	上海大学	核心
	上海交通大学学报·哲学社会科学版	上海交通大学	核心
	上海师范大学学报·哲学社会科学版	上海师范大学	核心
	社会科学	上海社会科学院	核心
	社会科学辑刊	辽宁社会科学院	核心
	社会科学研究	四川省社会科学院	核心
	社会科学战线	吉林省社会科学院	核心
	首都师范大学学报·社会科学版	首都师范大学	核心
	思想战线	云南大学	核心
	四川大学学报·哲学社会科学版	四川大学	核心

续表

一级学科	刊名	主办单位	2018 版等级
综合性人文社会科学	四川师范大学学报·社会科学版	四川师范大学	核心
	苏州大学学报·哲学社会科学版	苏州大学	核心
	探索与争鸣	上海市社会科学界联合会	核心
	天津社会科学	天津社会科学院	核心
	武汉大学学报·哲学社会科学版	武汉大学	核心
	西安交通大学学报·社会科学版	西安交通大学	核心
	西北农林科技大学学报·社会科学版	西北农林科技大学	核心
	西北师大学报·社会科学版	西北师范大学	核心
	西南大学学报·社会科学版	西南大学	核心
	湘潭大学学报·哲学社会科学版	湘潭大学	核心
	新疆师范大学学报·哲学社会科学版	新疆师范大学	核心
	学海	江苏省社会科学院	核心
	学术界	安徽省社会科学界联合会	核心
	学术研究	广东省社会科学界联合会	核心
	学习与实践	武汉市社会科学院	核心
	学习与探索	黑龙江省社会科学院	核心
	烟台大学学报·哲学社会科学版	烟台大学	核心
	云南社会科学	云南省社会科学院	核心
	云南师范大学学报·哲学社会科学版	云南师范大学	核心
	浙江大学学报·人文社会科学版	浙江大学	核心

续表

一级学科	刊名	主办单位	2018 版等级
综合性人文社会科学	浙江社会科学	浙江省社会科学界联合会	核心
	浙江学刊	浙江省社会科学院	核心
	郑州大学学报·哲学社会科学版	郑州大学	核心
	中国地质大学学报·社会科学版	中国地质大学（武汉）	核心
	中国农业大学学报·社会科学版	中国农业大学	核心
	中山大学学报·社会科学版	中山大学	核心
	中州学刊	河南省社会科学院	核心
	重庆大学学报·社会科学版	重庆大学	核心

三　正确认识期刊评价与核心期刊遴选的不同

学术期刊作为学术传播与学术交流的平台和阵地，其发表论文的目的应该是交流研究成果，传播科学知识，启迪研究思路，培育和发现人才，争取科学发现的优先权等①。在前互联网时代，科研人员需要基于期刊来进行学术追踪和开展学术研究，因此就需要对期刊的影响情况进行评估并从中遴选出重要期刊，以供资金有限的管理部门和精力有限的科研人员进行期刊资源配置与重点关注，在此基础上就衍生出了核心期刊的概念。在传统的核心期刊遴选的过程中，一般将引用指标就作为学术影响力的一种体现而被用于测度期刊的被关注程度，并认为期刊的被引次数越多，表明期刊的被关注度越高或影响越大。在四家期刊评价机构的期刊评价与核心期刊遴选过程中，北京大学的 B 刊曾明确提出其核心

① 江波：《学术期刊的智库功能与定位》，《社会科学文摘》2017 年第 9 期，第 5—7 页。

期刊遴选的主要目的是供图书馆选刊采刊使用，南京大学的 C 刊评价则直接从其期刊引文数据库建设的需要出发，遴选出其 CSSCI 数据库的来源期刊和扩展期刊。

我们开展中国人文社会科学期刊评价工作并发布《中国人文社会科学期刊评价报告》，构建了包括吸引力、管理力和影响力 3 个一级指标、10 个二级指标和 24 个三级指标构成的中国人文社会科学期刊 AMI 综合评价指标体系，对期刊的发展现状与学术质量进行了较为全面的考核与评价。需要特别说明的是，我们开展期刊评价的目的并不仅仅是发布期刊等级排名，而是希望通过开展期刊评价工作，诊断和发现中国人文社会科学期刊发展过程中存在的现象或问题（如个别期刊的价值导向与意识形态属性不强、部分期刊载文中存在的“自留地”现象、期刊研究选题中出现的“同质化”现象等），从而帮助办刊主体更加清晰和直观地认识当前期刊发展中可能存在的问题，从而促使期刊更好、更加健康地发展。

学术期刊作为反映一个国家或地区科学研究水平和社会文明程度的一个重要标志，必须坚持创新驱动，走特色发展之路，努力提升学术期刊的学术性、创新性与专业性水平，开放包容，避免因出现同质化或自留地现象而浪费学术资源。在当前中国哲学社会科学繁荣发展的重大历史进程中，作为学术交流的主要平台和重要阵地，学术期刊的作用自然不言而喻。因此，各期刊主体应当清醒地认识到其肩负的历史使命，以重大理论和现实问题为主攻方向，创新研究方法和研究思路，构建具有中国特色的学科理论范式，引领我国哲学社会科学事业朝着正确的方向健康发展①。

---

① 逯万辉：《论学术期刊研究选题同质化现象》，《澳门理工学报》2018 年第 4 期，第 111—121 页。

第三篇

新刊评价报告

第一部分　新刊评价说明

一　新刊的概念界定与遴选

(一) 新刊的概念界定

新创学术期刊（简称新刊）是一个相对概念，是相对于老刊而言，一般是指近期创办的期刊。但是目前似乎还没有一个得到普遍认可的统一的概念。考虑到期刊评价中定量数据一般都含有影响因子或5年影响因子，叶继元教授将新刊界定为5年内创办的期刊①。本报告借鉴新刊的这一时间界定范围，同时考虑到新刊必须已经出版了一定周期，故本报告专指的新刊时间界定为2013—2017年期间创办的刊物。关于新刊的定义，顾名思义，新创办的期刊，那么原国家新闻出版广电总局新批准创办的、具有国内统一刊号的学术期刊无疑就是新刊了。

但是事实上，原国家新闻出版广电总局还批准了很多更名的学术期刊。由于该局对国内统一刊号管理比较严格，很多单位获批新的刊号比较困难，就会通过内部刊号“转让”的形式对期刊进行更名。期刊更名情况主要有三种：（1）非学术期刊转为学术期刊；（2）刊文方向有变；（3）高校改名或升级，其学报随之更名。最后一种情况中，期刊的刊文方向一般不会有大的改变，不能算作新创办的学术期刊。

因此，本报告将新刊界定为：2013—2017年内，原国家新闻出版广

---

① 叶继元、臧莉娟：《新创学术期刊评价探讨》，《中国社会科学评价》2016年第2期，第4—12页。

电总局批准创办的、具有国内统一刊号的学术期刊，以及原国家新闻出版广电总局批准的更名的学术期刊。

（二）学术期刊的挑选原则

本报告对于学术期刊的挑选主要基于以下几个方面：

• 如期刊在原国家新闻出版广电总局认定的两次学术期刊名单中，则认定为学术期刊；

• 对于原国家新闻出版广电总局还没来得及认定的期刊，原则上主要依据其刊载的学术论文是否超过了该刊论文总数的 50%，若未超过 50% 则为非学术期刊；

• 专家推荐期刊。

（三）新刊遴选过程及结果

1. 从原国家新闻出版广电总局官网上下载关于同意创办期刊或期刊更名的行政许可文件；

2. 对行政许可文件进行数据筛选和整理，剔除具有明显自然科学属性的期刊和语种为外文的期刊，初筛出新刊名单；

3. 通过中国社会科学网对中国人文社会科学新刊名单进行公示，征求社会各界意见；

4. 通过专家委员会征求专家意见；

5. 汇总公示反馈意见和专家意见，对新刊名单进行部分增减。

最后得到 2013—2017 年中国人文社会科学新刊 164 种。

二　学科划分与期刊归类

（一）学科分类的划分依据

2018 年 7 月，中共中央办公厅、国务院办公厅印发了《关于深化项目评审、人才评价、机构评估改革的意见》（简称《三评意见》）。《三评意见》中提出，“三评”的指导思想是“统筹自然科学和哲学社会科学等不同学科门类，推进分类评价制度建设，发挥好评价指挥棒和风向标作用，营造潜心研究、追求卓越、风清气正的科研环境，形成中国特色科技评价体系”。

根据《三评意见》的指导思想，本年度进行新刊评价时按照学科大类和学科类进行。在结合教育部《学位授予和人才培养学科目录（2018年)》、国家标准《学科分类与代码》（GB/T 13745—2009）以及《中国图书馆分类法（第五版)》等学科、图书分类的基础上，2018 年度新刊评价时共分成 3 个学科大类和 19 个一级学科类进行评价。

第一大类侧重人文学科类期刊，包括考古文博、历史学、马克思主义理论、民族学与文化学、文学、艺术学、语言学和哲学共计 8 个学科类。

第二大类侧重综合类期刊，共计 1 个学科类。

第三大类侧重社会科学类期刊，包括法学、管理学、教育学、经济学、人文地理学、社会学、体育学、图书馆、情报与档案学、新闻学与传播学和政治学共计 10 个学科类。

(二) 期刊的学科归类方法

首先，我们参考《中国图书馆分类法》、期刊 CN 号（国内统一刊号)、期刊论文分类号等对期刊进行粗分类；

其次，参考 CNKI（知网)、万方数据平台等期刊数据库对期刊的分类进行修订；

第三，请相关专家把关，核查分类中出现偏差的期刊；

第四，请各期刊编辑部填写《期刊编辑部自评信息表》（表 16)，申报其期刊所属学科分类；

第五，公示评价期刊名单及分类，接受学术界反馈意见，公示信息见“中国社会科学评价研究院 2018 年评价期刊名单和分类公示”（http://ex.cssn.cn/index/gg/201808/t20180816_4544483.shtml)；

第六，汇总分类意见，确定期刊分类。

(三) 期刊源的分学科分布

将 164 种新刊按照 19 个类别进行划分，得到学科分类期刊数量分布表，如表 8 所示。

表 8　　中国人文社会科学期刊新刊评价学科分类表

序号	学科大类	一级学科	期刊数
1	侧重人文学科	考古文博	2
2		历史学	5
3		马克思主义理论	7
4		民族学与文化学	3
5		文学	5
6		艺术学	7
7		语言学	8
8		哲学	1
9	侧重社会科学	法学	11
10		管理学	8
11		教育学	29
12		经济学	25
13		人文地理	1
14		社会学	8
15		体育学	1
16		图书馆、情报与档案学	3
17		新闻学与传播学	9
18		政治学	13
19	侧重综合	综合性人文社会科学	18
合计			164

三　新刊评价指标体系

《新刊 AMI 评价指标体系》以《A 刊 AMI 评价指标体系》为基础，由 3 个一级指标、6 个二级指标、11 个三级指标构成，实行一票否决制，设置一票否决指标、计分指标和扣分指标，各指标统计时间及数据来源有所不同。中国人文社会科学期刊 AMI 综合评价指标体系（新刊 AMI，2018）（简称《新刊 AMI 评价指标体系》）详见表 9。

该指标体系以《中国人文社会科学期刊评价报告（2014 年）》中的指标体系为基础，根据国家近期相关政策文件精神、结合人文学科特点，在充分听取专家意见基础上制定《新刊 AMI 评价指标体系》，步骤如下：

第一步：根据《中国人文社会科学期刊评价报告（2014 年）》中的指标体系进行修改，确定《新刊 AMI 评价指标体系》初稿；

第二步：召开共计 24 个学科的期刊评价专家委员会，讨论《新刊 AMI 评价指标体系》；

第三步：2018 年 10 月 18 日，召开了新刊评价专家评审会，讨论《新刊 AMI 评价指标体系》；

第四步：在中国人文社会科学期刊评价专家委员会主任委员年会（2018 年 10 月 27 日在南京审计大学召开）和咨询委员会会议（2018 年 11 月 1 日在京召开）上，再次听取专家们对新期刊评价的意见和建议；

第五步：汇总专家意见，确定《新刊 AMI 评价指标体系》。

表 9　中国人文社会科学期刊 AMI 综合评价指标体系（新刊 AMI，2018）

一级指标	二级指标	三级指标	指标说明	指标采集时间、来源及备注
一票否决指标			如认为该期刊有违马克思主义基本原理，或有违中央现行基本方针政策，或存在情节严重的捏造、篡改、抄袭等学术不端行为，则一票否决，直接取消参评资格。	是□（一票否决） 否□（继续打分）
吸引力	论文状况	开放获取	开放获取的程度和更新速度	时间：2018 年 8 月采集；来源：网络
		下载量	篇均下载次数	时间：2018 年 10 月；来源：中国知网
	同行评议	专家委员	根据同行评议指标进行打分	时间：2018 年 1 月至今；来源：座谈会、通讯评审等
		推荐专家	根据同行评议指标进行打分	时间：2018 年 9 月开始；来源：数据采集网站； 备注：由专家委员、编辑部及特邀专家推荐的学者构成（详见 http：//www. cssn. cn/index/gg/201807/t20180731_ 4514684. shtml）
		科研人员、管理人员	根据同行评议指标进行打分	时间：2018 年 9 月开始；来源：数据采集网站； 备注：参加评议的人员要遵守学术规范，抽查学者的真实性，以保证评议人员的真实有效性
管理力	学术不端		交叉引用/交叉署名，变相买卖版面，抄袭剽窃等学术不端行为	时间：2013 年至今； 来源：原国家新闻出版广电总局，CNKI 学术不端文献检测系统检测数据，评价院接到举报后核实的信息等； 备注：该指标为扣分指标，无学术不端行为得“0”分，存在问题进行扣分

续表

一级指标	二级指标	三级指标	指标说明	指标采集时间、来源及备注
管理力	制度规范	编辑规范	中外文题录信息，参考文献著录规范性、准确性，出版规范	时间：2013 年至今； 来源：评价院对期刊论文抽检数据等
	信息化建设	网站建设	网站建设，网站内容完备性及更新情况	时间：2018 年 8 月； 来源：评价院采集各期刊网站建设情况
		在线稿件处理系统	在线投稿、审稿系统建设情况	时间：2018 年 8 月； 来源：评价院从各期刊网站采集该数据； 备注：旨在引导编辑部弥补传统投审稿方式的不足，提高投审稿效率、缩短出版周期，以满足网络环境下用户需求
		微信公众号	微信公众号建设情况	时间：2018 年 8 月； 来源：评价院从各期刊微信公众号采集该数据； 备注：新环境下期刊的建设情况
影响力	学术影响力	2018 版复合影响因子		时间：2018 年 10 月； 来源：中国知网
		2018 版综合影响因子		时间：2018 年 10 月； 来源：中国知网

四　新刊分级排序方法

本次评价，新刊分级排序参照 A 刊评价的分级排序方法。鉴于新刊数量较少，本次只评出“核心期刊”，其他期刊为入库期刊。同等级期刊划等不排序。因新刊数量较少，学科分布不均，此次新刊评价评定出的“核心期刊”唯学术水平而定，不按学科划分、不按比例划定，坚持宁缺毋滥。

五　数据来源与采集时间

本次评价的数据来源主要由三部分构成，一是评价院自采数据，二是第三方数据，三是编辑部协助提供数据。

1. 评价院自采数据

（1）评价院采集数据

• 纸本期刊数据。通过到图书馆直接阅读的方式采集期刊出版规范等指标信息；

• 电子版期刊数据。通过下载期刊论文电子版的形式抽查期刊论文参考文献信息准确性等内容；对未提供样刊数据的期刊，选择创刊号（或更名后第 1 期）和 2018 年第 1 期下载、打印其原版目录页和部分论文；

• 网络信息数据。通过访问期刊网站采集期刊“网站建设”“在线稿件处理系统”“开放获取”等信息。

（2）调研数据

以问卷调查、电话咨询、专家座谈等形式采集“同行评议”等指标的数据。

2. 第三方数据

中国知网。采集“下载量”“2018 版复合影响因子”“2018 版综合影响因子”等指标数据。

3. 期刊编辑部协助提供数据

• 编辑部提供样刊（创刊号或更名后第 1 期和 2018 年第 1 期）供专家审读；

• 编辑部填写《期刊编辑部自评信息表》，采集期刊学科分类等信息。

由于指标的计算方法不同，每个指标的采集时间亦有所不同，详见新刊评价指标体系里的数据采集时间。“同行评议”指标问卷发放回收时间是 2018 年 9 月 28 日—10 月 15 日。

第二部分　新刊评价结果（164 种期刊）

本次评价采用《新刊 AMI 评价指标体系》，对 164 种中国人文社会科学学术期刊进行了评价，考虑到三个学科大类之间的差异，对三个学科大类分别进行了评价，最后评出 18 种核心期刊，其他 146 种为入库期刊。期刊排序方式：同一等级内按照学科大类、一级学科排序，同一学科内再按照期刊音序排列。

序号	期刊名称	学科	学科大类	主办单位	等级
1	中国社会科学评价	综合	综合	中国社会科学杂志社	核心
2	中国高校社会科学	综合	综合	教育部高等学校社会科学发展研究中心	核心
3	中国纪检监察	政治学	社科	中国纪检监察杂志社	核心
4	国际政治科学	政治学	社科	清华大学	核心
5	社会学评论	社会学	社科	中国人民大学	核心
6	社会发展研究	社会学	社科	中国社会科学院社会发展战略研究院	核心
7	劳动经济研究	经济学	社科	中国社会科学院人口与劳动经济研究所	核心
8	城市与环境研究	经济学	社科	中国社会科学院城市发展与环境研究所	核心
9	产业经济评论	经济学	社科	电子工业出版社	核心

续表

序号	期刊名称	学科	学科大类	主办单位	等级
10	财经智库	经济学	社科	中国社会科学院财经战略研究院；社会科学文献出版社	核心
11	苏州大学学报·教育科学版	教育学	社科	苏州大学	核心
12	国际法研究	法学	社科	中国社会科学院国际法研究所；社会科学文献出版社	核心
13	中国文学批评	文学	人文	中国社会科学杂志社	核心
14	外国文学动态研究	文学	人文	中国社会科学院外国文学研究所；译林出版社	核心
15	世界社会主义研究	马克思主义理论	人文	中国社会科学院信息情报研究院	核心
16	毛泽东研究	马克思主义理论	人文	湖南省社会科学院	核心
17	马克思主义理论学科研究	马克思主义理论	人文	高等教育出版社有限公司	核心
18	国际汉学	历史学	人文	北京外国语大学	核心
19	自然科学博物馆研究	综合	综合	中国自然科学博物馆协会、科学普及出版社、中国科学技术馆	入库
20	知与行	综合	综合	黑龙江社会科学信息中心	入库
21	新乡学院学报	综合	综合	新乡学院	入库
22	西部学刊	综合	综合	陕西新华出版传媒集团	入库
23	文化软实力	综合	综合	湖南大学	入库
24	孙子研究	综合	综合	山东出版传媒股份有限公司、山东孙子研究会	入库
25	社会科学动态	综合	综合	湖北省社会科学院	入库
26	区域与全球发展	综合	综合	北京外国语大学	入库
27	青藏高原论坛	综合	综合	青海民族大学	入库

续表

序号	期刊名称	学科	学科大类	主办单位	等级
28	南海学刊	综合	综合	海南省社会科学界联合会；海南省社会科学院	入库
29	领导科学论坛	综合	综合	湖北长江报刊传媒（集团）有限公司	入库
30	孔学堂	综合	综合	当代贵州期刊传媒集团	入库
31	军民融合	综合	综合	国防大学国防经济研究中心	入库
32	荆楚学刊	综合	综合	荆楚理工学院	入库
33	关东学刊	综合	综合	长春工业大学	入库
34	港澳研究	综合	综合	国务院港澳事务办公室	入库
35	中国青年社会科学	政治学	社科	中国青年政治学院	入库
36	亚太安全与海洋研究	政治学	社科	国务院发展研究中心亚非发展研究所	入库
37	统一战线学研究	政治学	社科	重庆社会主义学院	入库
38	台海研究	政治学	社科	上海台湾研究所；上海社会科学院出版社	入库
39	青年学报	政治学	社科	上海青年管理干部学院	入库
40	欧亚经济	政治学	社科	中国社会科学院俄罗斯东欧中亚研究所	入库
41	行政科学论坛	政治学	社科	新乡学院	入库
42	国际关系研究	政治学	社科	上海社会科学院国际关系研究所	入库
43	地方治理研究	政治学	社科	江西行政学院	入库
44	当代美国评论	政治学	社科	中国社会科学院美国研究所	入库
45	边界与海洋研究	政治学	社科	武汉大学	入库
46	中国年鉴研究	新闻学与传播学	社科	中国地方志指导小组办公室	入库
47	中国出版史研究	新闻学与传播学	社科	中华书局有限公司	入库

续表

序号	期刊名称	学科	学科大类	主办单位	等级
48	新媒体研究	新闻学与传播学	社科	中国科技新闻学会	入库
49	全球传媒学刊	新闻学与传播学	社科	清华大学	入库
50	南方传媒研究	新闻学与传播学	社科	广东南方报业传媒集团有限公司	入库
51	教育传媒研究	新闻学与传播学	社科	中国教育电视台	入库
52	国际传播	新闻学与传播学	社科	中国国际广播电台	入库
53	传播与版权	新闻学与传播学	社科	广西期刊协会	入库
54	北方传媒研究	新闻学与传播学	社科	吉林省广播电视研究所、吉林省舆林报刊发展有限责任公司	入库
55	图书情报导刊	图书馆、情报与档案学	社科	山西省科学技术情报研究所、山西省科学技术情报学会	入库
56	图书馆研究与工作	图书馆、情报与档案学	社科	浙江省文化厅	入库
57	情报工程	图书馆、情报与档案学	社科	中国科学技术情报学会、中国科学技术信息研究所	入库
58	武术研究	体育学	社科	山西体育文化传媒有限公司	入库
59	社会治理	社会学	社科	北京师范大学	入库
60	社会政策研究	社会学	社科	中国社会治理研究会	入库
61	社会建设	社会学	社科	吉林省出版产品质量监测中心、中国人民大学	入库
62	社会工作与管理	社会学	社科	广东工业大学	入库
63	社会保障评论	社会学	社科	中国社会保障学会	入库

续表

序号	期刊名称	学科	学科大类	主办单位	等级
64	青年发展论坛	社会学	社科	江西青年职业学院	入库
65	旅游导刊	人文地理	社科	上海世纪出版股份有限公司；北京第二外国语学院	入库
66	中国市场监管研究	经济学	社科	中国市场监督管理学会	入库
67	印度洋经济体研究	经济学	社科	云南财经大学	入库
68	区域经济评论	经济学	社科	河南省社会科学院	入库
69	清华金融评论	经济学	社科	清华大学	入库
70	农银学刊	经济学	社科	中国农业银行股份有限公司武汉培训学院	入库
71	农林经济管理学报	经济学	社科	江西农业大学	入库
72	开发性金融研究	经济学	社科	国家开发银行股份有限公司；中国人民大学	入库
73	经济学报	经济学	社科	清华大学	入库
74	金融理论探索	经济学	社科	河北金融学院	入库
75	环境经济研究	经济学	社科	湖北经济学院	入库
76	海关与经贸研究	经济学	社科	上海海关学院	入库
77	公共财政研究	经济学	社科	大众报业集团（大众日报社）、山东省财政科学研究所	入库
78	工业经济论坛	经济学	社科	中国电子信息产业发展研究院	入库
79	发展改革理论与实践	经济学	社科	广东时代传媒有限公司	入库
80	东北亚经济研究	经济学	社科	吉林省经济管理干部学院	入库
81	当代农村财经	经济学	社科	中国农村财政研究会	入库
82	当代金融研究	经济学	社科	中国人民银行重庆营业管理部	入库
83	当代会计	经济学	社科	江西省报刊传媒有限责任公司	入库
84	产业创新研究	经济学	社科	滨海时报社	入库

续表

序号	期刊名称	学科	学科大类	主办单位	等级
85	财政科学	经济学	社科	中国财政科学研究院	入库
86	北方金融	经济学	社科	内蒙古金融学会	入库
87	重庆高教研究	教育学	社科	重庆文理学院；重庆市高等教育学会	入库
88	终身教育研究	教育学	社科	江苏开放大学	入库
89	中小学课堂教学研究	教育学	社科	广西教育出版社有限公司	入库
90	幼儿教育研究	教育学	社科	福建人民出版社有限责任公司	入库
91	应用型高等教育研究	教育学	社科	合肥学院	入库
92	医学教育管理	教育学	社科	首都医科大学	入库
93	数字教育	教育学	社科	海燕出版社有限公司；大象出版社有限公司	入库
94	山东高等教育	教育学	社科	青岛大学	入库
95	青少年研究与实践	教育学	社科	浙江青年专修学院	入库
96	青少年学刊	教育学	社科	山东省团校；山东省青少年研究所	入库
97	名师在线	教育学	社科	《英语周报》社有限公司	入库
98	民族高等教育研究	教育学	社科	内蒙古民族大学	入库
99	开放学习研究	教育学	社科	北京开放大学	入库
100	教育与装备研究	教育学	社科	教育部教育装备研究与发展中心	入库
101	教育视界	教育学	社科	江苏凤凰教育出版社有限公司	入库
102	教育经济评论	教育学	社科	北京师范大学	入库
103	教育传播与技术	教育学	社科	上海世纪出版有限公司教育出版社、上海市电化教育馆	入库
104	教育参考	教育学	社科	上海教育出版社	入库

续表

序号	期刊名称	学科	学科大类	主办单位	等级
105	教师教育学报	教育学	社科	西南大学	入库
106	教师教育论坛	教育学	社科	华中师范大学	入库
107	教师发展研究	教育学	社科	北京教育学院	入库
108	基础外语教育	教育学	社科	山东师范大学；外语教学与研究出版社有限责任公司	入库
109	河北职业教育	教育学	社科	廊坊师范学院	入库
110	高教学刊	教育学	社科	黑龙江省创联文化传媒有限公司、黑龙江省高等教育教学评估中心	入库
111	高等职业教育探索	教育学	社科	广州番禺职业技术学院	入库
112	当代教研论丛	教育学	社科	哈尔滨市教育研究院	入库
113	创新人才教育	教育学	社科	中国人民大学	入库
114	船舶职业教育	教育学	社科	渤海船舶职业学院；辽宁科学技术出版有限责任公司	入库
115	中国医疗管理科学	管理学	社科	国家卫生计生委医院管理研究所	入库
116	中国领导科学	管理学	社科	中国领导科学研究会、中共中央党校出版社	入库
117	中国管理会计	管理学	社科	中国总会计师协会、经济科学出版社	入库
118	智库理论与实践	管理学	社科	中国科学院文献情报中心；南京大学	入库
119	科技创新发展战略研究	管理学	社科	广东省科学技术情报研究所	入库
120	竞争政策研究	管理学	社科	工业和信息化部电子科学技术情报研究所	入库
121	宏观质量研究	管理学	社科	武汉大学	入库
122	财务研究	管理学	社科	中国财政杂志社	入库

续表

序号	期刊名称	学科	学科大类	主办单位	等级
123	专利代理	法学	社科	中华全国专利代理人协会；中国知识产权局	入库
124	中国应用法学	法学	社科	中国应用法学研究所；人民法院出版社	入库
125	武大国际法评论	法学	社科	武汉大学	入库
126	苏州大学学报·法学版	法学	社科	苏州大学	入库
127	南海法学	法学	社科	海南省法学会；海南出版社有限公司	入库
128	国际经济法学刊	法学	社科	北京大学	入库
129	法治现代化研究	法学	社科	南京师范大学；江苏省法学会	入库
130	法治社会	法学	社科	广东时代传媒有限公司；广东省法学会	入库
131	地方立法研究	法学	社科	中山大学；广东省立法研究所	入库
132	财经法学	法学	社科	中央财经大学	入库
133	当代中国价值观研究	哲学	人文	北京师范大学	入库
134	语言战略研究	语言学	人文	商务印书馆有限公司	入库
135	语言教育	语言学	人文	大连外国语大学	入库
136	外语与翻译	语言学	人文	中南大学	入库
137	外文研究	语言学	人文	河南大学	入库
138	外国语文研究	语言学	人文	华中师范大学	入库
139	双语教育研究	语言学	人文	新疆师范大学；新疆教育出版社	入库
140	国际汉语教学研究	语言学	人文	北京语言大学	入库
141	德语人文研究	语言学	人文	北京外国语大学	入库
142	中国文艺评论	艺术学	人文	中国文联文艺评论中心；中国文艺评论家协会	入库

续表

序号	期刊名称	学科	学科大类	主办单位	等级
143	中国民族美术	艺术学	人文	民族出版社	入库
144	中国民族博览	艺术学	人文	中国少数民族文化艺术基金会	入库
145	音乐文化研究	艺术学	人文	浙江音乐学院	入库
146	西泠艺丛	艺术学	人文	西泠印社社务委员会	入库
147	书法研究	艺术学	人文	上海书画出版社有限公司	入库
148	当代音乐	艺术学	人文	吉林省音乐家协会，吉林音像出版社有限责任公司	入库
149	长江文艺评论	文学	人文	湖北今古传奇传媒集团有限公司	入库
150	网络文学评论	文学	人文	广东省作家协会	入库
151	外国语言与文化	文学	人文	湖南师范大学	入库
152	文化软实力研究	民族学与文化学	人文	武汉大学	入库
153	地域文化研究	民族学与文化学	人文	吉林省社会科学院	入库
154	地方文化研究	民族学与文化学	人文	江西科技师范大学	入库
155	社会主义核心价值观研究	马克思主义理论	人文	清华大学	入库
156	红色文化学刊	马克思主义理论	人文	赣南师范大学	入库
157	高校马克思主义理论研究	马克思主义理论	人文	清华大学	入库
158	邓小平研究	马克思主义理论	人文	四川省社会科学院	入库
159	中原文化研究	历史学	人文	河南省社会科学院	入库
160	苏区研究	历史学	人文	老区建设杂志社	入库
161	史志学刊	历史学	人文	山西省地方志办公室	入库
162	经济社会史评论	历史学	人文	天津师范大学	入库

续表

序号	期刊名称	学科	学科大类	主办单位	等级
163	遗产与保护研究	考古文博	人文	北京卓众出版有限公司	入库
164	博物院	考古文博	人文	中国科技出版传媒股份有限公司	入库

第三部分　中国人文社会科学新刊发展特点

不管是新创办的还是出于期刊发展需要通过更名而转型升级的新刊，都是经过了主管和主办单位的层层论证，国家出版主管部门的严格审批，大体可以反映出新的时代特点下中国人文社会科学学术期刊的几个发展特点。

（1）弘扬社会主义核心价值观，传递主流声音。近几年，一批社会主义核心价值观研究的期刊被批准创办，比如创刊于2014年、2015年的《毛泽东研究》和《邓小平研究》，创刊于2015年的《高校马克思主义理论研究》《马克思主义理论学科研究》和《社会主义核心价值观研究》，创刊于2016年的《世界社会主义研究》等。

（2）紧随社会发展，关注社会热点，推动相关研究。新刊的出现也是社会发展的需要：智库建设在国家决策中的重要地位催生了智库研究的学术刊物《财经智库》和《智库理论与实践》；《南海学刊》则是从不同学科角度关注南海问题研究；2017年创刊的《网络文学评论》则是随着当下网络文学热门的创作话题和网络文化的发展趋势而创办的网络文学学术期刊；中国特色文化理论和实践研究也是当前社会迫切需要关注的方向，近几年创办或更名的新刊就有《地方文化研究》《中原文化研究》《地域文化研究》《文化软实力》和《文化软实力研究》等。

（3）跨学科的研究，是当代人文社会科学和自然科学领域的主要研究趋势之一。新刊也反映出这一特点。它们注意借鉴多学科的理论和方法来探索交叉学科、新兴学科、边缘学科等，推动了跨学科研究。比如《教育经济评论》重点关注教育经济学这一交叉学科；《环境经济研究》是环境经济专业学术期刊，集合了国内外自然科学和社会科学方面的专家；《边界与海洋研究》是目前国内外有关边界海洋问题的多学科（甚至包括自然科学）研究期刊。

（4）高校学报专业化。高校学报类综合性期刊发展的何去何从一直以来都困扰着期刊编辑部，尽管很多具有学科专业特点的学校学报在刊文上都有一定的学科专业倾向性，但多数还是并未明确定位。近年来由于综合性期刊有向专业化发展的趋势，越来越多的综合性学报也在不断顺应时代潮流，定位更加明确，逐渐向“小而专、小而精”方向发展，如《南昌高专学报》更名为《地方文化研究》，《云南财贸学院学报》（社科版）更名为《印度洋经济体研究》，《上海青年管理干部学院学报》更名为《青年学报》，《江西行政学院学报》更名为《地方治理研究》，《北京广播电视大学学报》更名为《开放学习研究》，《吉林省经济管理干部学院学报》更名为《东北亚经济研究》等。

（5）集刊转为正式刊。集刊现象在人文社会科学研究中比较普遍，尤其在法学、历史学这样的学科，但是目前集刊又处境尴尬，虽然归类于连续出版物，但是却没有连续出版物的编号。部分集刊审稿制度严格，学术性强，在国内外同行中较具影响。因此，近几年国家新闻出版局会有选择地给一些集刊配以 CN 号。比如《国际政治科学》《国际经济法学刊》《武大国际法评论》都是在学术集刊的基础上创刊。正式刊号的获取为这些学术期刊的进一步发展提供了有力支撑。

第四篇

英文期刊评价报告

第一部分　英文期刊评价说明

一　英文期刊的遴选与评价范围

(一) 英文期刊的界定

本报告的英文期刊，指的是国内机构主办或以国内机构（不含港澳台地区）为主主办的、以英语为写作语言、刊发人文社会科学方面学术论文的期刊。

(二) 英文期刊的遴选

为了更全的收集到国内出版的人文社会科学英文期刊，英文期刊名单主要从以下几个方面采集：

- 原国家新闻出版广电总局于 2014 和 2017 年公布的两批学术期刊名单里的人文社会科学类的英文期刊；
- 原国家新闻出版广电总局批准新创建的英文期刊（2014 年后颁布许可证的）；
- ISSN 中国国家中心查询到的人文社会科学英文期刊；
- 各学科专家委员会专家的推荐；
- 编辑部自荐。

通过上述几种渠道收集整理后，再剔除自然科学期刊、未正式创刊、非学术类期刊、已停刊等期刊，共收集了 65 种期刊，这 65 种期刊名单自 2018 年 8 月 10 日至 30 日已在中国社会科学网进行了公示（http：//ex. cssn. cn/index/gg/201808/t20180816_ 4544483. shtml），随后经过专家主任会议和咨询委会议的讨论，听取了部分专家的意见和建议，经过删除、调整和增补，最终确定了 68 种人文社会科学英文期刊名单。

（三）评价范围

在上述 68 种人文社会科学英文期刊中，有 42 种期刊取得了原国家新闻出版广电总局颁发的行政许可，也就是持有国内统一连续出版物号（以下简称“CN 号”）。根据我国《期刊出版管理规定》的相关规定，此次英文期刊的评价范围是 42 种有 CN 号的英文期刊，其他 26 种没有 CN 号的英文期刊仅作为观察期刊，不参与此次评价。

二　英文期刊评价指标体系

中国人文社会科学期刊 AMI 综合评价指标体系（英文期刊 AMI，2018）（简称《英文期刊 AMI 评价指标体系》）由 3 个一级指标、9 个二级指标和 22 个三级指标构成，实行一票否决制，设置一票否决指标、计分指标、扣分指标和观察指标，各指标统计时间及数据来源有所不同。《英文期刊 AMI 评价指标体系》详见表 10。

该指标体系以《中国人文社会科学期刊评价报告（2014 年）》中指标体系为基础，根据国家近期相关政策文件精神、结合人文学科特点，在充分听取专家意见基础上制定“《英文期刊 AMI 评价指标体系》”，具体步骤如下：

第一步：根据《中国人文社会科学期刊评价报告（2014 年）》中指标体系进行修改，确定《英文期刊 AMI 评价指标体系》初稿；

第二步：2017 年 10 月—2018 年 6 月，召开的 24 个学科的期刊评价专家委员会，充分听取专家对英文期刊现状、发展和评价的意见和建议；

第三步：2018 年 10 月 18 日，召开了英文期刊评价专家评审会，讨论《英文期刊 AMI 评价指标体系》；

第四步：在中国人文社会科学期刊评价专家委员会主任委员年会（2018 年 10 月 27 日在南京审计大学召开）和咨询委员会会议（2018 年 11 月 1 日在京召开）上，再次认真听取专家们对英文期刊评价指标体系的意见和建议；

第五步：汇总各方专家意见，确定《英文期刊 AMI 评价指标体系》。

表 10　　中国人文社会科学期刊 AMI 综合评价指标体系（英文期刊 AMI，2018）

一票否决指标	如认为该期刊有违马克思主义基本原理，或有违中央现行基本方针政策，或存在情节严重的捏造、篡改、抄袭等学术不端行为，则一票否决，直接取消参评资格。			是□ （一票否决）	否□ （继续打分）
一级指标	二级指标	三级指标	指标说明	指标采集时间、来源及备注	
吸引力	同行评议	专家委员	根据同行评议指标进行打分	时间：2018 年 10 月至今；来源：座谈会、通讯评审等	
		推荐专家	根据同行评议指标进行打分	时间：2018 年 9 月将开始；来源：数据采集网站； 备注：由专家委员、编辑部及特邀专家推荐的学者构成，详见 http://www.cssn.cn/index/gg/201807/t20180731_ 4514684.shtml	
		科研人员 管理人员	根据同行评议指标进行打分	时间：2018 年 9 月开始；来源：数据采集网站； 备注：参加评议的人员要遵守学术规范，抽查学者的真实性，以保证评议人员的真实有效性	
	论文状况	开放获取	开放获取程度和更新速度	时间：2018 年 10 月；来源：评价院采集各期刊网站建设情况	
		下载情况	篇均下载次数	观察指标	
管理力	学术不端		交叉引用/交叉署名，变相买卖版面，抄袭剽窃等学术不端行为	时间：2012 年至今； 备注：该指标为扣分指标，无学术不端行为得“0”分，存在问题进行扣分	
	编辑队伍	编辑队伍	编辑人员数量、学历构成等	时间：2012 年至今； 来源：原国家新闻出版广电总局； 备注：该指标为观察指标，2018 年评价时不计分，但会关注各期刊编辑队伍建设情况，为开展后续评价做准备	

续表

一级指标	二级指标	三级指标	指标说明	指标采集时间、来源及备注
管理力	作者队伍	作者分布情况	国际作者比例	观察指标
		机构分布情况	国际机构比例	观察指标
	制度规范	制度建设	采稿（约稿）制度、发稿（审稿）制度、业务考核制度	时间：2012 年至今； 来源：原国家新闻出版广电总局，各期刊网站数据等
		编辑规范	英文表达语法正确、表达流畅、语言优美	时间：2012 年至今； 来源：原国家新闻出版广电总局，评价院对期刊论文抽检数据等
	信息化建设	网站建设	网站建设，网站内容完备性及更新情况	时间：2018 年 10 月；来源：评价院采集各期刊网站建设情况
		在线稿件处理系统	在线投稿、审稿系统建设情况	时间：2018 年 10 月；来源：评价院从各期刊网站采集该数据； 备注：旨在引导编辑部弥补传统投审稿方式的不足，提高投审稿效率、缩短出版周期，以满足网络环境下用户需求
		微信公众号	微信公众号建设情况	时间：2018 年 6 月； 来源：评价院从各期刊微信公众号采集该数据； 备注：新环境下期刊的建设情况

续表

一级指标	二级指标	三级指标	指标说明	指标采集时间、来源及备注
影响力	学术影响	SSCI 影响因子	SSCI2017 年影响因子	时间：2018 年 10 月采集
		CiteScopus	CiteScopus2017 年数据	时间：2018 年 10 月采集
		CNKI 影响因子	CNKI2017 影响因子	时间：2018 年 10 月采集
		万方影响因子	万方 2017 影响因子	时间：2018 年 10 月采集
		Scopus 最高百分位	Scopus 的最高百分位（2017）	时间：2018 年 10 月采集
		CNKI 篇均被引	CNKI 的总被引次数/总发文	时间：2018 年 10 月采集
		万方篇均被引	万方的总被引次数/总发文	时间：2018 年 10 月采集
	收录情况	重要图书馆收录	被世界上国家重要图书馆收录情况包括美国国会图书馆、哈佛大学图书馆、英国国家图书馆和剑桥大学图书馆	时间：2018 年 10 月采集
		数据库收录	被 SCI 和 Scopus 收录情况	时间：2018 年 10 月采集

三　英文期刊分级排序方法

本次评价，英文期刊分级排序参照中文期刊评价的分级排序方法。但是，此次英文期刊评价不设立“顶级期刊”和“权威期刊”，只有“核心期刊”和“入库期刊”。

此次英文期刊评价结果划等不排序，各等级评价结果按照英文刊名的首字母排列。英文期刊中的“核心期刊”代表我国人文社会科学英文期刊的最高水平，期刊等级等同于中文期刊的“核心期刊”。因中国人文社会科学英文期刊数量较少，学科分布不均，此次英文期刊评价评定出的“核心期刊”唯期刊整体水准而定，不按学科划分、不按比例划定，坚持宁缺毋滥。

四　数据来源和采集时间

(一) 数据来源

本次英文期刊评价的数据来源主要由三部分构成，一是评价院自采数据，二是第三方数据，三是编辑部协助提供的数据。

1. 评价院自采数据

（1）评价院采集数据

• 网络信息数据。通过访问期刊网站、机构网站等采集期刊“网站建设”“微信公众号”等信息；

• 世界上国家重要图书馆（包括美国国会图书馆、哈佛大学图书馆、英国国家图书馆和剑桥大学图书馆）收录情况。通过访问上述图书馆网站查找其馆藏数据的信息，包括电子资源和纸本资源。

（2）调研数据

以问卷调查、电话咨询、实地走访、专家座谈等形式采集“同行评议”“匿名审稿”等指标的数据。

2. 管理部门等第三方数据

（1）期刊管理部门数据

- 原国家新闻出版广电总局，2012—2016 年期刊年检数据。

（2）期刊数据库数据

- 中国知网、万方的发文量、被引情况及影响因子；
- SSCI、Scopus 的收录情况、影响因子等。

3. 期刊编辑部协助提供数据

由编辑部提供样刊供专家审读。此部分数据只有部分期刊编辑部协助提供了该数据，未提供数据的期刊由评价院选择 1—2 期打印封面、目录页和部分论文代替。

（二）采集时间

由于指标的计算方法不同，每个指标的采集时间亦有所不同。如“同行评议”指标问卷回收时间截止到 2018 年 10 月 15 日，“信息化建设”“学术影响”“收录情况”等指标采集于 2018 年 6—10 月。

第二部分　英文期刊评价结果

一　有CN号英文期刊（42种）

本次评价采用英文期刊AMI评价指标体系，对42种中国人文社会科学英文学术期刊进行评价。综合评价后，共评出9种核心期刊，33种入库期刊。具体如表11所示。

表11　　　　2018年中国人文社会科学英文期刊评价结果

序号	英文刊名	中文刊名	主办单位	期刊级别
1	China & World Economy	中国与世界经济	中国社会科学院世界经济与政治研究所	核心
2	China Economist	中国经济学人	中国社会科学院工业经济研究所	核心
3	Chinese Journal of Population, Resources and Environment	中国人口·资源与环境（英文版）	中国可持续发展研究会；山东师范大学	核心
4	Frontiers of Education in China	中国教育学前沿	高等教育出版社；北京师范大学	核心
5	Frontiers of History in China	中国历史学前沿	高等教育出版社；四川大学历史文化学院	核心
6	Frontiers of Philosophy in China	中国哲学前沿	高等教育出版社；北京师范大学	核心

续表

序号	英文刊名	中文刊名	主办单位	期刊级别
7	Journal of Sport and Health Science	运动与健康科学	上海市体院	核心
8	QiuShi	求是（英文版）	求是杂志社	核心
9	Social Sciences in China	中国社会科学（英文版）	中国社会科学杂志社	核心
10	China & the World Cultural Exchange	中外文化交流（英文版）	中国对外文化交流协会	入库
11	CHINAFRICA	中国与非洲（英文版）	北京周报社	入库
12	China Finance and Economic Review	中国财政与经济研究	中国社会科学院财经战略研究院	入库
13	China International Studies	中国国际问题研究	中国国际研究所	入库
14	China Legal Science	中国法学	中国法学会	入库
15	China Population Today	当代中国人口	中国人口与发展研究中心	入库
16	China Standardization	中国标准化	中国国家标准化管理委员会；中国标准化协会	入库
17	China Tibetology	中国藏学	中国藏学研究中心	入库
18	China's Tibet	中国西藏	中国西藏杂志社	入库
19	Confucian Academy	孔学堂	孔学堂杂志社	入库
20	Contemporary Dance Research	当代舞蹈艺术研究（英文版）	上海戏剧学院、上海大学	入库
21	Contemporary International Relations	现代国际关系	中国现代国际关系研究院	入库
22	Contemporary Social Sciences	当代社会科学	四川省社会科学院研究生院	入库
23	Contemporary World	当代世界	中共中央对外联络部	入库
24	ECNU Review of Education	华东师大教育评论	华东师范大学	入库

续表

序号	英文刊名	中文刊名	主办单位	期刊级别
25	Ecological Economy	生态经济	云南教育出版社有限责任公司	入库
26	Economic and Political Studies	经济与政治研究（英文）	中国人民大学	入库
27	Foreign Affalrs Journal	外交	中国人民外交学会	入库
28	Frontiers of Business Research in China	中国工商管理研究前沿	高等教育出版社	入库
29	Frontiers of Economics in China	中国经济学前沿	高等教育出版社，上海财经大学	入库
30	Frontiers of Engineering Management	工程管理前沿	清华大学，高等教育出版社	入库
31	Frontiers of Law in China	中国法学前沿	高等教育出版社，中国人民大学法学院	入库
32	Frontiers of Literary Studies in China	中国文学研究前沿	高等教育出版社	入库
33	Fudan Journal of the Humanities and Social Sciences	复旦人文社会科学论丛（学报）	复旦大学	入库
34	Human Rights	人权	中国人权研究会	入库
35	International Journal of Innovation Studies	国际创新研究学报（英文）	科学出版社	入库
36	International Understanding	国际交流	中国国际交流协会	入库
37	Journal of Data and Information Science	数据与情报科学学报（英文）	中国科学院国家科学图书馆	入库
38	Journal of Foreign Languages and Cultures	外国语言与文化（英文）	湖南师范大学	入库
39	Journal of WTO and China	WTO 与中国	对外经济贸易大学	入库
40	Language and Semiotic Studies	语言与符号学研究	苏州大学	入库

续表

序号	英文刊名	中文刊名	主办单位	期刊级别
41	The Journal of Ancient Civilizations	古代文明	东北师范大学世界古典文明研究所，东北师范大学亚洲文明研究院，东北师范大学出版社，东北师范大学世界文明史研究中心	入库
42	World History Studies	世界史研究	中国社会科学院世界历史研究所，社会科学文献出版社	入库

二　无 CN 号英文期刊(26 种,未评价)

除了参与评价的 42 种有 CN 号英文期刊之外，此次还有 26 种无 CN 号的英文期刊（如表 12 所示）作为了观察期刊，这 68 种期刊都被中国社会科学评价院自建的“中国人文社会科学英文期刊引文数据库”系统收录。

表 12　　无 CN 号英文期刊

序号	英文刊名	中文刊名	主办单位
1	Annals of Economics and Finance	经济学与金融学刊	北京大学、武汉大学、中央财经大学
2	Asian Agricultural Research	亚洲农业研究（英文）	吴楚（美中）科技文化传媒公司
3	China Agricultural Economic Review	中国农业经济评论	中国农业大学，中国农业经济学会
4	China Ecomomic Journal	中国经济杂志	北京大学国家发展研究院

续表

序号	英文刊名	中文刊名	主办单位
5	China Finance Review International	中国金融评论	上海交通大学与爱墨瑞得出版社
6	China Journal of Accounting Research	中国会计学刊（英文）	香港城市大学；中山大学
7	China Oceans Law Review	中国海洋法学评论	厦门大学等
8	Chinese Archaeology	中国考古学（英文）	考古杂志社、格鲁伊特国际出版集团
9	Chinese Journal of Applied Linguistics	中国应用语言学（英文）	外语教学与研究出版社
10	Chinese Journal of Comparative Law	中国比较法学刊	西安交大国际法比较法研究所
11	Chinese Journal of International Law	中国国际法	武汉大学
12	Chinese Journal of Sociology	社会	上海大学
13	Chinese Journal of Urban and Environmental Studies	中国城市与环境研究	中国社会科学院城市发展与环境研究所
14	Forum for World Literature	世界文学研究论坛	上海师范大学国家重点学科比较文学与美国普渡大学比较文学系共同创办
15	International Critical Thought	国际思想评论	中国社会科学院马克思主义研究学部和马克思主义研究院
16	International Journal of Anthropology and Ethnology	人类学民族学国际学刊	中国社会科学院民族学与人类学研究所
17	Journal of Chinese Governance	中国管理学	浙江大学公共管理学院
18	Journal of Chinese Humanities	文史哲	山东大学
19	Journal of Computers in Education	计算机教育	北京师范大学
20	Journal of Contemporary Finance and Economics	当代财经	江西财经大学
21	Journal of Modern Chinese History	中国近代史	中国社会科学院近代史所

续表

序号	英文刊名	中文刊名	主办单位
22	Studies on Socialism with Chinese Characteristics	中国特色社会主义研究	北京社会科学界联合会
23	Study in Chinese Religions	中国宗教研究	中国社会科学院世界宗教研究所与泰勒弗朗西斯（Taylor & Francis Group）集团
24	The Journal of Chinese Sociology	中国社会学杂志	中国社会科学院社会学研究所
25	World Review of Political Economy	世界政治经济学评论	世界政治经济学学会
26	Yearbook for Eastern and Western Philosophy	东西哲学年鉴	中国社会科学院哲学研究所

第三部分　我国人文社会科学英文期刊发展特点

一　学科分布不均

英文期刊的学科分布不均，如表 13 所示，在全部 68 种英文期刊中，政治学和经济学期刊共有 25 种（36.8%），在 42 种有 CN 号的英文期刊中，政治学和经济学期刊有 18 种（42.9%），与此同时，不少学科没有有 CN 号的英文期刊（如马克思主义理论、宗教学等），有些学科甚至一种英文期刊都没有（如统计学、新闻与传播学）。

表 13　英文期刊分科分布

学科	期刊数量（总共）	期刊数量（有 CN）	期刊数量（无 CN）
法学	5	2	3
管理学	6	4	2
环境科学	1	1	0
教育学	3	2	1
经济学	14	7	7
考古文博	1	0	1
历史学	4	3	1
马克思主义理论	2	0	2
民族学与文化学	1	0	1
人文地理学	1	0	1

续表

学科	期刊数量（总共）	期刊数量（有 CN）	期刊数量（无 CN）
社会学	3	1	2
体育学	1	1	0
图书馆、情报与档案学	1	1	0
文学	2	1	1
艺术学	1	1	0
语言学	3	2	1
哲学	2	1	1
政治学	11	11	0
宗教学	1	0	1
综合	5	4	1
共计	68	42	26

二　创刊时间较短

相比中文期刊平均刊龄超过 30 年而言，英文期刊整体创刊时间较短，在全部 68 种英文期刊中，有 58 种（85.3%）英文期刊在 2000 年之后创刊，有 34 种（81.0%）有 CN 号的英文期刊在 2000 年后创刊。如表 14 所示。

表 14　　英文期刊创刊情况

	1980 年之前	1981—1990 年	1991—2000 年	2001—2010 年	2011 年至今	共计
有 CN	1	4	3	20	14	42
无 CN	1	0	1	12	12	26
共计	2	4	4	32	26	68

三　出版周期以季刊为主

目前，英文期刊的出版周期以季刊为主。在全部 68 种英文期刊中，有 40 种（58.8%）英文期刊按季刊出版，有 26 种（61.9%）有 CN 号的英文期刊按季刊出版。如表 15 所示。

表 15　英文期刊出版周期情况

出版周期	期刊数量（有 CN）	期刊数量（无 CN）	期刊数量（总共）
月刊	6	1	7
双月刊	7	2	9
季刊	26	14	40
半年刊	2	5	7
年刊	1	2	3
不定期	0	2	2

四　英文期刊内容形式多样

目前，英文期刊除了刊发原创学术论文之外，还有不少英文期刊选择将优秀的中文学术论文翻译再发表，这既是向世界推荐中国优秀学术成果的一种有效方式，也是英文期刊编辑部在高质量英文稿件有限的情况下的无奈之举。

五　入国际重要数据库较少

目前，被 SSCI 和 Scopus 收录仍是人文社会科学期刊国际影响力的重要指标之一，在全部 42 种有 CN 号的英文期刊中，被 Scopus 收录的有 20 种，被 ESCI（Emerging Sources Citation Index）收录的有 24 种，被 SSCI 收录的仅有 5 种（其中有两种被 SCI 和 SSCI 同时收录）。

第五篇

附　　件

一　中国人文社会科学期刊评价专家委员会章程

中国人文社会科学期刊评价专家委员会章程

第一章　总则

第一条　本会定名为中国人文社会科学期刊评价专家委员会。

第二条　根据中国社会科学评价研究院的宗旨和规划，为更加广泛地联系社会各界力量，构建中国社会科学期刊权威评价体系，引领我国人文社会科学期刊发展走向，搭建高效的学术交流平台，组建中国人文社会科学期刊评价专家委员会，特制定本章程。

第二章　业务范围

第三条　本会的主要业务范围如下：

（一）分析人文社会科学领域学术评价动态，引导人文社会科学领域期刊评价方向；

（二）为评价院开展期刊评价工作提供建议和意见，为评价院期刊评价相关项目提供思路和方法支持；

（三）在评价院开展期刊评价过程中，参与期刊评价工作；

（四）审阅评价院相关期刊评价报告；

（五）向评价院推荐相关专家；

（六）承担评价院委托的其他工作。

第三章　委员

第四条　本会实行邀请、推荐制。

第五条　本会的专家委员，必须具备下列条件：

（一）遵守宪法和法律，拥有坚定的政治立场；

（二）专业素质过硬或有丰富的办刊经验；

（三）能够参与期刊评价工作。

第六条　委员入会的程序是：

（一）由中国社会科学评价研究院直接邀请并经本人同意加入；

（二）由期刊评价专家委员会委员推荐，经期刊评价专家委员会通过；

（三）由期刊评价专家委员会主任委员提名，经期刊评价专家委员会通过。

（四）由本会联络处颁发聘任证书。

第七条　委员享有下列权利：

（一）本会的选举权、被选举权和表决权；

（二）对本会工作提出建议、进行监督；

（三）参加本会举办的各项活动；

（四）有入会和退会的自由。

第八条　委员履行下列义务：

（一）遵守本会章程；

（二）执行本会决议；

（三）完成本会交办的工作；

（四）维护期刊评价的公平、公正、公开；

（五）向本会反映情况，提供有关资料。

第九条　委员退会应书面通知本会，并交回聘任证书。委员如果连续三次无故不参加本会活动，视为自动退会。

第十条　委员如有严重违反本章程的行为，经本委员会讨论通过予以退会。

第四章　组织机构

第十一条　本会设咨询委员会、学科专家委员会和联络处，组织结构如下图所示。

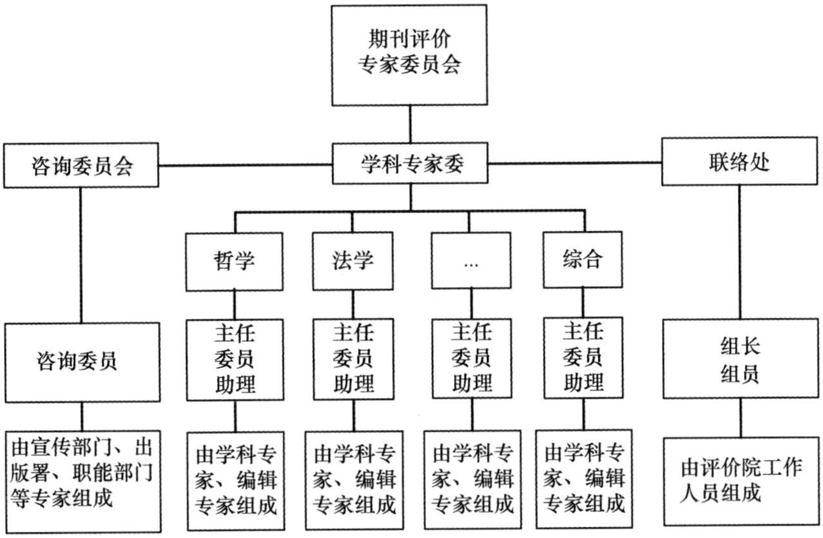

第十二条　各学科专家委员会设主任2人，其中学科专家1人，编辑专家1人；设委员15—23人；设助理1人；设联络人1人。

第十三条　各学科专家委员会的成员须尽量覆盖所有的二级学科，平衡专家的机构分布与地域分布，兼顾老中青各年龄层次学者，注意学科专家和编辑专家的结合。

第五章　附则

第十四条　本章程自期刊评价专家委员会组建之日起生效。

第十五条　本章程未尽事宜可根据需要另行补充。

第十六条　本章程的最终解释权属中国社会科学评价研究院。

中国社会科学评价研究院

2017年12月25日

二　中国人文社会科学期刊评价专家委员会咨询委员会名单(共 41 人)

中国社会科学评价研究院
中国人文社会科学期刊评价专家委员会
咨询委员会名单（按照姓名音序排列）

序号	姓名	单位
1	曹卫东	北京体育大学党委书记、校长、教授
2	朝戈金	中国社会科学院民族文学研究所所长、学部委员
3	陈玮	青海省社会科学院院长、研究员
4	程恩富	中国社会科学院学部委员
5	丁以绣	中宣部传媒监管局副局长
6	高白龙	中国人民大学书报资料中心总编辑、编审
7	顾海良	教育部原党组成员
8	黄桂田	山西大学校长、教授
9	黄长著	中国社会科学情报学会名誉理事长、学部委员
10	姜辉	中国社会科学院党组成员、当代中国研究所所长、研究员
11	蒋重跃	全国高校文科学报研究会理事长、教授
12	李捷	《求是》杂志社原社长、研究员
13	李景源	中国社会科学院学部委员
14	李军	中国期刊协会副会长兼秘书长
15	刘伟	中国人民大学校长、教授
16	龙协涛	中国期刊协会特聘专家、编审
17	马援	中国社会科学院科研局局长
18	裴长洪	中国社会科学院研究员
19	邱均平	杭州电子科技大学资深教授，中国科教评价院院长
20	渠敬东	北京大学教授
21	桑海波	中国音乐学院教授

续表

序号	姓名	单位
22	佘志远	全国哲学社会科学工作办公室原主任
23	孙立军	哈尔滨师范大学校长、教授
24	索林	西藏自治区社会科学院院长、研究员
25	王缉思	北京大学教授
26	王珺	广东省社会科学院党组副书记、研究员
27	王利民	中国社会科学杂志社常务副总编、编审
28	王震中	中国社会科学院学部委员
29	吴国盛	清华大学教授
30	夏春玉	东北财经大学党委书记、教授
31	徐显明	全国人大监察和司法委员会副主任委员、教授
32	叶继元	南京大学教授
33	张复明	山西省副省长、教授
34	张树华	中国社会科学院政治学研究所所长、研究员
35	张文显	中国法学会学术委员会主任、吉林大学资深教授
36	张占军	军事科学院少将、研究员
37	张卓元	孙冶方经济科学基金会名誉理事长、学部委员
38	赵剑英	中国社会科学出版社党委书记、社长、研究员
39	朱慈蕴	清华大学教授
40	朱玲	中国社会科学院学部委员
41	卓新平	中国宗教学会会长、学部委员

三　中国人文社会科学期刊评价专家委员会学科专家委员会名单（共 29 个学科,465 人）

根据《中国人文社会科学期刊评价专家委员会章程》规定，中国社会科学评价研究院目前已经分两批建成 29 个学科的期刊评价专家委员会，其中第一批 24 个学科，第二批 6 个学科，共 465 位专家。另外 4 个学科——哲学、艺术学、人文地理学、新闻学与传播学已经完成初步建设。

第一批期刊评价专家委员会的 24 个学科类是（按照学科类音序排列）：法学，管理学，教育学，经济学（经济综合、世界经济、经济管理、农业经济、工业经济、贸易经济、财政和货币金融保险），考古文博，历史学，马克思主义理论，民族学与文化学，社会学，体育学，图书馆、情报与档案学，文学（中国文学、外国文学），语言学，政治学（国际政治），综合（综合人文社会科学、高校学报）。

第二批期刊评价专家委员会的 5 个学科类是：环境科学，统计学，心理学，政治学（中国政治）和宗教学。

第三批待完成的 4 个期刊评价专家委员会分别是：哲学、艺术学、人文地理、新闻学与传播学，这 4 个学科的专家委员会委员已经初步确定，后续工作正在进行中。

第一批建成的专家委员会（24 个学科类）

（一）法学

中国社会科学评价研究院
中国人文社会科学期刊评价专家委员会
法学专家委员会名单（按照姓名音序排列）

主任（2 人）	陈甦	中国社会科学院法学研究所所长，学部委员，《法学研究》主编
	徐澜波	上海社会科学院法学研究所研究员，《政治与法律》主编
委员（16 人）	蔡立东	吉林大学法学院教授，副校长
	陈永强	中国计量大学法学院院长，《法治研究》副主编
	程啸	清华大学法学院副院长，教授
	杜颖	中央财经大学法学院教授、知识产权教研室主任
	侯佳儒	中国政法大学绿色发展战略研究院院长，研究员
	侯欣一	天津财经大学法学院教授，中国法律史学会执行会长，中国近现代法研究中心主任
	刘艳红	东南大学法学院院长，教授
	柳华文	中国社会科学院国际法研究所副所长，研究员，《国际法研究》副主编
	宋晓燕	上海财经大学法学院院长，教授
	王锡锌	北京大学法学院教授，《中外法学》主编
	肖建国	中国人民大学法学院教授
	谢海定	中国社会科学院法学研究所，编审，《法学研究》副主编、编辑部主任
	姚佳	中国社会科学院法学研究所，编审，《环球法律评论》编辑部副主任
	叶姗	北京大学法学院教授、北京大学税法研究中心主任
	尹飞	中央财经大学法学院院长，教授，《财经法学》编委会主任
	朱振	吉林大学法学院教授，吉林大学全面依法治国研究中心副主任，《法制与社会发展》副主编

(二) 管理学

中国社会科学评价研究院

中国人文社会科学期刊评价专家委员会

管理学专家委员会名单(按照姓名音序排列)

主任 (2 人)	戚聿东	北京师范大学经济与工商管理学院教授，院长
	尚增健	管理世界杂志社总编辑，编审
委员 (13 人)	顾锋	上海交通大学党委副书记，教授
	黄群慧	中国社会科学院工业经济研究所所长，研究员，《经济管理》主编
	李曦辉	中央民族大学管理学院院长，教授
	牛志伟	首都经贸大学杂志总社社长，研究员，产业经济研究院院长
	屈文洲	厦门大学管理学院教授，MBA 教育中心主任
	苏秦	西安交通大学管理学院教授
	陶秋燕	北京联合大学管理学院院长，教授
	汪海粟	中南财经政法大学工商管理学院教授
	王立国	东北财经大学投资工程管理学院教授
	杨永恒	清华大学公共管理学院副院长，教授
	于立	天津财经大学原副校长，教授
	张新民	对外经济贸易大学副校长、国际商学院教授
	张玉利	南开大学商学院教授
助理 (1 人)	徐健	东北财经大学管理科学与工程学院副院长，教授

注：与管理学的专家委员会是同一个。

(三) 教育学

中国社会科学评价研究院
中国人文社会科学期刊评价专家委员会
教育学专家委员会名单（按照姓名音序排列）

主任（2人）	周洪宇	华中师范大学教育学院教授，长江教育研究院院长，《长江教育论丛》主编
	谭旭	中国人民大学书报资料中心，执行主编，副编审
委员（16人）	陈丽	北京师范大学副校长
	陈明欣	山东省教育科学研究院媒体中心主任、编审，《当代教育科学》和《中国成人教育》主编
	范国睿	华东师范大学教育学部、教育治理研究院院长，教授
	冯建军	南京师范大学教育科学学院副院长，道德教育研究所所长，教授
	高宝立	中国教育科学研究院原副院长，《教育研究》杂志社原主编
	靳玉乐	西南大学教育学部副校长，教授
	李春萍	北京大学教育学院，《北京大学教育评论》副主编兼编辑部主任，副编审
	石中英	清华大学教育研究院常务副院长，教授
	王小梅	中国高等教育学会秘书处副秘书长，编审，《中国高教研究》主编
	吴重涵	江西省教育科学研究所所长，研究员，《教育学术月刊》主编
	徐小洲	浙江传媒学院校长，教授
	杨玉	辽宁教育学院副研究员，《现代教育管理》副主编
	岳昌君	北京大学教育学院教授
	赵福江	北京教育科学研究院班主任研究中心主任，班主任杂志社社长，主编《教育科学研究》杂志社社长，副主编
	赵伟	国家开放大学出版传媒集团融合出版研究院，教授
	赵伟	教育部职业技术教育中心研究所，编审
助理（1人）	张磊	中国人民大学书报资料中心编辑

(四) 经济学 · 经济综合

中国社会科学评价研究院
中国人文社会科学期刊评价专家委员会
经济综合专家委员会名单（按照姓名音序排列）

主任（2 人）	平新乔	北京大学经济学院教授，北京大学经济学与管理学部副主任
	洪永淼	厦门大学经济学院院长，教授
委员（8 人）	陈彦斌	中国人民大学经济学院教授，教育部/中国人民大学国家经济学教材建设重点研究基地执行主任
	胡乐明	中国社会科学院经济研究所副所长，研究员
	黄茂兴	福建师范大学经济学院院长，教授
	赖德胜	中央党校（国家行政学院）社会和生态文明教研部副主任、教授
	李坤望	南开大学经济学院教授，《南开经济研究》主编
	李鹏	中央党校经济学部教研室主任，教授
	李涛	中央财经大学校长助理，教授
	张平	中国社会科学院经济研究所研究员
助理（1 人）	马彦华	商务部研究院副研究员

(五) 经济学 · 世界经济

中国社会科学评价研究院
中国人文社会科学期刊评价专家委员会
世界经济专家委员会名单（按照姓名音序排列）

主任（2 人）	佟家栋	南开大学前副校长，教授
	潘悦	中央党校（国家行政学院）研究生院院长，研究员
委员（8 人）	何帆	北京大学汇丰商学院教授
	黄梅波	上海对外经贸大学国际经贸研究所所长，教授
	桑百川	对外经济贸易大学国际经济研究院院长，教授
	王晓红	中国国际经济交流中心信息部副部长，编审，《全球化》副总编
	王艺明	厦门大学经济学院、王亚南经济研究院副院长，教授
	魏明孔	中国社会科学院经济研究所研究员，中国经济史学会会长
	姚枝仲	中国社会科学院世界经济政治研究所副所长，研究员
	张琦	国务院发展研究中心对外经济研究部部长，研究员
助理（1 人）	张继行	中国贸促会研究院国际贸易研究部

(六) 经济学・经济管理

中国社会科学评价研究院
中国人文社会科学期刊评价专家委员会
经济管理专家委员会名单（按照姓名音序排列）

主任（2人）	戚聿东	北京师范大学经济与工商管理学院教授
	尚增健	管理世界杂志社副总编辑、编辑部主任
委员（13人）	顾锋	上海交通大学党委副书记，教授
	黄群慧	中国社会科学院工业经济研究所所长，研究员，《经济管理》主编
	李曦辉	中央民族大学管理学院院长，教授
	牛志伟	首都经贸大学杂志社社长
	屈文洲	厦门大学管理学院教授
	苏秦	西安交通大学管理学院教授
	陶秋燕	北京联合大学管理学院院长，教授
	汪海粟	中南财经政法大学教授
	王立国	东北财经大学教授
	杨永恒	清华大学公共管理学院副院长，教授
	于立	天津财经大学原副校长，教授
	张新民	对外经济贸易大学教授
	张玉利	南开大学商学院教授
助理（1人）	徐健	东北财经大学管理科学与工程学院副院长，教授

注：与管理学的专家委员会是同一个。

(七) 经济学·农业经济

中国社会科学评价研究院

中国人文社会科学期刊评价专家委员会

农业经济专家委员会名单（按照姓名音序排列）

主任（2 人）	黄季焜	北京大学现代农学院教授
	魏后凯	中国社会科学院农村发展研究所所长，研究员，《中国农村经济》《中国农村观察》主编
委员（15 人）	郭沛	中国农业大学经济管理学院教授
	郭翔宇	东北农业大学副校长，教授，《农业经济与管理》主编
	郭晓鸣	四川省社会科学院研究员，《农村经济》名誉主编
	黄祖辉	浙江大学中国农村发展研究院教授
	李崇光	华中农业大学经济管理学院教授
	李玉勤	中国农业科学院农业经济与发展研究所，编审，农业经济问题杂志社编辑
	罗必良	华南农业大学国家农业制度与发展研究院院长，教授
	潘劲	中国社会科学院农村发展研究所研究员，《中国农村经济》《中国农村观察》创新工程总编辑，编辑部主任
	唐忠	中国人民大学农业与农村发展学院党委书记、院长，教授
	王亚华	清华大学公共管理学院副院长，教授
	徐晖	中国农业出版社期刊分社社长，编审，《世界农业》执行主编
	叶兴庆	国务院发展研究中心农村经济研究部部长，研究员
	尹进	辽宁省农科院农村经济研究所研究员，《农业经济》副主编
	赵萱	国家林业和草原局经济发展研究中心副编审，《林业经济》期刊社常务副社长、副主编、编辑部主任
	朱晶	南京农业大学经济管理学院院长，教授
助理（1 人）	鲍曙光	中国社会科学院农村发展研究所助理研究员

(八) 经济学 · 工业经济

中国社会科学评价研究院

中国人文社会科学期刊评价专家委员会

工业经济专家委员会名单（按照姓名音序排列）

主任 （2人）	谢康	中山大学管理学院教授
	李志军	管理世界杂志社社长，研究员
委员 （7人）	黄速建	中国社会科学院工业经济研究所研究员
	刘九如	工信部电子工业出版社总编辑，编审
	刘永祥	北方工业大学经济管理学院教授
	刘志彪	国家高端智库培育建设单位长江产业经济研究院院长，南京大学教授
	卢长宝	福州大学经济与管理学院副院长，教授
	肖兴志	东北财经大学副校长，教授
	杨俊青	山西财经大学党委常委、副校长，教授
助理 （1人）	肖静华	中山大学管理学院教授

(九) 经济学 · 贸易经济

中国社会科学评价研究院

中国人文社会科学期刊评价专家委员会

贸易经济专家委员会名单（按照姓名音序排列）

主任 （2人）	马龙龙	中国人民大学商学院教授
	晏维龙	南京审计大学党委书记，教授
委员 （10人）	陈阿兴	安徽财经大学教学督导与评估中心主任，教授
	陈海权	暨南大学管理学院教授
	黄建忠	上海对外经贸大学教授，《国际商务研究》主编
	纪良纲	河北经贸大学原校长，教授
	李定珍	湖南商务职业技术学院院长，教授
	柳思维	湖南工商大学经济贸易发展研究院院长，教授
	曾庆均	重庆工商大学社科处科技处处长，教授

续表

委员 （10 人）	赵亚平	北京联合大学商务学院教授
	赵忠秀	对外经济贸易大学副校长，教授
	朱瑞庭	上海建桥学院校长，教授
助理 （1 人）	袁平红	安徽财经大学国际经济贸易学院副教授

（十）经济学·财政（含会计与审计）

中国社会科学评价研究院

中国人文社会科学期刊评价专家委员会

财政（含会计与审计）专家委员会名单（按照姓名音序排列）

主任 （2 人）	刘尚希	中国财政科学研究院院长，研究员，《财政研究》主编
	陆蓉	上海财经大学期刊社社长，教授
委员 （5 人）	蔡双立	天津财经大学期刊社社长，教授，《现代财经》主编
	秦兴俊	山西财经大学期刊社社长，教授
	闫坤	中国社会科学院财经战略研究院党委书记、研究员
	杨志勇	中国社会科学院财经战略研究院副院长、研究员
	于海峰	广东财经大学校长，教授
助理 （1 人）	闫晓茗	中国财政科学研究院科研组织处，副研究员

（十一）经济学·货币金融保险

中国社会科学评价研究院

中国人文社会科学期刊评价专家委员会

货币金融保险专家委员会名单（按照姓名音序排列）

主任 （2 人）	陈道富	国务院发展研究中心金融研究所副所长，研究员
	何德旭	中国社会科学院财经战略研究院院长，研究员，《财贸经济》主编

续表

委员（7人）	韩廷春	清华大学公共管理学院，教授
	黄剑	广东金融学院金融与投资学院，教授
	金桩	内蒙古财经大学副校长，教授
	李广众	中山大学管理学院副院长，教授
	欧明刚	外交学院国际经济学院国际金融研究中心主任，教授
	温彬	中国民生银行办公室副主任兼首席研究员
	左传长	国家发改委宏观经济研究院经济研究所财政税收研究室研究员
助理（1人）	蒋少华	安徽财经大学金融学院，副教授

(十二) 考古文博

中国社会科学评价研究院
中国人文社会科学期刊评价专家委员会
考古文博专家委员会名单（按照姓名音序排列）

主任（2人）	陈星灿	中国社会科学院考古研究所所长，学部委员，《考古》《考古学报》主编
	杭侃	山西大学副校长，北京大学考古文博学院教授
常务副主任（1人）	洪石	中国社会科学院考古研究所副研究员，考古杂志社社长
委员（17人）	陈洪海	西北大学文化遗产学院教授
	陈丽新	湖北省博物馆、湖北省文物考古研究所学术研究中心研究馆员，《江汉考古》编辑部主任
	韩建业	中国人民大学历史学院教授
	黄建秋	南京大学历史学院教授
	吕红亮	四川大学历史文化学院副主任，教授
	谭青枝	陕西省考古研究院秦汉考古研究室副研究员
	王芬	山东大学历史文化学院副院长，教授
	王立新	吉林大学边疆考古研究中心主任，教授
	王霞	文物出版社编审，《文物》编辑部主任
	武玮	河南博物院研究部研究馆员，《中原文物》编辑部主任

续表

委员（17 人）	辛革	河南省文物考古研究院研究馆员，《华夏考古》编辑部主任
	张昌平	武汉大学历史学院教授
	赵宠亮	四川省文物考古研究院副研究馆员，《四川文物》编辑部副主任
	郑君雷	中山大学社会学与人类学学院副院长，教授
	周广明	江西省文物考古研究院研究馆员，《南方文物》常务副主编、编辑部主任
	朱国平	南京博物院研究馆员，《东南文化》编辑部副主任
	朱岩石	中国社会科学院考古研究所副所长，研究员
助理（1 人）	黄益飞	中国社会科学院考古研究所助理研究员

（十三）历史学

中国社会科学评价研究院

中国人文社会科学期刊评价专家委员会

历史学专家委员会名单（按照姓名音序排列）

主任（2 人）	卜宪群	中国社会科学院古代史研究所所长，研究员
	仲伟民	清华大学历史系教授，学报常务副主编
委员（17 人）	陈星灿	中国社会科学院考古研究所所长，学部委员
	方英	安徽省社会科学院历史研究所研究员，《安徽史学》杂志社总编辑
	黄兴涛	中国人民大学历史学院院长，教授
	李华瑞	首都师范大学历史学院教授
	李振宏	河南大学历史文化学院教授
	刘屹	首都师范大学历史学院院长，教授
	彭卫	中国社会科学院古代史研究所研究员，《中国史研究》杂志主编、学部委员
	汪高鑫	北京师范大学历史学院教授
	王建朗	中国社会科学院近代史研究所所长，研究员
	王敏	上海社会科学院历史研究所研究员，《史林》编辑部主任
	王学典	山东大学儒学高等研究院执行院长，教授，《文史哲》编辑部主编
	杨共乐	北京师范大学历史学院院长，教授
	杨军	吉林大学文学院副院长，教授
	喻阳	新华文摘杂志社总编辑，编审

续表

委员（17人）	张生	南京大学历史学院教授
	赵平安	清华大学人文学院教授
	赵世瑜	北京大学历史学系教授
助理（1人）	王萌	中国社会科学院古代史研究所综合处主任科员

(十四) 马克思主义理论

中国社会科学评价研究院
中国人文社会科学期刊评价专家委员会
马克思主义理论专家委员会名单（按照姓名音序排列）

主任（2人）	任平	苏州大学政治与公共管理学院教授
	王善超	《新华文摘》杂志副总编辑，编审
委员（16人）	程美东	北京大学马克思主义学院基地主任，教授
	戴木才	清华大学马克思主义学院教授
	韩庆祥	原中央党校校委委员，中央党校一级教授
	何怀远	国防大学政治学院教授，《思想理论战线》主编
	李忠军	吉林大学党委副书记纪委书记，教授
	刘凤义	南开大学马克思主义学院院长，教授
	罗文东	中国历史研究院世界历史研究所党委书记，副所长
	秦宣	中国人民大学教授，马克思主义学院学术委员会主任
	沈壮海	武汉大学党委副书记，马克思主义学院教授
	唐洲雁	山东社会科学院党委书记，研究员
	汪行福	复旦大学哲学学院教授
	王建国	华中师范大学政治与国际关系学院副院长，教授
	徐俊忠	中山大学马克思主义哲学与中国现代化研究所教授
	杨生平	首都师范大学政法学院出版社总编辑，教授
	查朱和	高等教育出版社《思想理论教育导刊》副主编，编审
	赵英臣	《中国特色社会主义研究》编辑部主任，编审
助理（1人）	刘德中	中国社会科学院马克思主义研究院研究员

(十五) 民族学与文化学

中国社会科学评价研究院

中国人文社会科学期刊评价专家委员会

民族学与文化学专家委员会名单（按照姓名音序排列）

主任（2人）	李俊杰	北方民族大学校长，教授
	喜饶尼玛	中央民族大学历史文化学院教授
委员（12人）	高永久	南开大学周恩来政府管理学院教授
	顾海娥	中国人民大学书报资料中心社会学与民族学执行主编、副编审
	何海涛	中南民族大学教授，《中南民族大学学报·人文社科版》副主编
	骆桂花	青海民族大学民族学与社会学学院院长，教授
	马成俊	青海民族大学副校长，教授
	马骅	中国社会科学院民族学与人类学研究所副编审，《民族研究》编辑部副主任
	秦红增	广西民族大学学报编辑部主任执行主编，教授
	王东昕	云南民族大学学报编辑部主任、副主编，教授
	王启涛	西南民族大学期刊社社长、主编，教授
	王延中	中国社会科学院民族学与人类学研究所所长，研究员
	张世保	国家民委研究室科研管理处处长，教授
	朱玉福	西藏民族大学民族研究院教授
助理（1人）	耿新	中南民族大学社会科学处副处长

(十六) 社会学

中国社会科学评价研究院

中国人文社会科学期刊评价专家委员会

社会学专家委员会名单（按照姓名音序排列）

主任（2人）	李强	清华大学社会科学院院长，教授，原中国社会学会会长
	陈光金	中国社会科学院社会学研究所所长，研究员，《社会学研究》主编

续表

委员（18人）	包智明	云南民族大学社会学院院长，教授
	成伯清	南京大学社会学院院长，教授
	符平	华中师范大学社会学院院长，教授
	洪大用	教育部学位管理与研究生教育司司长，教授
	景天魁	中国社会科学院学部委员
	李路路	中国人民大学社会与人口学院教授
	刘欣	复旦大学社会发展与公共政策学院院长，教授
	刘亚秋	中国社会科学院社会发展战略研究院副编审
	刘仲翔	《新华文摘》杂志社副社长，编审
	毛丹	浙江大学社会学系总支书记、副系主任，教授
	王列军	国务院发展研究中心社会发展研究部副部长，研究员
	王宁	中山大学社会学与人类学学院副院长，教授
	肖瑛	上海大学社会学院社会学系主任，教授
	谢寿光	社会科学文献出版社社长
	徐永祥	前华东理工大学社会与公共管理学院院长，教授
	杨典	中国社会科学院社会学研究所副所长、研究员，《社会学研究》编辑部主任
	张翼	中国社会科学院社会发展战略研究院院长，研究员
	赵延东	中国人民大学社会与人口学院教授
助理（1人）	杨可	中国社会科学院社会学研究所副研究员，《社会学研究》编辑

(十七) 体育学

中国社会科学评价研究院
中国人文社会科学期刊评价专家委员会
体育学专家委员会名单（按照姓名音序排列）

主任（2人）	杨桦	原北京体育大学校长，教授，《北京体育大学学报》编委会主任
	邱剑荣	国家体育总局体育科学研究所科技书刊部主任、副编审
委员（13人）	陈佩杰	上海体育学院校长，教授，《运动与健康科学（英文）》主编，《上海体育学院学报》主编
	程志理	《体育与科学》主编，编审
	季浏	华东师范大学体育与健康学院院长，教授

续表

委员（13 人）	孔垂辉	北京体育大学学术期刊社编审
	刘青	成都体育学院党委书记，教授，《成都体育学院学报》名誉主编
	吕万刚	武汉体育学院校长，教授
	王家宏	苏州大学江苏体育健康产业研究院执行院长，教授
	王子朴	首都体育学院期刊部主任，教授
	吴坚	上海体育学院期刊中心主任，编审
	杨国庆	南京体育学院校长，研究员，《体育总研究》主编
	姚家新	天津体育学院运动与健康研究院教授
	钟秉枢	首都体育学院教授，《首都体育学院学报》主编、《中国学校体育》主编
	周爱光	华南师范大学体育科学学院院长，教授
助理（1 人）	刘莉	南京体育学院校办秘书科科员

（十八）图书馆、情报与档案学

中国社会科学评价研究院

中国人文社会科学期刊评价专家委员会

图书馆、情报与档案学专家委员会名单（按照姓名音序排列）

主任（2 人）	马费成	武汉大学大数据研究院院长、武汉大学信息资源研究中心首席科学家，信息管理学院教授
	初景利	中国科学院文献情报中心期刊出版运营总监，中国科学院大学图书情报与档案管理系主任，教授
委员（15 人）	曹树金	中山大学资讯管理学院教授
	陈力	四川大学历史文化学院教授，研究馆员
	黄如花	武汉大学信息管理学院副院长，教授
	蒋颖	中国社会科学院图书馆副馆长，研究馆员
	金晓明	上海图书馆（上海市科学技术情报研究所）信息中心副主任兼《图书馆杂志》副社长，研究馆员，《图书馆杂志》常务副主编
	李广建	北京大学信息管理系教授
	宋恩梅	武汉大学信息管理学院期刊中心主任，副教授，《图书情报知识》常务副主编
	王芳	南开大学商学院网络社会治理研究中心主任，教授

续表

委员（15人）	王忠军	北方科技信息研究所，副编审《情报理论与实践》主编
	吴澍时	《中国图书馆学报》常务副主编，研究馆员
	徐亚男	《情报资料工作》副主编，副编审，中国人民大学书报资料中心社会编辑部主任
	曾建勋	中国科学技术信息研究所信息资源中心主任，研究馆员
	张斌	中国人民大学信息资源管理学院院长，教授
	张海涛	吉林大学管理学院，教授，《情报科学》编辑部主编
	朱强	北京大学图书馆研究馆员

(十九) 文学·中国文学

中国社会科学评价研究院
中国人文社会科学期刊评价专家委员会
中国文学专家委员会名单（按照姓名音序排列）

主任（2人）	刘跃进	中国社会科学院学部委员，文学所所长
	程光炜	中国人民大学文学院教授
委员（15人）	傅光明	中国现代文学馆编辑联络部主任，研究员
	蒋述卓	暨南大学文学院教授
	李继凯	陕西师范大学人文社会科学高等研究院院长，教授
	李建军	中国社会科学院文学研究所中国当代文学研究室主任，研究员
	李杨	北京大学中文系教授
	廖可斌	北京大学中国古文献研究中心主任，教授
	谭好哲	山东大学文艺美学研究中心主任，教授
	王兆胜	《中国社会科学》杂志社文学部副总编辑，编审
	王中忱	清华大学人文学院教授
	徐希平	西南民族大学文学与新闻传播学院教授
	张永清	中国人民大学文学院教授
	赵勇	北京师范大学文学院文艺学研究中心主任，教授
	郑永晓	中国社会科学院文学研究所古代文学研究室研究员
	朱国华	华东师范大学中国语言文学系系主任，教授
	左东岭	首都师范大学文学院教授

续表

助理（1 人）	马丽	中国社会科学院文学研究所编辑

(二十) 文学・外国文学

中国社会科学评价研究院

中国人文社会科学期刊评价专家委员会

外国文学专家委员会名单（按照姓名音序排列）

主任（2 人）	陈众议	中国社会科学院外国文学研究所所长，学部委员
	刘锋	北京大学外国语学院教授，《国外文学》主编
委员（17 人）	程巍	中国社会科学院外文所副所长，研究员，《外国文学评论》常务副主编
	戴锦华	北京大学比较文学与比较文化研究所教授
	黄乔生	北京鲁迅博物馆（北京新文化运动纪念馆）常务副馆长，研究馆员
	蒋承勇	浙江工商大学西方文学与文化研究院人文与传播学院院长，教授
	蒋洪新	湖南师范大学校长，教授，《外国语言与文化》主编
	马海良	北京外国语大学英语学院教授，《外国文学》杂志副主编
	宁一中	北京语言大学外语学部文学文化研究所所长，教授
	彭青龙	上海交通大学特聘教授，外国语学院副院长，《上海交通大学学报（哲学社会科学版）》主编
	宋炳辉	上海外国语大学教授，《中国比较文学》常务副主编，研究院所联合总支书记
	苏玲	中国社会科学院外文所编审，《外国文学动态研究》主编
	王升远	复旦大学外国文学研究所副所长，教授
	王守仁	南京大学人文社会科学资深教授，当代外国文学与文化研究中心主任
	王中忱	清华大学人文学院教授
	易晖	中国现代文学馆，《中国现代文学研究丛刊》编辑部编委、编审
	张辉	北京大学比较文学与比较文化研究所所长，教授
	周阅	北京语言大学中华文化研究院《汉学研究》副主编，教授
	朱振武	上海师范大学外国文学研究中心主任，教授
助理（1 人）	严蓓雯	中国社会科学院外国文学研究所，《外国文学评论》编辑部主任、编审

(二十一) 语言学

中国社会科学评价研究院

中国人文社会科学期刊评价专家委员会

语言学专家委员会名单（按照姓名音序排列）

主任（2 人）	刘丹青	中国社会科学院语言研究所所长，研究员，《中国语文》主编
	张博	北京语言大学汉语国际教育研究院教授，《世界汉语教授》主编
委员（15 人）	陈保亚	北京大学中文系中国语言学研究中心主任，教授
	储泰松	安徽师范大学文学院院长，教授
	郭锐	北京大学中文系中国语言学研究中心常务副主任，教授
	黄行	中国社会科学院民族学与人类学研究所研究员
	麦耘	中国社会科学院语言研究所研究员，《方言》主编
	汪维辉	浙江大学人文学院汉语史研究中心主任，教授
	王贵元	中国人民大学文学院教授
	王洪君	北京大学中文系教授
	吴福祥	北京语言大学语言科学院历史语言学研究中心主任，教授
	邢向东	陕西师范大学文学院语言资源开发研究中心主任，教授
	杨亦鸣	江苏师范大学语言科学与艺术学院教授，《语言科学》主编
	姚小平	北京外国语大学外国语言研究所教授
	张伯江	中国社会科学院文学研究所党委书记，研究员，《文学评论》执行主编
	张美兰	清华大学人文学院教授
	祝克懿	复旦大学中国语言文学系，教授，《当代修辞学》主编

(二十二) 政治学・国际政治

中国社会科学评价研究院

中国人文社会科学期刊评价专家委员会

国际政治专家委员会名单（按照姓名音序排列）

主任（2 人）	张宇燕	中国社会科学院世界经济与政治研究所所长，学部委员，《世界经济与政治》主编
	谭秀英	国际关系学院科学研究处编审，《国际安全研究》主编

续表

常务副主任（1 人）	袁正清	中国社会科学院世界经济与政治研究所研究员，《世界经济与政治》编辑部主任、副主编
委员（13 人）	陈志瑞	外交学院《外交评论》执行主编，编审
	方长平	中国人民大学国际关系学院副院长，教授
	李晨阳	云南大学副校长，缅甸研究院院长，研究员
	刘洪钟	辽宁大学国际关系学院院长，教授
	漆海霞	清华大学国际关系学系副教授，《国际政治科学》执行主编
	苏长和	复旦大学国际关系与公共事务学院教授
	王存刚	南开大学周恩来政府管理学院教授
	王文峰	中国现代国际关系研究院研究员，《现代国际关系》主编
	吴志成	中央党校（国家行政学院）国际战略研究院副院长，教授
	张振江	暨南大学国际关系学院/华侨华人研究院院长，教授，《东南亚研究》主编
	赵裴	上海外国语大学国际关系与公共事务学院《国际观察》编辑部主任，助理研究员
	赵青海	中国国际问题研究院研究员，《国际问题研究》编辑部主任
	庄俊举	北京大学国际关系学院副编审，《国际政治研究》编辑部主任
助理（1 人）	郭枭	中国社会科学院世界经济与政治研究所《世界经济与政治》编辑部编辑

(二十三) 综合·综合人文社会科学

中国社会科学评价研究院
中国人文社会科学期刊评价专家委员会
综合人文社会科学专家委员会名单（按照姓名音序排列）

主任（2 人）	柯锦华	国务院参事，中国社会科学杂志社哲学部编审
	韩璞庚	江苏省社会科学院研究员，《江海学刊》总编辑
委员（18 人）	陈金清	湖北省社会科学院研究员，《江汉论坛》杂志社社长
	陈立旭	浙江省委党校副校长，研究员，《治理研究》主编
	高平	江西省社会科学院研究员，《江西社会科学》杂志社社长、主编

续表

委员（18人）	管宁	福建省社会科学院编审，《福建论坛》杂志社执行总编辑
	胡政平	甘肃省社会科学院杂志社总编辑
	江中孝	广东省社会科学院研究员，《广东社会科学》杂志社总编辑
	蓝国华	西藏自治区社会科学院科研管理处处长，副编审
	李宏弢	黑龙江大学研究员，《求是学刊》执行副主编
	李太淼	河南省社会科学院研究员，《中州学刊》杂志社社长
	李向春	云南省社会科学院编审，《云南社会科学》执行主编、《华夏地理》杂志社副社长
	马立钊	安徽省社会科学界联合会编审，《学术界》杂志社社长、总编
	邵汉明	吉林省社会科学院院长、党组书记，研究员，社会科学战线杂志社社长
	索晓霞	贵阳孔学堂文化传播中心主任、党委书记，编审
	王慧君	新疆社会科学院，《新疆社会科学》编审
	王林辉	华东师范大学经济与管理学部教授
	许芬	宁夏社会科学院编审，《宁夏社会科学》主编
	张磊	黑龙江省社会科学院编审，学习与探索杂志社主编
	张述存	山东社会科学院院长，研究员
助理（1人）	赵磊	中国社会科学院法学研究所商法研究室副主任，研究员

(二十四) 综合·高校学报

中国社会科学评价研究院

中国人文社会科学期刊评价专家委员会

高校学报专家委员会名单（按照姓名音序排列）

主任（2人）	刘曙光	《北京大学学报》常务副主编，编审
	王学典	山东大学儒学高等研究院执行院长，教授，《文史哲》主编
常务副主任（1人）	康敬奎	苏州大学学报编辑部主任，编审
委员（19人）	陈颖	编审，福建师范大学文学院教授（二级），《福建师范大学学报》（哲学社会科学版）编委会副主任
	董世峰	《深圳大学学报（人文社科版）》常务副主编，编辑部主任，教授

续表

委员（19 人）	杜敏	陕西师范大学学报编辑部主任、主编，编审
	洪峻峰	《厦门大学学报·哲社版》编审
	刘文山	《吉林大学社会科学学报》编辑部总编，编审
	彭熙	重庆理工大学期刊社社长，编审
	师迎祥	兰州大学学报编辑部主任，编审
	宋国恺	北京工业大学学报编辑部主任，文法学部教授
	汪涌豪	《复旦学报》主编，教授
	王佃启	华北电力大学期刊出版部主任，主编，副编审
	王建平	华南师范大学学报编辑部主任、社会科学版总编辑，研究员
	王倩	西北农林科技大学学报社科版编辑部主任，常务副主编，编审
	吴怀东	安徽大学文学院院长，《安徽大学学报》编委会副主任，教授
	邢志人	《辽宁大学学报》主编，教授
	徐枫	《浙江大学学报·人文社会科学版》副主编，编审
	叶敬忠	中国农业大学人文与发展学院院长，教授
	游滨	重庆大学期刊社副社长，编审
	原祖杰	《四川大学学报》常务副主编，教授
	赵志伟	《河北师范大学学报》编辑部原主任，编审

第二批建成的专家委员会（5 个学科类）

（一）环境科学

中国社会科学评价研究院

中国人文社会科学期刊评价专家委员会

环境科学专家委员会名单

主任（2 人）	潘家华	中国社会科学院城市发展与环境研究所所长，学部委员
	齐绍洲	武汉大学经济与管理学院教授，《环境经济研究》主编

续表

委员（10人）	陈诗一	复旦大学经济学院党委书记，教授
	陈文颖	清华大学能源环境经济研究所副所长，教授
	陈晓光	西南财经大学经济与管理研究院教授
	杜莉	吉林大学原党委常委，总会计师
	范英	北京航空航天大学经济管理学院院长，教授
	林伯强	厦门大学中国能源政策研究院院长，教授
	王兵	暨南大学经济学院教授，人力资源管理与开发处处长
	王兆华	北京理工大学管理与经济学院党委书记，教授
	张炳	南京大学环境学院教授
	郑新业	中国人民大学应用经济学院院长，教授
助理（1人）	孙永平	湖北经济学院低碳经济学院副院长，《环境经济研究》常务副主编，教授

（二）心理学

中国社会科学评价研究院
中国人文社会科学期刊评价专家委员会
心理学专家委员会名单

主任（2人）	李纾	中国科学院心理研究所研究员，《心理学报》主编
	梁宁建	华东师范大学心理与认知科学学院教授
常务副主任（1人）	张力为	北京体育大学心理学院教授
委员（7人）	白学军	天津师范大学心理与行为研究院院长，《心理与行为研究》主编，中国心理学会前任理事长
	陈红	西南大学心理学部部长，教授
	李红	深圳大学心理学院特聘教授
	毛志雄	北京体育大学心理学院院长，教授
	苏彦捷	北京大学心理与认知科学学院教授
	温忠麟	华南师范大学心理学院教授
	伍新春	北京师范大学心理学部学位委员会主席，教授

续表

助理 （1 人）	邱炳武	中国科学院心理研究所《心理学报》编辑部主任，编审

（三）统计学

中国社会科学评价研究院
中国人文社会科学期刊评价专家委员会
统计学专家委员会名单

主任 （2 人）	邱东	北京师范大学国民核算研究院教授
	李金昌	浙江财经大学党委书记，教授
委员 （8 人）	蒋萍	东北财经大学统计学院教授
	罗良清	江西财经大学统计学院教授
	史代敏	西南财经大学副校长、教授
	万东华	国家统计局社科文司司长，高级统计师
	肖红叶	天津财经大学资深教授，国务院学位委员会经济学科组成员
	曾五一	厦门大学经济学院教授
	赵彦云	中国人民大学统计学院教授
	朱启贵	上海交通大学上海高级金融学院党委书记、教授
助理 （1 人）	洪兴建	浙江财经大学数据科学学院院长，教授

（四）政治学·中国政治

中国社会科学评价研究院
中国人文社会科学期刊评价专家委员会
中国政治专家委员会名单

主任 （2 人）	张桂林	中国政法大学政治与公共管理学院、国家监察研究院院长，教授
	房宁	中国社会科学院政治学所党委书记、《政治学研究》主编

续表

常务副主任（1人）	王炳权	《政治学研究》编辑部主任、副主编，研究员
委员（21人）	蔡礼强	中国社会科学院大学公共政策与管理学院执行院长，教授
	曹建文	光明日报社理论部哲学版主编、高级编辑
	邓大才	华中师范大学政治科学高等研究院、中国农村研究院院长，教授
	胡元梓	《新华文摘》杂志社编审
	姜晓萍	四川大学公共管理学院党委书记
	焦利	中共中央学校（国家行政学院）报刊社副社长，编审
	景跃进	清华大学政治学系教授
	孔繁斌	南京大学政府管理学院院长、教育部长江学者特聘教授
	李云	广东省委党校（广东行政学院）校院刊编辑部主任，《岭南学刊》《广东行政学院学报》主编、编审
	庞金友	中国政法大学政治与公共管理学院副院长，教授
	尚虎平	南开大学周恩来政府管理学院教授、政府绩效管理研究中心主任
	佟德志	天津师范大学政治与行政学院院长，教授
	温美荣	中共黑龙江省委党校（黑龙江省行政学院）学术交流部负责人，《行政论坛》主编教授
	肖滨	中山大学政治与公共事务学院、教育部长江学者特聘教授
	辛鸣	中央党校马克思主义学院副院长，教授
	燕继荣	北京大学政府管理学院常务副院长、教育部长江学者特聘教授
	杨光斌	中国人民大学国际关系学院院长、中国政治学会副会长、教育部长江学者特聘教授
	杨海英	教育部高等学校社会科学发展研究中心副主任、《中国高校社会科学》副总编辑，编审
	郁建兴	浙江大学公共管理学院院长、教育部长江学者特聘教授
	周光辉	吉林大学政治与行政学院教授、教育部长江学者特聘教授
	周平	云南大学民族政治研究院教授

(五) 宗教学

中国社会科学评价研究院
中国人文社会科学期刊评价专家委员会
宗教学专家委员会名单

主任（2 人）	张风雷	中国人民大学佛教与宗教学理论研究所所长，教授
	李建欣	中国社会科学院世界宗教研究所编审，《世界宗教研究》编辑部主任
委员（12 人）	盖建民	四川大学道教与宗教文化研究所所长，教授
	郭武	云南大学历史与档案学院教授
	洪修平	南京大学东方哲学与宗教文化研究中心主任，教授
	侯冲	上海师范大学哲学与法政学院研究员
	刘成有	中央民族大学哲学与宗教学学院院长，教授
	圣凯	清华大学道德与宗教研究院副院长，教授
	陶飞亚	上海大学文学院教授
	王宇洁	中国人民大学哲学院副院长，教授
	吴义雄	中山大学历史学系教授
	徐以骅	复旦大学国际关系与公共事务学院教授
	张志刚	北京大学宗教文化研究院院长，教授
	郑筱筠	中国社会科学院世界宗教研究所所长，研究员
助理（1 人）	袁朝晖	中国社会科学院世界宗教研究所副编审

四　2018 年期刊评价工作推荐专家名单(共 5066 人)

为更好地开展期刊评价工作，充分发挥同行专家作用，中国社会科学评价研究院在 2018 年 8 月开展同行专家的推荐、遴选工作。遴选原则如下：

1. 学者推荐人数不超过 10 人，编辑部推荐人数不超过 30 人；

2. 被推荐人的年龄、性别、民族、地域、专业不限；

3. 被推荐人的学历为硕士及以上，或职称为中级及以上，或职务为科级及以上；

4. 被推荐人以高等院校、党校（行政学院）、部队院校、科研院所、党政部门研究机构在内的哲学社会科学工作者为主。

根据推荐情况整理筛选后，2018 年 9 月 19—24 日在中国社会科学网公示了推荐专家名单，共计 4928 人（见“中国社会科学评价研究院 2018 年期刊评价指标体系及推荐专家名单公示”）。根据公示后反馈信息，我院最终遴选出推荐专家 5066 人。名单附后，按照单位、姓名音序排列。

2018 年期刊评价工作推荐专家名单

（共 5066 人）

序号	姓名	单位
1	葛恒云	安徽财经大学
2	郭珍	安徽财经大学
3	卢辞	安徽财经大学
4	唐敏	安徽财经大学
5	毕金平	安徽大学
6	曹德和	安徽大学

续表

序号	姓名	单位
7	程波涛	安徽大学
8	杜鹏程	安徽大学
9	方盛良	安徽大学
10	郭志远	安徽大学
11	胡艳	安徽大学
12	胡中生	安徽大学
13	华国庆	安徽大学
14	江小角	安徽大学
15	李光龙	安徽大学
16	李静	安徽大学
17	廖伟伟	安徽大学
18	刘勇	安徽大学
19	盛险峰	安徽大学
20	王峰	安徽大学
21	王夔	安徽大学
22	王天根	安徽大学
23	王泽庆	安徽大学
24	吴卫红	安徽大学
25	夏焰	安徽大学
26	徐道彬	安徽大学
27	杨军	安徽大学
28	张能为	安徽大学
29	张治栋	安徽大学
30	周晓光	安徽大学
31	周泽将	安徽大学
32	朱光明	安徽大学
33	方大春	安徽工业大学
34	骆永民	安徽工业大学
35	王务均	安徽工业大学
36	樊嘉禄	安徽广播电视大学
37	朱祖林	安徽广播电视大学

续表

序号	姓名	单位
38	夏永久	安徽建筑大学
39	方明	安徽农业大学
40	栾敬东	安徽农业大学
41	孙超	安徽农业大学
42	陈瑞	安徽省社会科学院
43	邸乘光	安徽省社会科学院
44	郝红暖	安徽省社会科学院
45	黄胜江	安徽省社会科学院
46	焦德武	安徽省社会科学院
47	沈跃春	安徽省社会科学院
48	汪谦干	安徽省社会科学院
49	吴楠	安徽省社会科学院
50	吴晓妹	安徽省社会科学院
51	杨根乔	安徽省社会科学院
52	张秀玉	安徽省社会科学院
53	房列曙	安徽师范大学
54	胡传志	安徽师范大学
55	李宜江	安徽师范大学
56	梁仁志	安徽师范大学
57	陆林	安徽师范大学
58	聂竹明	安徽师范大学
59	阮成武	安徽师范大学
60	熊仲儒	安徽师范大学
61	杨柏岭	安徽师范大学
62	周兴国	安徽师范大学
63	陈寿富	安庆师范大学
64	程忠良	安庆师范大学
65	董根明	安庆师范大学
66	汪沛	安庆师范大学
67	徐希军	安庆师范大学
68	朱洪	安庆师范大学

续表

序号	姓名	单位
69	吴次南	安顺学院
70	刘晓玲	安阳师范学院
71	朱德宏	蚌埠学院
72	董治	包商银行;《银行家》编辑部杂志
73	马多秀	宝鸡文理学院
74	董慧凝	北方工业大学
75	孙强	北方工业大学
76	吴丹	北方工业大学
77	包晴	北方民族大学
78	陈永平	北方民族大学
79	丁明俊	北方民族大学
80	冯雪红	北方民族大学
81	景永时	北方民族大学
82	马建民	北方民族大学
83	孙昌盛	北方民族大学
84	杨德亮	北方民族大学
85	杨蕤	北方民族大学
86	曹影	北华大学
87	吴振全	北京北咨工程项目管理咨询有限公司
88	李宇红	北京财贸职业学院
89	刘华	北京财贸职业学院
90	孙万军	北京财贸职业学院
91	王成荣	北京财贸职业学院
92	王剑	北京财贸职业学院
93	王艳	北京财贸职业学院
94	于继超	北京财贸职业学院
95	周雪梅	北京财贸职业学院
96	鲍威	北京大学
97	车浩	北京大学
98	陈春花	北京大学
99	陈岗龙	北京大学

续表

序号	姓名	单位
100	陈洪捷	北京大学
101	陈建立	北京大学
102	陈平原	北京大学
103	陈晓明	北京大学
104	陈晓宇	北京大学
105	丛亚丽	北京大学
106	崔小勇	北京大学
107	董经胜	北京大学
108	董秀芳	北京大学
109	窦尔翔	北京大学
110	杜晓勤	北京大学
111	高丙中	北京大学
112	高岱	北京大学
113	高国伟	北京大学
114	高毅	北京大学
115	高远东	北京大学
116	归泳涛	北京大学
117	郭建如	北京大学
118	郭文革	北京大学
119	何其生	北京大学
120	何顺果	北京大学
121	贺灿飞	北京大学
122	胡敕瑞	北京大学
123	胡壮麟	北京大学
124	黄璜	北京大学
125	贾积有	北京大学
126	江溯	北京大学
127	姜明安	北京大学
128	蒋凯	北京大学
129	句华	北京大学
130	孔江平	北京大学

续表

序号	姓名	单位
131	雷兴山	北京大学
132	李安山	北京大学
133	李伯谦	北京大学
134	李伯重	北京大学
135	李红印	北京大学
136	李鸣	北京大学
137	李水城	北京大学
138	凌建侯	北京大学
139	刘爱玉	北京大学
140	刘峰	北京大学
141	刘继同	北京大学
142	刘剑文	北京大学
143	刘小鸽	北京大学
144	刘新传	北京大学
145	刘绪	北京大学
146	卢晓东	北京大学
147	陆俭明	北京大学
148	陆杰华	北京大学
149	陆胤	北京大学
150	马凤芝	北京大学
151	马戎	北京大学
152	宁琦	北京大学
153	齐东方	北京大学
154	秦春华	北京大学
155	秦大树	北京大学
156	秦岭	北京大学
157	秦雪征	北京大学
158	荣新江	北京大学
159	尚俊杰	北京大学
160	沈定昌	北京大学
161	施晓光	北京大学

续表

序号	姓名	单位
162	宋成有	北京大学
163	宋向光	北京大学
164	宋亚云	北京大学
165	孙代尧	北京大学
166	孙华	北京大学
167	孙庆伟	北京大学
168	孙熙国	北京大学
169	佟新	北京大学
170	汪锋	北京大学
171	汪琼	北京大学
172	汪卫华	北京大学
173	王福堂	北京大学
174	王立新	北京大学
175	王浦劬	北京大学
176	王奇生	北京大学
177	王思斌	北京大学
178	王颂	北京大学
179	王一川	北京大学
180	王一方	北京大学
181	王幼平	北京大学
182	王余光	北京大学
183	王元周	北京大学
184	王岳	北京大学
185	王长丰	北京大学
186	王长松	北京大学
187	王子舟	北京大学
188	韦正	北京大学
189	魏波	北京大学
190	文东茅	北京大学
191	吴峰	北京大学
192	吴晓东	北京大学

续表

序号	姓名	单位
193	夏庆杰	北京大学
194	项梦冰	北京大学
195	萧鸣政	北京大学
196	熊煜	北京大学
197	熊跃根	北京大学
198	徐佳君	北京大学
199	徐晋涛	北京大学
200	徐晶凝	北京大学
201	徐天进	北京大学
202	郁庆治	北京大学
203	阎步克	北京大学
204	阎凤桥	北京大学
205	阎天	北京大学
206	杨立华	北京大学
207	杨荣祥	北京大学
208	杨哲峰	北京大学
209	易继明	北京大学
210	余淼杰	北京大学
211	袁毓林	北京大学
212	臧运祜	北京大学
213	詹卫东	北京大学
214	张弛	北京大学
215	张大庆	北京大学
216	张戈	北京大学
217	张光明	北京大学
218	张海	北京大学
219	张静	北京大学
220	张旭东	北京大学
221	章政	北京大学
222	赵辉	北京大学
223	赵家祥	北京大学

续表

序号	姓名	单位
224	赵杰	北京大学
225	赵杨	北京大学
226	郑世林	北京大学
227	周程	北京大学
228	周飞舟	北京大学
229	周黎安	北京大学
230	朱凤瀚	北京大学
231	朱孝远	北京大学
232	杨奎松	北京大学；华东师范大学
233	谷慧敏	北京第二外国语学院
234	厉新建	北京第二外国语学院
235	刘大可	北京第二外国语学院
236	柳思思	北京第二外国语学院
237	秦宇	北京第二外国语学院
238	邱鸣	北京第二外国语学院
239	司显柱	北京第二外国语学院
240	武光军	北京第二外国语学院
241	肖洋	北京第二外国语学院
242	张凌云	北京第二外国语学院
243	赵京华	北京第二外国语学院
244	周长银	北京第二外国语学院
245	邹统钎	北京第二外国语学院
246	孙宝云	北京电子科技学院
247	孙善学	北京电子科技职业学院
248	陈敦	北京工商大学
249	郭馨梅	北京工商大学
250	洪涛	北京工商大学
251	陈锋	北京工业大学
252	冯蓉	北京工业大学
253	高峰	北京工业大学
254	韩秀记	北京工业大学

续表

序号	姓名	单位
255	阚和庆	北京工业大学
256	李君甫	北京工业大学
257	李庆丰	北京工业大学
258	李世红	北京工业大学
259	李岩	北京工业大学
260	彭宏伟	北京工业大学
261	单晓红	北京工业大学
262	田园	北京工业大学
263	王菲菲	北京工业大学
264	王敏	北京工业大学
265	魏亚萍	北京工业大学
266	武天	北京工业大学
267	肖念	北京工业大学
268	杨登才	北京工业大学
269	朱涛	北京工业大学
270	吴亚婕	北京广播电视大学
271	蔡劲松	北京航空航天大学
272	范英	北京航空航天大学
273	贾洪波	北京航空航天大学
274	李昊	北京航空航天大学
275	任建明	北京航空航天大学
276	王天凡	北京航空航天大学
277	卫乃兴	北京航空航天大学
278	文军	北京航空航天大学
279	杨丹阳	北京航空航天大学
280	张耀南	北京航空航天大学
281	赵婷婷	北京航空航天大学
282	郑晓齐	北京航空航天大学
283	周友军	北京航空航天大学
284	刘昌平	北京化工大学
285	姜军	北京建筑大学

续表

序号	姓名	单位
286	白明洲	北京交通大学
287	毕颖	北京交通大学
288	冯华	北京交通大学
289	郭烁	北京交通大学
290	韩振峰	北京交通大学
291	李文兴	北京交通大学
292	林建成	北京交通大学
293	刘玉明	北京交通大学
294	路日亮	北京交通大学
295	叶龙	北京交通大学
296	张辉	北京交通大学
297	赵启兰	北京交通大学
298	刘越	《北京交通大学学报》（社会科学版）编辑部
299	方中雄	北京教育科学研究院
300	耿申	北京教育科学研究院
301	卢珂	北京教育科学研究院
302	时龙	北京教育科学研究院
303	杨德军	北京教育科学研究院
304	苑大勇	北京教育科学研究院
305	张熙	北京教育科学研究院
306	李义奇	北京金融街资本运营中心
307	赖阳	北京京商流通战略研究院；北京财贸职业学院
308	褚宏启	北京开放大学
309	李延祥	北京科技大学
310	马宪平	北京科技大学
311	时立荣	北京科技大学
312	李京廉	北京理工大学
313	刘进	北京理工大学
314	庞海芍	北京理工大学
315	魏一鸣	北京理工大学
316	周文辉	北京理工大学

续表

序号	姓名	单位
317	陈悦新	北京联合大学
318	冯小波	北京联合大学
319	韩强	北京联合大学
320	严旭阳	北京联合大学
321	张丽峰	北京联合大学
322	陈文汇	北京林业大学
323	程宝栋	北京林业大学
324	胡明形	北京林业大学
325	姜雪梅	北京林业大学
326	李小勇	北京林业大学
327	鲁莎莎	北京林业大学
328	温亚利	北京林业大学
329	谢屹	北京林业大学
330	杨朝霞	北京林业大学
331	张大红	北京林业大学
332	张卫民	北京林业大学
333	张颖	北京林业大学
334	彭宇	北京商报
335	白暴力	北京师范大学
336	边玉芳	北京师范大学
337	蔡宏波	北京师范大学
338	晁福林	北京师范大学
339	陈奉林	北京师范大学
340	陈雪虎	北京师范大学
341	程晓堂	北京师范大学
342	董立河	北京师范大学
343	董艳	北京师范大学
344	杜育红	北京师范大学
345	冯丽萍	北京师范大学
346	冯晓英	北京师范大学
347	高益民	北京师范大学

续表

序号	姓名	单位
348	谷贤林	北京师范大学
349	郭华	北京师范大学
350	郭小凌	北京师范大学
351	和震	北京师范大学
352	贺力平	北京师范大学
353	胡定荣	北京师范大学
354	胡海峰	北京师范大学
355	胡咏梅	北京师范大学
356	胡智锋	北京师范大学
357	黄荣怀	北京师范大学
358	江丰光	北京师范大学
359	康永久	北京师范大学
360	李葆萍	北京师范大学
361	李帆	北京师范大学
362	李建会	北京师范大学
363	李芒	北京师范大学
364	李实	北京师范大学
365	李爽	北京师范大学
366	李晓西	北京师范大学
367	李秀峰	北京师范大学
368	李运富	北京师范大学
369	林杰	北京师范大学
370	刘宝存	北京师范大学
371	刘嘉	北京师范大学
372	罗楚亮	北京师范大学
373	马健生	北京师范大学
374	毛亚庆	北京师范大学
375	苗兴伟	北京师范大学
376	倪滕达	北京师范大学
377	乔东平	北京师范大学
378	曲如晓	北京师范大学

续表

序号	姓名	单位
379	桑国元	北京师范大学
380	沈越	北京师范大学
381	施克灿	北京师范大学
382	宋萑	北京师范大学
383	孙进	北京师范大学
384	檀传宝	北京师范大学
385	王晨	北京师范大学
386	王成兵	北京师范大学
387	王东平	北京师范大学
388	王海利	北京师范大学
389	王磊	北京师范大学
390	王洛忠	北京师范大学
391	王树荫	北京师范大学
392	王曦影	北京师范大学
393	王晔安	北京师范大学
394	尉建文	北京师范大学
395	吴玉军	北京师范大学
396	吴宗宪	北京师范大学
397	伍燕然	北京师范大学
398	武法提	北京师范大学
399	袭亮	北京师范大学
400	肖索未	北京师范大学
401	辛涛	北京师范大学
402	徐敬宏	北京师范大学
403	徐勇	北京师范大学
404	阎光才	北京师范大学
405	姚云	北京师范大学
406	游祥斌	北京师范大学
407	于述胜	北京师范大学
408	余胜泉	北京师范大学
409	俞启定	北京师范大学

续表

序号	姓名	单位
410	喻国明	北京师范大学
411	张斌贤	北京师范大学
412	张皓	北京师范大学
413	张建华	北京师范大学
414	张维佳	北京师范大学
415	张伟远	北京师范大学
416	张晓婷	北京师范大学
417	张远煌	北京师范大学
418	张越	北京师范大学
419	章文光	北京师范大学
420	赵孟营	北京师范大学
421	赵志群	北京师范大学
422	郑勤华	北京师范大学
423	郑日昌	北京师范大学
424	钟秉林	北京师范大学
425	周凡	北京师范大学
426	周海涛	北京师范大学
427	周慧梅	北京师范大学
428	周良书	北京师范大学
429	周少川	北京师范大学
430	周作宇	北京师范大学
431	朱旭东	北京师范大学
432	武晓伟	北京师范大学珠海分校
433	马新明	北京市对口支援和经济合作工作领导小组办公室
434	郭广生	北京市科学技术研究院
435	哈斯巴根	北京市社会科学院
436	韩忠亮	北京市社会科学院
437	刘仲华	北京市社会科学院
438	汪艳菊	北京市社会科学院
439	王建伟	北京市社会科学院
440	赵志强	北京市社会科学院

续表

序号	姓名	单位
441	李歌诗	北京市统计局
442	姚桓	北京市委党校
443	陈滨	北京双圆工程咨询监理有限公司
444	戴桂菊	北京外国语大学
445	高育花	北京外国语大学
446	顾钧	北京外国语大学
447	韩宝成	北京外国语大学
448	何蓉	北京外国语大学
449	李英桃	北京外国语大学
450	柳若梅	北京外国语大学
451	汪剑钊	北京外国语大学
452	王文斌	北京外国语大学
453	文秋芳	北京外国语大学
454	薛庆国	北京外国语大学
455	杨鲁新	北京外国语大学
456	杨毅	北京外国语大学
457	张剑	北京外国语大学
458	郭士英	北京物资学院
459	何明珂	北京物资学院
460	张新庆	北京协和医学院
461	侯军岐	北京信息科技大学
462	杨兴林	北京信息科技大学
463	丁颖	北京邮电大学
464	李宏兵	北京邮电大学
465	李青	北京邮电大学
466	刘胜枝	北京邮电大学
467	曹志耘	北京语言大学
468	柴省三	北京语言大学
469	程娟	北京语言大学
470	崔希亮	北京语言大学
471	段江丽	北京语言大学

续表

序号	姓名	单位
472	高晓虹	北京语言大学
473	郭风岚	北京语言大学
474	贾烈英	北京语言大学
475	江新	北京语言大学
476	刘利	北京语言大学
477	刘林军	北京语言大学
478	鲁健骥	北京语言大学
479	路文彬	北京语言大学
480	帅志嵩	北京语言大学
481	万业馨	北京语言大学
482	吴平	北京语言大学
483	谢小庆	北京语言大学
484	徐朝东	北京语言大学
485	张宝林	北京语言大学
486	张赪	北京语言大学
487	张劲松	北京语言大学
488	张林军	北京语言大学
489	赵日新	北京语言大学
490	牟文谦	滨州学院
491	胡卫星	渤海大学
492	王东	渤海大学
493	赵成	渤海大学
494	赵彦俊	渤海大学
495	周世厚	渤海大学
496	赵全厚	财政科学研究院
497	白礼彪	长安大学
498	陈磊	长安大学
499	樊建强	长安大学
500	韩跃杰	长安大学
501	芮海田	长安大学
502	孙启鹏	长安大学

续表

序号	姓名	单位
503	孙守增	长安大学
504	王佳	长安大学
505	徐玉臣	长安大学
506	杨海挺	长安大学
507	杨南熙	长安大学
508	杨琦	长安大学
509	袁长伟	长安大学
510	张圣忠	长安大学
511	赵跃峰	长安大学
512	沈冠辰	长春理工大学
513	姜维公	长春师范大学
514	陈栋	长江少年儿童出版社（集团）有限公司
515	王新生	长沙理工大学文法学院
516	何旭红	长沙市文物考古研究所
517	屈林岩	长沙学院
518	顾永安	常熟理工学院
519	金国	常州大学
520	任玉荣	常州大学
521	代显华	成都大学
522	黄云峰	成都大学
523	冉建	成都大学
524	何应森	成都师范学院
525	邱兴	成都师范学院
526	唐安奎	成都师范学院
527	刘益飞	成都市委党校
528	陈振勇	成都体育学院
529	陈正	成都体育学院
530	程林林	成都体育学院
531	郭晴	成都体育学院
532	郝勤	成都体育学院
533	何颖	成都体育学院

续表

序号	姓名	单位
534	李林	成都体育学院
535	刘永峰	成都体育学院
536	邱建钢	成都体育学院
537	舒为平	成都体育学院
538	孙淑慧	成都体育学院
539	王广虎	成都体育学院
540	王宏江	成都体育学院
541	杨成波	成都体育学院
542	杨洋	成都体育学院
543	王纪安	承德石油高等专科学校
544	柳友荣	池州学院
545	孙永刚	赤峰学院
546	陈永进	重庆大学
547	但斌	重庆大学
548	杜春兰	重庆大学
549	傅旭东	重庆大学
550	何跃	重庆大学
551	胡光志	重庆大学
552	黄河	重庆大学
553	黄锡生	重庆大学
554	蒋华林	重庆大学
555	李晓秋	重庆大学
556	李志	重庆大学
557	刘敢新	重庆大学
558	刘渝琳	重庆大学
559	龙勇	重庆大学
560	吕进	重庆大学
561	彭建国	重庆大学
562	彭小兵	重庆大学
563	蒲清平	重庆大学
564	蒲艳萍	重庆大学

续表

序号	姓名	单位
565	蒲勇健	重庆大学
566	冉茂盛	重庆大学
567	税国洪	重庆大学
568	唐绍均	重庆大学
569	严太华	重庆大学
570	杨俊	重庆大学
571	杨育	重庆大学
572	杨长福	重庆大学
573	袁文全	重庆大学
574	张邦辉	重庆大学
575	张礼建	重庆大学
576	张小强	重庆大学
577	毕瑜	重庆工商大学
578	代小红	重庆工商大学
579	段文娟	重庆工商大学
580	黄志亮	重庆工商大学
581	姜鑫	重庆工商大学
582	李翠微	重庆工商大学
583	廖元和	重庆工商大学
584	刘富胜	重庆工商大学
585	罗姗姗	重庆工商大学
586	莫远明	重庆工商大学
587	田静	重庆工商大学
588	夏东	重庆工商大学
589	杨睿	重庆工商大学
590	易森	重庆工商大学
591	余兴厚	重庆工商大学
592	周昌祥	重庆工商大学
593	朱德东	重庆工商大学
594	徐辉	重庆市教育科学研究院
595	唐龙	重庆科技学院

续表

序号	姓名	单位
596	谭宏	重庆理工大学
597	王海兵	重庆理工大学
598	王蕾	重庆理工大学
599	吴安新	重庆理工大学
600	罗重谱	重庆社会科学院
601	文丰安	重庆社会科学院
602	张晓月	重庆社会科学院
603	林华山	重庆社会主义学院
604	汪守军	重庆社会主义学院
605	陈颇	重庆师范大学
606	刘斌志	重庆师范大学
607	南海	重庆师范大学
608	康世刚	重庆市教育科学研究院
609	龚春燕	重庆市教育评估院
610	沈军	重庆市教育评估院
611	何晓波	重庆市沙坪坝区教师进修学院
612	蔡宗模	重庆文理学院
613	葛缨	重庆文理学院
614	何万国	重庆文理学院
615	何云贵	重庆文理学院
616	贺能坤	重庆文理学院
617	黄贤忠	重庆文理学院
618	李天福	重庆文理学院
619	李喜燕	重庆文理学院
620	刘安洪	重庆文理学院
621	刘定祥	重庆文理学院
622	刘小文	重庆文理学院
623	裴跃进	重庆文理学院
624	王东强	重庆文理学院
625	王先胜	重庆文理学院
626	王长武	重庆文理学院

续表

序号	姓名	单位
627	吴立友	重庆文理学院
628	杨慷慨	重庆文理学院
629	杨树成	重庆文理学院
630	杨钊	重庆文理学院
631	赵立兵	重庆文理学院
632	冯泽永	重庆医科大学
633	郑兴刚	重庆邮电大学
634	褚远辉	大理大学
635	李冬梅	大连大学
636	彭绪梅	大连海洋大学
637	陈高华	大连理工大学
638	崔银河	大连理工大学
639	戴艳军	大连理工大学
640	洪晓楠	大连理工大学
641	侯海燕	大连理工大学
642	姜华	大连理工大学
643	李枭鹰	大连理工大学
644	李延喜	大连理工大学
645	杨慧民	大连理工大学
646	袁鹏	大连理工大学
647	张德祥	大连理工大学
648	张翠敏	大连市文物考古研究所
649	司亮	大连外国语大学
650	王少爽	大连外国语大学
651	薛晓芃	大连外国语大学
652	杜治政	大连医科大学
653	孔祥金	大连医科大学
654	任苒	大连医科大学
655	杨阳	大连医科大学
656	赵明杰	大连医科大学
657	刘君玲	当代教育科学

续表

序号	姓名	单位
658	乔兴媚	当代职业教育杂志社
659	王炜	当代职业教育杂志社
660	徐春梅	当代职业教育杂志社
661	王德强	滇西科技师范学院
662	丁科	电子科技大学
663	刘智勇	电子科技大学
664	韩传喜	东北财经大学
665	刘晓梅	东北财经大学
666	吕炜	东北财经大学
667	王恩旭	东北财经大学
668	王娟	东北财经大学
669	于左	东北财经大学
670	赵建国	东北财经大学
671	秦飞	东北大学
672	秦书生	东北大学
673	田鹏颖	东北大学
674	张志元	东北大学
675	徐彬	东北电力大学
676	杜国明	东北农业大学
677	冯广京	东北农业大学
678	韩学平	东北农业大学
679	李丹	东北农业大学
680	曲丽丽	东北农业大学
681	吴玲	东北农业大学
682	武卉昕	东北农业大学
683	颜华	东北农业大学
684	张启文	东北农业大学
685	柴娇	东北师范大学
686	陈欣	东北师范大学
687	董玉琦	东北师范大学
688	郭丹彤	东北师范大学

续表

序号	姓名	单位
689	韩东育	东北师范大学
690	韩继伟	东北师范大学
691	黄彩霞	东北师范大学
692	康秀云	东北师范大学
693	李彩华	东北师范大学
694	李广	东北师范大学
695	李广平	东北师范大学
696	梁茂信	东北师范大学
697	林正军	东北师范大学
698	刘晓明	东北师范大学
699	刘学智	东北师范大学
700	吕立杰	东北师范大学
701	马云鹏	东北师范大学
702	秦玉友	东北师范大学
703	饶从满	东北师范大学
704	石燕	东北师范大学
705	孙成武	东北师范大学
706	孙堂厚	东北师范大学
707	田冠浩	东北师范大学
708	田克勤	东北师范大学
709	王立仁	东北师范大学
710	王平	东北师范大学
711	王彦辉	东北师范大学
712	王占仁	东北师范大学
713	邬志辉	东北师范大学
714	严蔚刚	东北师范大学
715	杨光	东北师范大学
716	尹奎杰	东北师范大学
717	于伟	东北师范大学
718	张礼艳	东北师范大学
719	张森林	东北师范大学

续表

序号	姓名	单位
720	张守伟	东北师范大学
721	张泽东	东北师范大学
722	赵铁峰	东北师范大学
723	曲新艺	东北石油大学
724	顾海峰	东华大学
725	廖大伟	东华大学
726	秦德君	东华大学
727	王锐兰	东华大学
728	徐寅峰	东华大学
729	杨小明	东华大学
730	曾誉铭	东华大学
731	陈淑梅	东南大学
732	陈薇	东南大学
733	程国斌	东南大学
734	董卫	东南大学
735	杜静	东南大学
736	杜运周	东南大学
737	冯伟	东南大学
738	冯煜清	东南大学
739	甘锋	东南大学
740	李川	东南大学
741	李玫	东南大学
742	李庭燎	东南大学
743	刘魁	东南大学
744	刘启川	东南大学
745	卢文超	东南大学
746	欧阳本祺	东南大学
747	邱斌	东南大学
748	单平基	东南大学
749	孙慕义	东南大学
750	汪进元	东南大学

续表

序号	姓名	单位
751	王建国	东南大学
752	王珂	东南大学
753	王禄生	东南大学
754	吴斌	东南大学
755	熊樟林	东南大学
756	徐珉川	东南大学
757	徐习文	东南大学
758	周佑勇	东南大学
759	陈汉文	对外经济贸易大学
760	陈卫东	对外经济贸易大学
761	董青岭	对外经济贸易大学
762	伏军	对外经济贸易大学
763	江山	对外经济贸易大学
764	蓝庆新	对外经济贸易大学
765	李青武	对外经济贸易大学
766	刘灿雷	对外经济贸易大学
767	宁红丽	对外经济贸易大学
768	檀有志	对外经济贸易大学
769	王炜瀚	对外经济贸易大学
770	王亚柯	对外经济贸易大学
771	王永贵	对外经济贸易大学
772	吴承忠	对外经济贸易大学
773	赵雪梅	对外经济贸易大学
774	周念利	对外经济贸易大学
775	周志凯	对外经济贸易大学
776	姜捷	法门寺博物馆
777	王向东	佛山科学技术学院
778	吴仁华	福建工程学院
779	蒋国发	福建行政学院
780	林丽芳	福建行政学院
781	罗海成	福建行政学院

续表

序号	姓名	单位
782	肖庆文	福建行政学院
783	叶燕珠	福建教育学院
784	洪燕真	福建农林大学
785	黄和亮	福建农林大学
786	邓达宏	福建社会科学院
787	南帆	福建社会科学院
788	郭少榕	福建省教育科学研究所
789	钟建林	福建省教育科学研究所
790	柏定国	福建省教育评估研究中心
791	郭若平	福建省委党校
792	毕世响	福建师范大学
793	陈伙平	福建师范大学
794	陈永森	福建师范大学
795	陈泽平	福建师范大学
796	丁海东	福建师范大学
797	傅慧芳	福建师范大学
798	赖海榕	福建师范大学
799	李宝银	福建师范大学
800	李碧珍	福建师范大学
801	林大津	福建师范大学
802	欧明俊	福建师范大学
803	涂秀虹	福建师范大学
804	王汉民	福建师范大学
805	王晓德	福建师范大学
806	严静	福建师范大学
807	叶燊	福建师范大学
808	余岱宗	福建师范大学
809	张华荣	福建师范大学
810	张家壮	福建师范大学
811	王先达	福建幼儿师范高等专科学校
812	郑晓生	福建幼儿师范高等专科学校

续表

序号	姓名	单位
813	陈兴明	福州大学
814	陈章旺	福州大学
815	丁刚	福州大学
816	李炳安	福州大学
817	李春林	福州大学
818	梁家贵	阜阳师范学院
819	陈淳	复旦大学
820	陈刚	复旦大学
821	陈思和	复旦大学
822	陈振宇	复旦大学
823	陈子善	复旦大学
824	储丹丹	复旦大学
825	戴海斌	复旦大学
826	樊勇明	复旦大学
827	封进	复旦大学
828	冯玉军	复旦大学
829	高蒙河	复旦大学
830	郜元宝	复旦大学
831	龚群虎	复旦大学
832	顾东辉	复旦大学
833	顾钰民	复旦大学
834	郭定平	复旦大学
835	何光辉	复旦大学
836	贺平	复旦大学
837	胡安宁	复旦大学
838	胡令远	复旦大学
839	黄洋	复旦大学
840	霍四通	复旦大学
841	蒋勇	复旦大学
842	康志峰	复旦大学
843	李宏图	复旦大学

续表

序号	姓名	单位
844	李楠	复旦大学
845	郦菁	复旦大学
846	林荣日	复旦大学
847	刘建军	复旦大学
848	刘士国	复旦大学
849	刘永华	复旦大学
850	陆建松	复旦大学
851	吕军	复旦大学
852	马建标	复旦大学
853	马秋武	复旦大学
854	毛颖	复旦大学
855	潘天舒	复旦大学
856	沈国兵	复旦大学
857	石源华	复旦大学
858	苏勇	复旦大学
859	唐贤兴	复旦大学
860	唐亚林	复旦大学
861	陶寰	复旦大学
862	童兵	复旦大学
863	王凤才	复旦大学
864	王小林	复旦大学
865	王振忠	复旦大学
866	吴景平	复旦大学
867	熊庆年	复旦大学
868	应峻	复旦大学
869	张晖明	复旦大学
870	张军	复旦大学
871	张乃根	复旦大学
872	张新颖	复旦大学
873	张业松	复旦大学
874	郑继永	复旦大学

续表

序号	姓名	单位
875	郑召利	复旦大学
876	周怡	复旦大学
877	朱立元	复旦大学
878	朱荫贵	复旦大学
879	陈国科	甘肃省文物考古研究所
880	王辉	甘肃省文物考古研究所
881	张俊民	甘肃省文物考古研究所
882	赵雪野	甘肃省文物考古研究所
883	何文杰	甘肃政法学院
884	李东斌	赣南师范大学
885	杨裕南	高等教育出版社
886	金诚	高教发展与评估杂志社
887	王光尧	故宫博物院
888	练玉春	光明日报社
889	蔡晓珊	广东财经大学
890	陈军才	广东财经大学
891	杜承铭	广东财经大学
892	傅道忠	广东财经大学
893	何剑	广东财经大学
894	胡慧河	广东财经大学
895	黄晓凤	广东财经大学
896	江冰	广东财经大学
897	刘红红	广东财经大学
898	孟国碧	广东财经大学
899	孟令国	广东财经大学
900	欧翠珍	广东财经大学
901	苏武俊	广东财经大学
902	汤菲	广东财经大学
903	谢冬水	广东财经大学
904	谢文亮	广东财经大学
905	严维石	广东财经大学

续表

序号	姓名	单位
906	喻卫斌	广东财经大学
907	邹新月	广东财经大学
908	王则盈	广东发展银行郑州分行
909	陈庆新	广东工业大学
910	刘三林	广东工业大学
911	张光宇	广东工业大学
912	朱雪梅	广东工业大学
913	杜军	广东海洋大学
914	查世伟	广东华联建设项目管理咨询有限公司
915	任平	广东技术师范大学
916	佘爱春	广东技术师范大学
917	李文秀	广东金融学院
918	唐明琴	广东金融学院
919	胡妍	广东金融学院讲师
920	颜冰	广东科学技术职业学院
921	周红利	广东科学技术职业学院
922	何伟	《广东农工商职业技术学院学报》
923	陈雄	广东省建筑设计研究院
924	孙礼军	广东省建筑设计研究院
925	江湧	广东省科技创新监测研究中心
926	陈夏	广东省科学学与科技管理研究会
927	张威	广东省科学学与科技管理研究会
928	李宏荣	广东省科学院
929	周舟宇	广东省科学院
930	陈梅云	广东省社会科学院
931	戴庆瑄	广东省社会科学院
932	柯丽菲	广东省社会科学院
933	李超海	广东省社会科学院
934	林智荣	广东省社会科学院
935	刘小玲	广东省社会科学院
936	邵卿	广东省社会科学院

续表

序号	姓名	单位
937	王杰	广东省社会科学院
938	伍丹	广东省社会科学院
939	杨鹏	广东省社会科学院
940	周青	广东省社会科学院
941	李捷	广东省体育局
942	林文明	广东省湛江市第十中学
943	陈昭	广东外语外贸大学
944	梁立俊	广东外语外贸大学
945	刘建达	广东外语外贸大学
946	卢植	广东外语外贸大学
947	罗选民	广东外语外贸大学
948	石佑启	广东外语外贸大学
949	王太平	广东外语外贸大学
950	王卫红	广东外语外贸大学
951	党东耀	广西大学
952	徐秦法	广西大学
953	许素菊	广西大学
954	朱捷	广西工业工程师学会
955	陈洪波	广西民族大学
956	欧以克	广西民族大学
957	玉时阶	广西民族大学
958	蔡德龙	广西师范大学
959	冯智明	广西师范大学
960	高金岭	广西师范大学
961	贺祖斌	广西师范大学
962	霍玉文	广西师范大学
963	李广海	广西师范大学
964	李红惠	广西师范大学
965	刘祥学	广西师范大学
966	马焕灵	广西师范大学
967	孙建元	广西师范大学

续表

序号	姓名	单位
968	孙杰远	广西师范大学
969	韦冬雪	广西师范大学
970	钟瑞添	广西师范大学
971	唐锡海	广西师范学院
972	杨素萍	广西师范学院
973	杨绪明	广西师范学院
974	玉璐	广西师范学院
975	李炜	广州城建开发设计院有限公司
976	陈潭	广州大学
977	董黎	广州大学
978	方英	广州大学
979	哈迎飞	广州大学
980	黄丽娟	广州大学
981	蒋银华	广州大学
982	刘晖	广州大学
983	陶东风	广州大学
984	王孟欣	广州大学
985	王卫东	广州大学
986	吴小强	广州大学
987	谢建社	广州大学
988	谢治菊	广州大学
989	叶平枝	广州大学
990	张玉洁	广州大学
991	张泽涛	广州大学
992	李清泉	广州美术学院
993	查吉德	广州市教科院
994	马震聪	广州市设计院
995	罗飞宁	广州市穗港澳青少年研究所
996	涂敏霞	广州市穗港澳青少年研究所
997	谢碧霞	广州市穗港澳青少年研究所
998	谢素军	广州市穗港澳青少年研究所

续表

序号	姓名	单位
999	刘俊荣	广州医科大学
1000	邱鸿钟	广州中医药大学
1001	黄捷	广州珠江外资建筑设计院有限公司
1002	白明	贵州财经大学
1003	常明明	贵州财经大学
1004	陈波	贵州财经大学
1005	董延安	贵州财经大学
1006	杜剑	贵州财经大学
1007	范平花	贵州财经大学
1008	龚征旗	贵州财经大学
1009	和思鹏	贵州财经大学
1010	胡双发	贵州财经大学
1011	姜有文	贵州财经大学
1012	井方	贵州财经大学
1013	李成刚	贵州财经大学
1014	李顺毅	贵州财经大学
1015	梁宏志	贵州财经大学
1016	廖小东	贵州财经大学
1017	刘良灿	贵州财经大学
1018	刘明国	贵州财经大学
1019	刘明显	贵州财经大学
1020	王武林	贵州财经大学
1021	王永平	贵州财经大学
1022	韦璞	贵州财经大学
1023	吴锦丹	贵州财经大学
1024	肖敏娜	贵州财经大学
1025	肖庆华	贵州财经大学
1026	杨杨	贵州财经大学
1027	袁开福	贵州财经大学
1028	曾绍伦	贵州财经大学
1029	张建伟	贵州财经大学

续表

序号	姓名	单位
1030	张领	贵州财经大学
1031	张士斌	贵州财经大学
1032	张文专	贵州财经大学
1033	庄勇	贵州大学
1034	丁胜	贵州省社会科学院
1035	黄旭东	贵州省社会科学院
1036	李桃	贵州省社会科学院
1037	吴大华	贵州省社会科学院
1038	翟宇	贵州省社会科学院
1039	郑迦文	贵州省社会科学院
1040	杜尚荣	贵州师范大学
1041	黎珍	贵州师范大学
1042	李祥	贵州师范大学
1043	李旭	贵州师范大学
1044	谢妮	贵州师范大学
1045	颜同林	贵州师范大学
1046	杨智	贵州师范大学
1047	赵守盈	贵州师范大学
1048	何平	桂林电子科技大学
1049	李斌	郭沫若纪念馆
1050	欧阳维	国防大学
1051	孙红军	国防大学
1052	谈志兴	国防大学
1053	唐永胜	国防大学
1054	魏延秋	国防大学
1055	薛谋社	国防大学
1056	赵景芳	国防大学
1057	崔建树	国防科技大学
1058	王祥兵	国防科技大学
1059	李文良	国际关系学院
1060	刘跃进	国际关系学院

续表

序号	姓名	单位
1061	陶坚	国际关系学院
1062	吴慧	国际关系学院
1063	杨建英	国际关系学院
1064	赵晓春	国际关系学院
1065	朱素梅	国际关系学院
1066	齐国强	国际经济合作杂志社
1067	钱志清	国际经济合作杂志社
1068	许娜	国际经济合作杂志社
1069	安淑新	国家发展和改革委员会
1070	关秀丽	国家发展和改革委员会
1071	姜长云	国家发展和改革委员会
1072	张燕生	国家发展和改革委员会
1073	陈丽萍	国家教育行政学院
1074	从春侠	国家教育行政学院
1075	丁月牙	国家教育行政学院
1076	郭垒	国家教育行政学院
1077	胡锐军	国家教育行政学院
1078	刘亚荣	国家教育行政学院
1079	司洪昌	国家教育行政学院
1080	邢晖	国家教育行政学院
1081	许杰	国家教育行政学院
1082	许玉乾	国家教育行政学院
1083	于建福	国家教育行政学院
1084	于鲁文	国家教育行政学院
1085	张婕	国家教育行政学院
1086	纪飞峰	国家开发银行
1087	刘卫平	国家开发银行
1088	毛明来	国家开发银行
1089	沈继奔	国家开发银行
1090	田惠敏	国家开发银行
1091	吴志峰	国家开发银行

续表

序号	姓名	单位
1092	李莹	国家开放大学
1093	刘永权	国家开放大学
1094	严冰	国家开放大学
1095	刘珉	国家林业和草原局
1096	赵铁珍	国家林业和草原局
1097	李晓宪	国家体育科学研究所
1098	肖丹丹	国家体育总局
1099	祝宝良	国家信息中心
1100	高世楫	国务院发展研究中心
1101	葛延风	国务院发展研究中心
1102	贡森	国务院发展研究中心
1103	侯永志	国务院发展研究中心
1104	李建伟	国务院发展研究中心
1105	马骏	国务院发展研究中心
1106	马名杰	国务院发展研究中心
1107	苏杨	国务院发展研究中心
1108	王薇	国务院发展研究中心
1109	吴振宇	国务院发展研究中心
1110	赵昌文	国务院发展研究中心
1111	赵晋平	国务院发展研究中心
1112	周丽莎	国务院国资委研究中心
1113	陈坤	哈尔滨工程大学
1114	唐国建	哈尔滨工程大学
1115	赵德雷	哈尔滨工程大学
1116	郑莉	哈尔滨工程大学
1117	梅洪元	哈尔滨工业大学
1118	赵宏瑞	哈尔滨工业大学
1119	郑红翠	哈尔滨工业大学
1120	胡寅寅	哈尔滨理工大学
1121	李庆华	哈尔滨理工大学
1122	刘迪	哈尔滨理工大学

续表

序号	姓名	单位
1123	马建青	哈尔滨理工大学
1124	孟偲	哈尔滨理工大学
1125	庞达	哈尔滨理工大学
1126	任春华	哈尔滨理工大学
1127	孙英浩	哈尔滨理工大学
1128	王晓华	哈尔滨理工大学
1129	翟青	哈尔滨理工大学
1130	张俊华	哈尔滨理工大学
1131	张立双	哈尔滨理工大学
1132	张学玲	哈尔滨理工大学
1133	郝大江	哈尔滨商业大学
1134	辛宝忠	哈尔滨商业大学
1135	陈一	哈尔滨师范大学
1136	崔英锦	哈尔滨师范大学
1137	王红军	哈尔滨师范大学
1138	徐晓风	哈尔滨师范大学
1139	张晓校	哈尔滨师范大学
1140	孙福川	哈尔滨医科大学
1141	尹梅	哈尔滨医科大学
1142	陈建志	海军大连舰艇学院
1143	阚延华	海军大连舰艇学院
1144	李春波	海军大连舰艇学院
1145	倪红燕	海军大连舰艇学院
1146	谢适汀	海军大连舰艇学院
1147	徐星	海军大连舰艇学院
1148	赵长孚	海军大连舰艇学院
1149	杨放	海军军医大学
1150	赵区医	海军政治工作部
1151	李世杰	海南大学
1152	谢彦君	海南大学
1153	乔淑英	海南热带海洋学院

续表

序号	姓名	单位
1154	邓颖颖	海南省社会科学院
1155	陈义华	海南师范大学
1156	段会冬	海南师范大学
1157	李森	海南师范大学
1158	沈有禄	海南师范大学
1159	王觅	海南师范大学
1160	谢海林	海南师范大学
1161	张德伟	海南师范大学
1162	李举纲	汉景帝阳陵博物院
1163	贺武华	杭州电子科技大学
1164	李晓钟	杭州电子科技大学
1165	马国进	杭州电子科技大学
1166	谭惠娟	杭州电子科技大学
1167	汤建民	杭州电子科技大学
1168	陈兆肆	杭州师范大学
1169	丁峻	杭州师范大学
1170	王光龙	杭州师范大学
1171	王凯	杭州师范大学
1172	肖正德	杭州师范大学
1173	袁成毅	杭州师范大学
1174	钟守满	杭州师范大学
1175	魏峰	杭州市社会科学院
1176	李宗开	杭州市委党校
1177	任雪萍	合肥工业大学
1178	朱镜人	合肥师范学院
1179	蔡敬民	合肥学院
1180	余国江	合肥学院
1181	石晶	和平与发展研究中心
1182	陈永昶	河北大学
1183	陈玉忠	河北大学
1184	杜浩	河北大学

续表

序号	姓名	单位
1185	敦鹏	河北大学
1186	范铁权	河北大学
1187	冯军	河北大学
1188	傅松涛	河北大学
1189	谷彦芳	河北大学
1190	郭玲	河北大学
1191	何振海	河北大学
1192	贺志朴	河北大学
1193	侯翠环	河北大学
1194	黄云明	河北大学
1195	金胜勇	河北大学
1196	康书生	河北大学
1197	李金善	河北大学
1198	李军凯	河北大学
1199	李振刚	河北大学
1200	刘奉越	河北大学
1201	卢春艳	河北大学
1202	吕红平	河北大学
1203	马文秀	河北大学
1204	孟庆瑜	河北大学
1205	任瑞娟	河北大学
1206	任文京	河北大学
1207	宋凤轩	河北大学
1208	孙健夫	河北大学
1209	田海舰	河北大学
1210	王金营	河北大学
1211	王晓龙	河北大学
1212	肖红松	河北大学
1213	胥仕元	河北大学
1214	薛国凤	河北大学
1215	杨宝忠	河北大学

续表

序号	姓名	单位
1216	杨会良	河北大学
1217	杨文杰	河北大学
1218	杨学新	河北大学
1219	于广杰	河北大学
1220	张如意	河北大学
1221	张燕京	河北大学
1222	赵俊玲	河北大学
1223	朱峰	河北大学
1224	朱文富	河北大学
1225	朱军	河北地质大学
1226	陈立文	河北工业大学
1227	康凯	河北工业大学
1228	孔金平	河北工业大学
1229	李洪卫	河北工业大学
1230	李杰	河北工业大学
1231	李艳双	河北工业大学
1232	李跃利	河北工业大学
1233	李子彪	河北工业大学
1234	梁慧超	河北工业大学
1235	刘兵	河北工业大学
1236	刘宏	河北工业大学
1237	刘建华	河北工业大学
1238	吕荣杰	河北工业大学
1239	史耕山	河北工业大学
1240	苏晔	河北工业大学
1241	孙丽文	河北工业大学
1242	万杰	河北工业大学
1243	王新	河北工业大学
1244	魏进平	河北工业大学
1245	吴晓丹	河北工业大学
1246	于树江	河北工业大学

续表

序号	姓名	单位
1247	于伟峰	河北工业大学
1248	俞会新	河北工业大学
1249	曾珍香	河北工业大学
1250	张贵	河北工业大学
1251	张慧芝	河北工业大学
1252	张金花	河北工业大学
1253	张尚莲	河北工业大学
1254	黄露	河北环境工程学院
1255	鲍静海	河北金融学院
1256	程培先	河北金融学院
1257	郭净	河北金融学院
1258	韩景旺	河北金融学院
1259	刘洪生	河北金融学院
1260	田卫民	河北金融学院
1261	王宪明	河北金融学院
1262	吴玉霞	河北金融学院
1263	阎东彬	河北金融学院
1264	周明勇	河北金融学院
1265	艾岚	河北经贸大学
1266	安乔治	河北经贸大学
1267	柴振国	河北经贸大学
1268	单海鹏	河北经贸大学
1269	窦丽琛	河北经贸大学
1270	高艳	河北经贸大学
1271	郭娜	河北经贸大学
1272	李建平	河北经贸大学
1273	李金霞	河北经贸大学
1274	李妙然	河北经贸大学
1275	李伟红	河北经贸大学
1276	梁佳	河北经贸大学
1277	母爱英	河北经贸大学

续表

序号	姓名	单位
1278	彭青	河北经贸大学
1279	齐园	河北经贸大学
1280	王琦	河北经贸大学
1281	武建奇	河北经贸大学
1282	武玲玲	河北经贸大学
1283	许永兵	河北经贸大学
1284	张增强	河北经贸大学
1285	赵建欣	河北经贸大学
1286	赵培红	河北经贸大学
1287	朱坤萍	河北经贸大学
1288	高景芳	河北科技大学
1289	侯沿滨	河北科技大学
1290	计卫舸	河北科技大学
1291	靳占忠	河北科技大学
1292	靖桥	河北科技大学
1293	李法朝	河北科技大学
1294	李明芳	河北科技大学
1295	李晓华	河北科技大学
1296	刘君栓	河北科技大学
1297	刘兴国	河北科技大学
1298	刘赞英	河北科技大学
1299	路文杰	河北科技大学
1300	石秀杰	河北科技大学
1301	宋景华	河北科技大学
1302	田宝川	河北科技大学
1303	田韶华	河北科技大学
1304	王丛漫	河北科技大学
1305	王岚	河北科技大学
1306	王晓凤	河北科技大学
1307	王亚楠	河北科技大学
1308	魏子秋	河北科技大学

续表

序号	姓名	单位
1309	徐红新	河北科技大学
1310	薛晓萍	河北科技大学
1311	张明芳	河北科技大学
1312	张森	河北科技大学
1313	张素格	河北科技大学
1314	赵宗更	河北科技大学
1315	朱静然	河北科技大学
1316	王燕	河北科技师范学院
1317	侯建国	河北省教育厅
1318	郭强	河北省社会科学院
1319	王维国	河北省社会科学院
1320	许卉	河北省社会科学院
1321	陈秀梅	河北省委党校
1322	庞立平	河北省委党校
1323	杨福忠	河北省委党校
1324	张文瑞	河北省文物考古研究所
1325	段宏振	河北省文物研究所
1326	蔡辰梅	河北师范大学
1327	董丛林	河北师范大学
1328	李正栓	河北师范大学
1329	潘新民	河北师范大学
1330	曾智安	河北师范大学
1331	边林	河北医科大学
1332	曹天航	河海大学
1333	陈阿江	河海大学
1334	陈玉国	河海大学
1335	仇蕾	河海大学
1336	戴锐	河海大学
1337	范美香	河海大学
1338	葛春娱	河海大学
1339	谷文林	河海大学

续表

序号	姓名	单位
1340	郭剑平	河海大学
1341	黄明理	河海大学
1342	荆宁宁	河海大学
1343	李锋	河海大学
1344	刘钢	河海大学
1345	刘双芹	河海大学
1346	刘兴平	河海大学
1347	马玲玲	河海大学
1348	沈东	河海大学
1349	沈菊琴	河海大学
1350	宋敏	河海大学
1351	孙其昂	河海大学
1352	唐鹏	河海大学
1353	王春业	河海大学
1354	魏有兴	河海大学
1355	吴凤平	河海大学
1356	吴兆丹	河海大学
1357	谢海燕	河海大学
1358	徐高彦	河海大学
1359	许佳君	河海大学
1360	余达淮	河海大学
1361	袁汝华	河海大学
1362	张鑫	河海大学
1363	张珣	河海大学
1364	赵敏	河海大学
1365	郑垂勇	河海大学
1366	周彧	河海大学
1367	杜启明	河南博物院
1368	马萧林	河南博物院
1369	张得水	河南博物院
1370	方雪琴	河南财经政法大学

续表

序号	姓名	单位
1371	方拥军	河南财经政法大学
1372	龚文海	河南财经政法大学
1373	郭界秀	河南财经政法大学
1374	韩亚峰	河南财经政法大学
1375	胡著伟	河南财经政法大学
1376	姬沈育	河南财经政法大学
1377	李金铠	河南财经政法大学
1378	李凯杰	河南财经政法大学
1379	李蜀丹	河南财经政法大学
1380	李子豪	河南财经政法大学
1381	伦蕊	河南财经政法大学
1382	万立全	河南财经政法大学
1383	王春晖	河南财经政法大学
1384	王怀民	河南财经政法大学
1385	王利军	河南财经政法大学
1386	王少清	河南财经政法大学
1387	王文超	河南财经政法大学
1388	王永伟	河南财经政法大学
1389	吴育川	河南财经政法大学
1390	邢跃楠	河南财经政法大学
1391	徐强胜	河南财经政法大学
1392	许家伟	河南财经政法大学
1393	薛平	河南财经政法大学
1394	杨承训	河南财经政法大学
1395	叶光	河南财经政法大学
1396	尹延河	河南财经政法大学
1397	张肖飞	河南财经政法大学
1398	朱红恒	河南财经政法大学
1399	曾庆福	河南财政金融学院
1400	陈宗花	河南大学
1401	程民生	河南大学

续表

序号	姓名	单位
1402	郭常英	河南大学
1403	刘泽权	河南大学
1404	吕世荣	河南大学
1405	涂白奎	河南大学
1406	汪基德	河南大学
1407	王鹏飞	河南大学
1408	姚虹	河南大学
1409	张宝明	河南大学
1410	张大超	河南大学
1411	张立东	河南大学
1412	张务农	河南大学
1413	张志林	河南电子音像出版社
1414	尤莉	河南科技大学
1415	王升臻	河南理工大学
1416	邱国鑫	河南牧业经济学院
1417	张志强	河南社会科学杂志社
1418	李庚香	河南省社会科学界联合会
1419	王喜成	河南省社会科学界联合会
1420	邓小云	河南省社会科学院
1421	郭小燕	河南省社会科学院
1422	胡永杰	河南省社会科学院
1423	李娜	河南省社会科学院
1424	刘辉	河南省社会科学院
1425	屠青	河南省社会科学院
1426	万银峰	河南省社会科学院
1427	魏淑敏	河南省社会科学院
1428	闫德亮	河南省社会科学院
1429	郑琼	河南省社会科学院
1430	郑志强	河南省社会科学院
1431	周全德	河南省社会科学院
1432	邹霞	河南省社会科学院

续表

序号	姓名	单位
1433	牛安生	河南省委党校
1434	陈彦堂	河南省文物局
1435	曹艳鹏	河南省文物考古研究院
1436	樊温泉	河南省文物考古研究院
1437	韩朝会	河南省文物考古研究院
1438	郝本性	河南省文物考古研究院
1439	侯彦峰	河南省文物考古研究院
1440	胡朝建	河南省文物考古研究院
1441	胡永庆	河南省文物考古研究院
1442	蓝万里	河南省文物考古研究院
1443	李素婷	河南省文物考古研究院
1444	李一丕	河南省文物考古研究院
1445	梁法伟	河南省文物考古研究院
1446	刘海旺	河南省文物考古研究院
1447	刘亚玲	河南省文物考古研究院
1448	马俊才	河南省文物考古研究院
1449	孙新民	河南省文物考古研究院
1450	魏兴涛	河南省文物考古研究院
1451	武志江	河南省文物考古研究院
1452	杨树刚	河南省文物考古研究院
1453	杨文胜	河南省文物考古研究院
1454	余洁	河南省文物考古研究院
1455	张凤	河南省文物考古研究院
1456	张小虎	河南省文物考古研究院
1457	祝贺	河南省文物考古研究院
1458	陈浩天	河南师范大学
1459	关朝阳	河南师范大学
1460	黄进才	河南师范大学
1461	晋海学	河南师范大学
1462	李峰	河南师范大学
1463	李洪河	河南师范大学

续表

序号	姓名	单位
1464	李帅军	河南师范大学
1465	李雪山	河南师范大学
1466	李永贤	河南师范大学
1467	刘怀光	河南师范大学
1468	彭筱祎	河南师范大学
1469	任太增	河南师范大学
1470	宋晔	河南师范大学
1471	王记录	河南师范大学
1472	王星霞	河南师范大学
1473	辛永芬	河南师范大学
1474	张家鹿	河南师范大学
1475	曹金祥	菏泽学院
1476	李晓明	贺州学院
1477	柴文华	黑龙江大学
1478	高云涌	黑龙江大学
1479	郭艳君	黑龙江大学
1480	姜海波	黑龙江大学
1481	隽鸿飞	黑龙江大学
1482	李学彦	黑龙江大学
1483	刘志勇	黑龙江大学
1484	吕厚均	黑龙江大学
1485	马汉广	黑龙江大学
1486	马蔚云	黑龙江大学
1487	乔榛	黑龙江大学
1488	沈莉华	黑龙江大学
1489	史庆春	黑龙江大学
1490	滕仁	黑龙江大学
1491	王乐文	黑龙江大学
1492	魏义霞	黑龙江大学
1493	于文秀	黑龙江大学
1494	张奎良	黑龙江大学

续表

序号	姓名	单位
1495	周来顺	黑龙江大学
1496	周喜峰	黑龙江大学
1497	甄子会	黑龙江科技大学
1498	宋铁夫	黑龙江省教育学院
1499	崔家善	黑龙江省社会科学界联合会
1500	刘阳	黑龙江省社会科学界联合会
1501	徐雪野	黑龙江省社会科学界联合会
1502	张亳	黑龙江省社会科学界联合会
1503	笪志刚	黑龙江省社会科学院
1504	祝福恩	黑龙江省委党校
1505	张伟	黑龙江省文物考古研究所
1506	唐芳贵	衡阳师范学院
1507	李梦卿	湖北大学
1508	马勇	湖北大学
1509	明庆华	湖北大学
1510	肖新发	湖北第二师范大学
1511	贺海波	湖北工程学院
1512	程慧平	湖北工业大学
1513	张业鹏	湖北工业大学
1514	孙永平	湖北经济学院
1515	刘茂林	湖北警官学院
1516	万全文	湖北省博物馆
1517	王先福	湖北省博物馆
1518	陈昆满	湖北省社会科学界联合会
1519	许巍	湖北省社会科学界联合会
1520	陈艾	湖北省社会科学院
1521	陈孝兵	湖北省社会科学院
1522	胡静	湖北省社会科学院
1523	刘保昌	湖北省社会科学院
1524	刘龙伏	湖北省社会科学院
1525	刘晓慧	湖北省社会科学院

续表

序号	姓名	单位
1526	尹弘兵	湖北省社会科学院
1527	喻琼	湖北省社会科学院
1528	张卫东	湖北省社会科学院
1529	张武	湖北省社会科学院
1530	庄春梅	湖北省社会科学院
1531	舒艾香	湖北省委党校
1532	陈树祥	湖北省文物考古研究所
1533	方勤	湖北省文物考古研究所
1534	黄凤春	湖北省文物考古研究所
1535	罗运兵	湖北省文物考古研究所
1536	孟华平	湖北省文物考古研究所
1537	冯帮	湖北师范大学
1538	王辉斌	湖北文理学院
1539	陈剑光	湖南大学
1540	胡弼成	湖南大学
1541	黄建新	湖南大学
1542	蒋家琼	湖南大学
1543	李碧虹	湖南大学
1544	李伟荣	湖南大学
1545	廖毅	湖南大学
1546	刘声涛	湖南大学
1547	刘正光	湖南大学
1548	龙太江	湖南大学
1549	涂阳军	湖南大学
1550	谢里	湖南大学
1551	熊正德	湖南大学
1552	徐丹	湖南大学
1553	阳荣威	湖南大学
1554	姚利民	湖南大学
1555	余小波	湖南大学
1556	袁建林	湖南大学

续表

序号	姓名	单位
1557	张海英	湖南大学
1558	张强	湖南大学
1559	朱恬恬	湖南大学
1560	邹璇	湖南大学
1561	陈碧	湖南工业大学
1562	龙均云	湖南工业大学
1563	张永红	湖南工业大学
1564	邝嫦娥	湖南科技大学
1565	李康澄	湖南科技大学
1566	李云霖	湖南科技大学
1567	刘金明	湖南科技大学
1568	刘友金	湖南科技大学
1569	罗渊	湖南科技大学
1570	彭文斌	湖南科技大学
1571	王小飞	湖南科技大学
1572	吴怀友	湖南科技大学
1573	曾祥炎	湖南科技大学
1574	赵前程	湖南科技大学
1575	朱正余	湖南科技大学
1576	邹安全	湖南科技大学
1577	余三定	湖南理工学院
1578	刘天佐	湖南农业大学
1579	夏金星	湖南农业大学
1580	周明星	湖南农业大学
1581	陈晓红	湖南商学院
1582	刘导波	湖南商学院
1583	陆杉	湖南商学院
1584	麻学锋	湖南商学院
1585	潘建	湖南商学院
1586	陈文胜	湖南省社会科学院
1587	段泽孝	湖南省社会科学院

续表

序号	姓名	单位
1588	何绍辉	湖南省社会科学院
1589	黄海	湖南省社会科学院
1590	刘建武	湖南省社会科学院
1591	刘师健	湖南省社会科学院
1592	刘险峰	湖南省社会科学院
1593	马纯红	湖南省社会科学院
1594	王国宇	湖南省社会科学院
1595	杨畅	湖南省社会科学院
1596	姚选民	湖南省社会科学院
1597	禹兰	湖南省社会科学院
1598	张利文	湖南省社会科学院
1599	周小毛	湖南省社会科学院
1600	王雪珍	湖南省委党校
1601	高成林	湖南省文物考古研究所
1602	郭伟民	湖南省文物考古研究所
1603	陈桂香	湖南师范大学
1604	陈晖	湖南师范大学
1605	邓颖玲	湖南师范大学
1606	蒋振华	湖南师范大学
1607	李爱年	湖南师范大学
1608	李培超	湖南师范大学
1609	刘铁芳	湖南师范大学
1610	唐贤清	湖南师范大学
1611	吴家庆	湖南师范大学
1612	杨经建	湖南师范大学
1613	易红郡	湖南师范大学
1614	赵树勤	湖南师范大学
1615	龙献忠	湖南文理学院
1616	郭铁成	湖南幼儿师范高等专科学校
1617	戴庆辉	华北电力大学
1618	齐玮	华北电力大学

续表

序号	姓名	单位
1619	姚建平	华北电力大学
1620	赵振宇	华北电力大学
1621	甘卫华	华东交通大学
1622	董银果	华东理工大学
1623	费梅苹	华东理工大学
1624	伏玉林	华东理工大学
1625	何雪松	华东理工大学
1626	孔令丞	华东理工大学
1627	李荣日	华东理工大学
1628	马铁驹	华东理工大学
1629	吴亮	华东理工大学
1630	奚建武	华东理工大学
1631	徐丙奎	华东理工大学
1632	徐选国	华东理工大学
1633	杨发祥	华东理工大学
1634	杨君	华东理工大学
1635	张昱	华东理工大学
1636	柏浪涛	华东师范大学
1637	陈大康	华东师范大学
1638	程华平	华东师范大学
1639	邓香莲	华东师范大学
1640	杜成宪	华东师范大学
1641	段宇锋	华东师范大学
1642	段玉山	华东师范大学
1643	范劲	华东师范大学
1644	方显仓	华东师范大学
1645	付长珍	华东师范大学
1646	高志敏	华东师范大学
1647	顾小青	华东师范大学
1648	顾小清	华东师范大学
1649	何静	华东师范大学

续表

序号	姓名	单位
1650	何志国	华东师范大学
1651	侯定凯	华东师范大学
1652	胡范铸	华东师范大学
1653	胡雪梅	华东师范大学
1654	黄阿明	华东师范大学
1655	黄晨熹	华东师范大学
1656	黄健	华东师范大学
1657	姜勇	华东师范大学
1658	鞠玉翠	华东师范大学
1659	李家成	华东师范大学
1660	李政涛	华东师范大学
1661	梁志	华东师范大学
1662	刘成国	华东师范大学
1663	刘军	华东师范大学
1664	刘晓虹	华东师范大学
1665	罗岗	华东师范大学
1666	马和民	华东师范大学
1667	孟钟捷	华东师范大学
1668	潘斌	华东师范大学
1669	彭正梅	华东师范大学
1670	齐卫平	华东师范大学
1671	钱叶六	华东师范大学
1672	任友群	华东师范大学
1673	沈章明	华东师范大学
1674	石伟平	华东师范大学
1675	孙亮	华东师范大学
1676	孙玫璐	华东师范大学
1677	王保星	华东师范大学
1678	文军	华东师范大学
1679	吴刚平	华东师范大学
1680	吴遵民	华东师范大学

续表

序号	姓名	单位
1681	荀渊	华东师范大学
1682	闫光才	华东师范大学
1683	闫寒冰	华东师范大学
1684	杨剑	华东师范大学
1685	杨九诠	华东师范大学
1686	杨连星	华东师范大学
1687	杨小微	华东师范大学
1688	叶德磊	华东师范大学
1689	叶方兴	华东师范大学
1690	袁振国	华东师范大学
1691	曾凡林	华东师范大学
1692	曾刚	华东师范大学
1693	张永	华东师范大学
1694	郑太年	华东师范大学
1695	钟仁耀	华东师范大学
1696	周健	华东师范大学
1697	朱惠国	华东师范大学
1698	祝智庭	华东师范大学
1699	左思民	华东师范大学
1700	陈金钊	华东政法大学
1701	陈婉玲	华东政法大学
1702	陈毅	华东政法大学
1703	杜涛	华东政法大学
1704	管建强	华东政法大学
1705	何益忠	华东政法大学
1706	胡志平	华东政法大学
1707	季奎明	华东政法大学
1708	马长山	华东政法大学
1709	毛玲玲	华东政法大学
1710	任勇	华东政法大学
1711	徐家林	华东政法大学

续表

序号	姓名	单位
1712	杨兴培	华东政法大学
1713	姚尚建	华东政法大学
1714	于改之	华东政法大学
1715	袁发强	华东政法大学
1716	张绍谦	华东政法大学
1717	张勇	华东政法大学
1718	蔡金亭	华南理工大学
1719	管兵	华南理工大学
1720	蒋悟真	华南理工大学
1721	刘银娣	华南理工大学
1722	王雨磊	华南理工大学
1723	闫坤如	华南理工大学
1724	张国启	华南理工大学
1725	钟书能	华南理工大学
1726	高岚	华南农业大学
1727	罗明忠	华南农业大学
1728	倪根金	华南农业大学
1729	温思美	华南农业大学
1730	严会超	华南农业大学
1731	卓彩琴	华南农业大学
1732	陈友芳	华南师范大学
1733	董志强	华南师范大学
1734	葛新斌	华南师范大学
1735	胡小勇	华南师范大学
1736	蒋寅	华南师范大学
1737	焦建利	华南师范大学
1738	柯清超	华南师范大学
1739	蓝宇蕴	华南师范大学
1740	李志厚	华南师范大学
1741	卢晓中	华南师范大学
1742	马早明	华南师范大学

续表

序号	姓名	单位
1743	穆肃	华南师范大学
1744	宋德华	华南师范大学
1745	王红	华南师范大学
1746	吴全华	华南师范大学
1747	武丽志	华南师范大学
1748	谢幼如	华南师范大学
1749	邢向东	华南师范大学
1750	熊欢	华南师范大学
1751	阳义南	华南师范大学
1752	尹睿	华南师范大学
1753	曾文婕	华南师范大学
1754	詹泽慧	华南师范大学
1755	张华初	华南师范大学
1756	张敏强	华南师范大学
1757	张秀梅	华南师范大学
1758	赵建华	华南师范大学
1759	郑淮	华南师范大学
1760	朱竑	华南师范大学
1761	左璜	华南师范大学
1762	左双文	华南师范大学
1763	侯国金	华侨大学
1764	贾益民	华侨大学
1765	汤兆云	华侨大学
1766	王志远	华侨大学
1767	徐华	华侨大学
1768	赵威	华侨大学
1769	郑向敏	华侨大学
1770	陈廷柱	华中科技大学
1771	丁建定	华中科技大学
1772	董慧	华中科技大学
1773	高亮	华中科技大学

续表

序号	姓名	单位
1774	郭亮	华中科技大学
1775	韩东屏	华中科技大学
1776	贺雪峰	华中科技大学
1777	贾永堂	华中科技大学
1778	姜战军	华中科技大学
1779	孔东民	华中科技大学
1780	雷洪	华中科技大学
1781	李保峰	华中科技大学
1782	李传印	华中科技大学
1783	刘成斌	华中科技大学
1784	刘献君	华中科技大学
1785	欧阳康	华中科技大学
1786	钱雪松	华中科技大学
1787	沈红	华中科技大学
1788	王三秀	华中科技大学
1789	王晓升	华中科技大学
1790	吴淼	华中科技大学
1791	吴廷俊	华中科技大学
1792	吴毅	华中科技大学
1793	谢勇才	华中科技大学
1794	熊琦	华中科技大学
1795	徐锦芬	华中科技大学
1796	闫帅	华中科技大学
1797	张士靖	华中科技大学
1798	张应强	华中科技大学
1799	郑丹丹	华中科技大学
1800	陈新忠	华中农业大学
1801	吴平	华中农业大学
1802	张俊飚	华中农业大学
1803	钟涨宝	华中农业大学
1804	蔡迎旗	华中师范大学

续表

序号	姓名	单位
1805	常健	华中师范大学
1806	陈荣卓	华中师范大学
1807	陈佑清	华中师范大学
1808	程红艳	华中师范大学
1809	董泽芳	华中师范大学
1810	范军	华中师范大学
1811	胡向东	华中师范大学
1812	胡亚敏	华中师范大学
1813	黄念然	华中师范大学
1814	江立华	华中师范大学
1815	刘从德	华中师范大学
1816	刘华山	华中师范大学
1817	刘清堂	华中师范大学
1818	陆汉文	华中师范大学
1819	梅萍	华中师范大学
1820	秦在东	华中师范大学
1821	申国昌	华中师范大学
1822	苏晖	华中师范大学
1823	孙正国	华中师范大学
1824	谭颖芳	华中师范大学
1825	唐鸣	华中师范大学
1826	田友谊	华中师范大学
1827	涂正革	华中师范大学
1828	汪国胜	华中师范大学
1829	王后雄	华中师范大学
1830	王俊	华中师范大学
1831	王坤庆	华中师范大学
1832	王清军	华中师范大学
1833	王学	华中师范大学
1834	王雪松	华中师范大学
1835	魏伟	华中师范大学

续表

序号	姓名	单位
1836	吴琦	华中师范大学
1837	夏立新	华中师范大学
1838	项继权	华中师范大学
1839	刑来顺	华中师范大学
1840	杨九民	华中师范大学
1841	俞思念	华中师范大学
1842	张屹	华中师范大学
1843	张兆曙	华中师范大学
1844	郑广怀	华中师范大学
1845	郑旭东	华中师范大学
1846	朱英	华中师范大学
1847	张玲	怀化学院
1848	江雪松	淮北师范大学
1849	李怀龙	淮北师范大学
1850	孙义清	淮北师范大学
1851	杨春龙	淮北师范大学
1852	张超	淮北师范大学
1853	郭媛媛	环境保护杂志社
1854	徐曼	环境保护杂志社
1855	李普亮	惠州学院
1856	白刚	吉林大学
1857	蔡莉	吉林大学
1858	曹险峰	吉林大学
1859	陈松友	吉林大学
1860	程尼娜	吉林大学
1861	崔健	吉林大学
1862	戴宇	吉林大学
1863	董保宝	吉林大学
1864	董秀良	吉林大学
1865	杜莉	吉林大学
1866	房绍坤	吉林大学

续表

序号	姓名	单位
1867	付秀荣	吉林大学
1868	高福顺	吉林大学
1869	高申春	吉林大学
1870	高玥	吉林大学
1871	韩喜平	吉林大学
1872	何志鹏	吉林大学
1873	贺来	吉林大学
1874	侯文学	吉林大学
1875	黄凤志	吉林大学
1876	霍海红	吉林大学
1877	贾玉娇	吉林大学
1878	李国强	吉林大学
1879	李洪修	吉林大学
1880	李佳欣	吉林大学
1881	李韧夫	吉林大学
1882	李晓	吉林大学
1883	李政	吉林大学
1884	刘德斌	吉林大学
1885	刘金全	吉林大学
1886	刘清才	吉林大学
1887	刘雪华	吉林大学
1888	娄淑华	吉林大学
1889	芦恒	吉林大学
1890	马雪松	吉林大学
1891	闵春雷	吉林大学
1892	秦曰龙	吉林大学
1893	任东波	吉林大学
1894	沈诗杰	吉林大学
1895	史本叶	吉林大学
1896	宋宝安	吉林大学
1897	宋鸥	吉林大学

续表

序号	姓名	单位
1898	孙德超	吉林大学
1899	孙兴杰	吉林大学
1900	田毅鹏	吉林大学
1901	王国柱	吉林大学
1902	王立	吉林大学
1903	王立峰	吉林大学
1904	王平	吉林大学
1905	王庆丰	吉林大学
1906	王伟	吉林大学
1907	王箫轲	吉林大学
1908	王学谦	吉林大学
1909	王勇	吉林大学
1910	吴宏政	吉林大学
1911	肖晞	吉林大学
1912	徐萍	吉林大学
1913	姚莹	吉林大学
1914	由阳	吉林大学
1915	于双成	吉林大学
1916	张广翔	吉林大学
1917	张雷生	吉林大学
1918	张锐昕	吉林大学
1919	张世伟	吉林大学
1920	赵宾福	吉林大学
1921	赵东奎	吉林大学
1922	赵俊芳	吉林大学
1923	赵新宇	吉林大学
1924	郑军男	吉林大学
1925	周异夫	吉林大学
1926	朱泓	吉林大学
1927	栾学钢	吉林工业职业技术学院
1928	张德江	吉林省科协、长春光华学院

续表

序号	姓名	单位
1929	王志刚	吉林省文物考古研究所
1930	刘海	吉林省中华职业教育社
1931	常江	吉林师范大学
1932	陈思	吉林师范大学
1933	陈文国	吉林师范大学
1934	陈莹	吉林师范大学
1935	范立君	吉林师范大学
1936	胡小伟	吉林师范大学
1937	李淑华	吉林师范大学
1938	李秀云	吉林师范大学
1939	刘春雷	吉林师范大学
1940	刘小萌	吉林师范大学
1941	刘笑冬	吉林师范大学
1942	时松	吉林师范大学
1943	宋立华	吉林师范大学
1944	孙守朋	吉林师范大学
1945	孙艳红	吉林师范大学
1946	谭宏娇	吉林师范大学
1947	王柏文	吉林师范大学
1948	王金茹	吉林师范大学
1949	王晓杰	吉林师范大学
1950	吴振利	吉林师范大学
1951	肖振宇	吉林师范大学
1952	徐兴祥	吉林师范大学
1953	徐彦伟	吉林师范大学
1954	杨朴	吉林师范大学
1955	张宝君	吉林师范大学
1956	张丽红	吉林师范大学
1957	赵亚静	吉林师范大学
1958	赵志勇	吉林师范大学
1959	邹之坤	吉林师范大学

续表

序号	姓名	单位
1960	祖国华	吉林师范大学
1961	杨明	吉林体育学院
1962	邓庆周	集美大学
1963	李晋玲	集美大学
1964	王予霞	集美大学
1965	包心鉴	济南大学
1966	张继明	济南大学
1967	崔大庸	济南市文化局
1968	陈林	暨南大学
1969	陈伟	暨南大学
1970	范以锦	暨南大学
1971	甘于恩	暨南大学
1972	郭洪飞	暨南大学
1973	贺仲明	暨南大学
1974	黎文靖	暨南大学
1975	林毓铭	暨南大学
1976	刘颖	暨南大学
1977	刘增合	暨南大学
1978	刘正刚	暨南大学
1979	罗绍德	暨南大学
1980	马建春	暨南大学
1981	屈挺	暨南大学
1982	王汉卫	暨南大学
1983	张晓辉	暨南大学
1984	赵黎明	暨南大学
1985	钟瑞栋	暨南大学
1986	杜德栎	嘉应学院
1987	刘芳	建筑经济杂志社
1988	易冰源	建筑经济杂志社
1989	倪贝贝	江汉大学
1990	舒新	江汉大学

续表

序号	姓名	单位
1991	夏莹	江汉大学
1992	郑晓艳	江汉学术
1993	贾淑品	江南大学
1994	李俏	江南大学
1995	刘焕明	江南大学
1996	马志强	江南大学
1997	王建华	江南大学
1998	王志军	江南大学
1999	谢玉梅	江南大学
2000	徐玉生	江南大学
2001	曹辉	江苏大学
2002	陈丽珍	江苏大学
2003	崔金贵	江苏大学
2004	董德福	江苏大学
2005	刘同君	江苏大学
2006	陆道坤	江苏大学
2007	梅强	江苏大学
2008	全守杰	江苏大学
2009	任晓霏	江苏大学
2010	武翠红	江苏大学
2011	徐放鸣	江苏大学
2012	于忠海	江苏大学
2013	张忠华	江苏大学
2014	赵喜仓	江苏大学
2015	周海燕	江苏大学
2016	朱永跃	江苏大学
2017	袁楠	江苏凤凰出版传媒股份有限公司
2018	崔新有	江苏开放大学
2019	纪河	江苏开放大学
2020	彭坤明	江苏开放大学
2021	王建明	江苏开放大学

续表

序号	姓名	单位
2022	吴光林	江苏开放大学
2023	虞晓骏	江苏开放大学
2024	周蔚	江苏开放大学
2025	崔景贵	江苏理工学院
2026	贺文瑾	江苏理工学院
2027	庄西真	江苏理工学院
2028	袁益民	江苏省教育厅
2029	卞敏	江苏省社会科学院
2030	陈朋	江苏省社会科学院
2031	陈如勇	江苏省社会科学院
2032	成洁	江苏省社会科学院
2033	丁惠平	江苏省社会科学院
2034	洪峰	江苏省社会科学院
2035	蓝英波	江苏省社会科学院
2036	李芸	江苏省社会科学院
2037	刘伟	江苏省社会科学院
2038	刘蔚	江苏省社会科学院
2039	陆月宏	江苏省社会科学院
2040	吕方	江苏省社会科学院
2041	潘清	江苏省社会科学院
2042	史拴拴	江苏省社会科学院
2043	战炤磊	江苏省社会科学院
2044	张春莉	江苏省社会科学院
2045	赵涛	江苏省社会科学院
2046	陈鹏	江苏师范大学
2047	陈延斌	江苏师范大学
2048	李子联	江苏师范大学
2049	苗正科	江苏师范大学
2050	欧阳文珍	江苏师范大学
2051	王运武	江苏师范大学
2052	杨成	江苏师范大学

续表

序号	姓名	单位
2053	杨现民	江苏师范大学
2054	殷英梅	江苏师范大学
2055	陈家琪	江西财经大学
2056	陈始发	江西财经大学
2057	何小钢	江西财经大学
2058	黄和平	江西财经大学
2059	简泽	江西财经大学
2060	蒋尧明	江西财经大学
2061	孔凡斌	江西财经大学
2062	李春根	江西财经大学
2063	刘振林	江西财经大学
2064	卢福财	江西财经大学
2065	邱永志	江西财经大学
2066	吴朝阳	江西财经大学
2067	伍世安	江西财经大学
2068	肖文海	江西财经大学
2069	谢红星	江西财经大学
2070	谢花林	江西财经大学
2071	徐斌	江西财经大学
2072	杨飞虎	江西财经大学
2073	尹忠海	江西财经大学
2074	张鹏	江西财经大学
2075	魏佐国	江西行政学院
2076	韩云鹏	江西科技师范大学
2077	欧阳忠明	江西科技师范大学
2078	王国光	江西科技师范大学
2079	陈美球	江西农业大学
2080	傅琼	江西农业大学
2081	高雪萍	江西农业大学
2082	郭锦墉	江西农业大学
2083	蒋海聆	江西农业大学

续表

序号	姓名	单位
2084	李长生	江西农业大学
2085	廖彩荣	江西农业大学
2086	聂志平	江西农业大学
2087	王火根	江西农业大学
2088	翁贞林	江西农业大学
2089	许晟	江西农业大学
2090	郑瑞强	江西农业大学
2091	周丙娟	江西农业大学
2092	朱红根	江西农业大学
2093	朱述斌	江西农业大学
2094	何友良	江西省党史研究室
2095	高云龙	江西省发展改革研究院
2096	冷崇总	江西省发展改革研究院
2097	肖坚	江西省发展改革研究院
2098	谢泽源	江西省赣州市教科所
2099	陈国庆	江西省教育科学研究所
2100	程方生	江西省教育科学研究所
2101	戚务念	江西省教育科学研究所
2102	肖第郁	江西省教育科学研究所
2103	张俊	江西省教育科学研究所
2104	曾艳	江西省教育科学研究所；《教育学术月刊》编辑部
2105	刘清荣	江西省社会科学界联合会
2106	汤水清	江西省社会科学界联合会
2107	吴永明	江西省社会科学界联合会
2108	赵华伟	江西省社会科学界联合会
2109	祝黄河	江西省社会科学界联合会
2110	陈瑾	江西省社会科学院
2111	陈青松	江西省社会科学院
2112	何雄伟	江西省社会科学院
2113	胡炜	江西省社会科学院
2114	胡颖峰	江西省社会科学院

续表

序号	姓名	单位
2115	李小玉	江西省社会科学院
2116	庞振宇	江西省社会科学院
2117	彭民权	江西省社会科学院
2118	施由明	江西省社会科学院
2119	王涛	江西省社会科学院
2120	叶萍	江西省社会科学院
2121	易凤林	江西省社会科学院
2122	俞晖	江西省社会科学院
2123	张丽	江西省社会科学院
2124	徐长青	江西省文物考古研究院
2125	崔铭香	江西师范大学
2126	董圣鸿	江西师范大学
2127	范水平	江西师范大学
2128	刘伏玲	江西师范大学
2129	罗序斌	江西师范大学
2130	唐天伟	江西师范大学
2131	万振凡	江西师范大学
2132	杨南昌	江西师范大学
2133	钟志贤	江西师范大学
2134	戴利朝	江西师范大学;《苏区研究》编辑部
2135	高闰青	焦作师范高等专科学校
2136	刘振天	教育部高等教育教学评估中心;中国人民大学
2137	韩民	教育部教育发展研究中心
2138	陈睿	教育部考试中心
2139	韩家勋	教育部考试中心
2140	于涵	教育部考试中心
2141	陈立鹏	教育部民族教育发展中心
2142	王继平	教育部职成教司
2143	刘红	教育部职教所
2144	姜大源	教育部职业技术教育中心研究所
2145	刘义国	教育部职业技术教育中心研究所

续表

序号	姓名	单位
2146	刘育锋	教育部职业技术教育中心研究所
2147	王扬南	教育部职业技术教育中心研究所
2148	周凤华	教育部职业技术教育中心研究所
2149	孙力	解放军政治学院
2150	何海锋	京东金融研究院
2151	王文礼	井冈山大学
2152	陈锐	军事科学院
2153	冯占英	军事科学院
2154	高文俭	军事科学院
2155	李抒音	军事科学院
2156	李祖发	军事科学院
2157	刘洪顺	军事科学院
2158	罗保华	军事科学院
2159	杨春华	军事科学院
2160	张从田	军事科学院
2161	张杰	军事科学院
2162	陈元	凯里学院
2163	姚树峰	空军工程大学
2164	孙银玉	空军通信士官学校
2165	蔡雪芹	空军研究院
2166	张瑞宏	昆明医科大学
2167	莫超	兰州城市学院
2168	车如山	兰州大学
2169	高永久	兰州大学
2170	黎军	兰州大学
2171	李硕豪	兰州大学
2172	李勇进	兰州大学
2173	王建新	兰州大学
2174	王希隆	兰州大学
2175	武沐	兰州大学
2176	徐黎丽	兰州大学

续表

序号	姓名	单位
2177	曾向红	兰州大学
2178	张子龙	兰州大学
2179	郑炳林	兰州大学
2180	蔡中宏	兰州交通大学
2181	杨泽琴	兰州交通大学
2182	谭春平	兰州理工大学
2183	杜学元	乐山师范学院
2184	李秉强	丽水学院
2185	于景祥	辽海出版社
2186	边恕	辽宁大学
2187	崔铮	辽宁大学
2188	房广顺	辽宁大学
2189	和军	辽宁大学
2190	李淑云	辽宁大学
2191	王伟光	辽宁大学
2192	谢地	辽宁大学
2193	杨松	辽宁大学
2194	殷红	辽宁大学
2195	张东明	辽宁大学
2196	董新伟	辽宁教育研究院
2197	高红梅	辽宁教育研究院
2198	高鸿	辽宁教育研究院
2199	黄元维	辽宁教育研究院
2200	李潮海	辽宁教育研究院
2201	李作章	辽宁教育研究院
2202	刘国瑞	辽宁教育研究院
2203	罗英智	辽宁教育研究院
2204	单春艳	辽宁教育研究院
2205	徐治中	辽宁教育研究院
2206	于翔	辽宁教育研究院
2207	于月萍	辽宁教育研究院

续表

序号	姓名	单位
2208	常家树	辽宁青年管理学院
2209	王宏	辽宁省大学生就业指导局
2210	王少媛	辽宁省高等教育学会
2211	宋萌荣	辽宁省委党校
2212	李新全	辽宁省文物考古研究所
2213	杜岩岩	辽宁师范大学
2214	李宝贵	辽宁师范大学
2215	李晓艳	辽宁师范大学
2216	刘晨晔	辽宁师范大学
2217	全海英	辽宁师范大学
2218	孙才志	辽宁师范大学
2219	孙康	辽宁师范大学
2220	徐昭峰	辽宁师范大学
2221	张庆利	辽宁师范大学
2222	张秀红	辽宁师范大学
2223	傅维利	辽宁师范大学教育学院
2224	陈强	辽宁现代服务职业学院
2225	李中国	临沂大学
2226	周仕德	岭南师范学院
2227	聂世军	领导科学杂志社
2228	宫盛花	鲁东大学
2229	马惠军	陆军勤务学院
2230	郑传锋	陆军勤务学院
2231	薛瑞泽	洛阳师范学院
2232	晋银峰	洛阳师范学院
2233	蒋平	绵阳师范学院
2234	李建辉	闽南师范大学
2235	李顺兴	闽南师范大学
2236	刘耀彬	南昌大学
2237	王亿本	南昌大学
2238	文师华	南昌大学

续表

序号	姓名	单位
2239	杨峰	南昌大学
2240	杨彦军	南昌大学
2241	袁小平	南昌大学
2242	詹世友	南昌大学
2243	谭振江	南昌航空大学
2244	王有远	南昌航空大学
2245	李蓝	南方科技大学
2246	唐际根	南方科技大学
2247	严金海	南方医科大学
2248	赵醒村	南方医科大学
2249	林留根	南京博物院
2250	陆建芳	南京博物院
2251	田名利	南京博物院
2252	王奇志	南京博物院
2253	张金萍	南京博物院
2254	张小朋	南京博物院
2255	曹姗姗	南京财经大学
2256	方超	南京财经大学
2257	何干强	南京财经大学
2258	刘希刚	南京财经大学
2259	刘泱育	南京财经大学
2260	梅景辉	南京财经大学
2261	倪菊香	南京财经大学
2262	唐祥来	南京财经大学
2263	杨青龙	南京财经大学
2264	叶林祥	南京财经大学
2265	余泳泽	南京财经大学
2266	安同良	南京大学
2267	白欲晓	南京大学
2268	毕军	南京大学
2269	操太圣	南京大学

续表

序号	姓名	单位
2270	陈谦平	南京大学
2271	陈晓律	南京大学
2272	陈新仁	南京大学
2273	陈宗章	南京大学
2274	程爱民	南京大学
2275	崔昌笏	南京大学
2276	丁帆	南京大学
2277	丁沃沃	南京大学
2278	范从来	南京大学
2279	范金民	南京大学
2280	范可	南京大学
2281	方长春	南京大学
2282	葛扬	南京大学
2283	龚放	南京大学
2284	顾黔	南京大学
2285	何成洲	南京大学
2286	何宁	南京大学
2287	贺云翱	南京大学
2288	洪银兴	南京大学
2289	胡大平	南京大学
2290	胡星铭	南京大学
2291	华涛	南京大学
2292	华昱	南京大学
2293	黄贤金	南京大学
2294	贾良定	南京大学
2295	姜海	南京大学
2296	姜迎春	南京大学
2297	蒋彧	南京大学
2298	解亘	南京大学
2299	李冬昕	南京大学
2300	李良玉	南京大学

续表

序号	姓名	单位
2301	李心丹	南京大学
2302	李玉	南京大学
2303	林闽钢	南京大学
2304	刘怀玉	南京大学
2305	刘兴林	南京大学
2306	吕林海	南京大学
2307	马俊亚	南京大学
2308	莫砺锋	南京大学
2309	彭华民	南京大学
2310	单勇	南京大学
2311	沈固朝	南京大学
2312	沈坤荣	南京大学
2313	沈卫威	南京大学
2314	宋晓	南京大学
2315	苏新宁	南京大学
2316	孙建军	南京大学
2317	孙江	南京大学
2318	孙乐强	南京大学
2319	谭树林	南京大学
2320	童星	南京大学
2321	王彬彬	南京大学
2322	王恒	南京大学
2323	王加兴	南京大学
2324	王鹏涛	南京大学
2325	吴俊	南京大学
2326	吴愈晓	南京大学
2327	夏维中	南京大学
2328	肖萍	南京大学
2329	严新明	南京大学
2330	杨金才	南京大学
2331	杨维中	南京大学

续表

序号	姓名	单位
2332	余秀兰	南京大学
2333	袁成	南京大学
2334	张炳	南京大学
2335	张亮	南京大学
2336	张明	南京大学
2337	张新木	南京大学
2338	张学锋	南京大学
2339	张玉林	南京大学
2340	章锦河	南京大学
2341	赵东升	南京大学
2342	赵宪章	南京大学
2343	郑江淮	南京大学
2344	钟甫宁	南京大学
2345	周晓陆	南京大学
2346	周学鹰	南京大学
2347	周媛	南京大学
2348	朱锋	南京大学
2349	朱刚	南京大学
2350	朱庆葆	南京大学
2351	朱庆华	南京大学
2352	崔益虎	南京工业大学
2353	林萍华	南京工业大学
2354	张爱梅	南京工业大学
2355	章诚	南京工业大学
2356	周丽娟	南京工业大学
2357	车广锦	南京航空航天大学
2358	崔俊富	南京航空航天大学
2359	方志耕	南京航空航天大学
2360	耿弘	南京航空航天大学
2361	王梓	南京航空航天大学
2362	周德群	南京航空航天大学

续表

序号	姓名	单位
2363	朱建军	南京航空航天大学
2364	李俊奎	南京理工大学
2365	刘江	南京理工大学
2366	钱敏	南京理工大学
2367	王永益	南京理工大学
2368	朱英明	南京理工大学
2369	曹顺仙	南京林业大学
2370	陈相雨	南京林业大学
2371	王祥	南京林业大学
2372	温作民	南京林业大学
2373	谢煜	南京林业大学
2374	杨红强	南京林业大学
2375	张红霄	南京林业大学
2376	张智光	南京林业大学
2377	朱建君	南京林业大学
2378	陈利根	南京农业大学
2379	惠富平	南京农业大学
2380	刘志民	南京农业大学
2381	刘祖云	南京农业大学
2382	罗英姿	南京农业大学
2383	宋华明	南京农业大学
2384	宋雪飞	南京农业大学
2385	王思明	南京农业大学
2386	姚兆余	南京农业大学
2387	陈柯	南京森林警察学院
2388	戴翔	南京审计大学
2389	江世银	南京审计大学
2390	孙治宇	南京审计大学
2391	吴汉全	南京审计大学
2392	张劲松	南京审计大学
2393	赵欢春	南京审计大学

续表

序号	姓名	单位
2394	石岿然	南京审计大学
2395	蔡道通	南京师范大学
2396	陈辉	南京师范大学
2397	陈学军	南京师范大学
2398	陈志松	南京师范大学
2399	程杰	南京师范大学
2400	程晋宽	南京师范大学
2401	顾建军	南京师范大学
2402	郭欣茹	南京师范大学
2403	胡建华	南京师范大学
2404	胡金平	南京师范大学
2405	花菊香	南京师范大学
2406	金一虹	南京师范大学
2407	李如密	南京师范大学
2408	李艺	南京师范大学
2409	刘继忠	南京师范大学
2410	刘俐李	南京师范大学
2411	陆离	南京师范大学
2412	骆正林	南京师范大学
2413	吕洪灵	南京师范大学
2414	缪建东	南京师范大学
2415	齐学红	南京师范大学
2416	沈书生	南京师范大学
2417	孙彩平	南京师范大学
2418	孙迎光	南京师范大学
2419	谭桂林	南京师范大学
2420	汤卫东	南京师范大学
2421	田立新	南京师范大学
2422	王进芬	南京师范大学
2423	吴康宁	南京师范大学
2424	吴业苗	南京师范大学

续表

序号	姓名	单位
2425	辛斌	南京师范大学
2426	杨靖	南京师范大学
2427	姚君伟	南京师范大学
2428	姚荣	南京师范大学
2429	俞良早	南京师范大学
2430	张连红	南京师范大学
2431	张志丹	南京师范大学
2432	钟柏昌	南京师范大学
2433	朱强	南京师范大学
2434	陈玉山	南京晓庄学院
2435	吴勇	南京晓庄学院
2436	张波	南京晓庄学院
2437	龚培河	南京信息工程大学
2438	来向红	南京信息工程大学
2439	李海中	南京信息工程大学
2440	渠红岩	南京信息工程大学
2441	单海燕	南京信息工程大学
2442	沈丹	南京信息工程大学
2443	史军	南京信息工程大学
2444	严燕	南京信息工程大学
2445	岳爱武	南京信息工程大学
2446	张三峰	南京信息工程大学
2447	徐坚	南京信息职业技术学院
2448	姜柏生	南京医科大学
2449	刘虹	南京医科大学
2450	李峻	南京邮电大学
2451	王玉括	南京邮电大学
2452	杨立军	南京邮电大学
2453	袁周敏	南京邮电大学
2454	殷忠勇	南京中医药大学
2455	张宗明	南京中医药大学

续表

序号	姓名	单位
2456	白长虹	南开大学
2457	卞利	南开大学
2458	常建华	南开大学
2459	陈巴特尔	南开大学
2460	陈兵	南开大学
2461	陈志强	南开大学
2462	丁见民	南开大学
2463	杜传忠	南开大学
2464	付成双	南开大学
2465	葛顺奇	南开大学
2466	关信平	南开大学
2467	韩琦	南开大学
2468	何自力	南开大学
2469	侯杰	南开大学
2470	季乃礼	南开大学
2471	江沛	南开大学
2472	姜胜利	南开大学
2473	柯平	南开大学
2474	孔明安	南开大学
2475	李兵	南开大学
2476	李春福	南开大学
2477	李金铮	南开大学
2478	李文韬	南开大学
2479	李卓	南开大学
2480	刘秉镰	南开大学
2481	刘清华	南开大学
2482	刘毅	南开大学
2483	刘英	南开大学
2484	刘忠波	南开大学
2485	刘尊志	南开大学
2486	毛其淋	南开大学

续表

序号	姓名	单位
2487	逄锦聚	南开大学
2488	乔晓楠	南开大学
2489	乔治忠	南开大学
2490	冉启斌	南开大学
2491	盛斌	南开大学
2492	宋志勇	南开大学
2493	孙景宇	南开大学
2494	孙卫国	南开大学
2495	王传英	南开大学
2496	王建军	南开大学
2497	王萍	南开大学
2498	王先明	南开大学
2499	吴帆	南开大学
2500	徐鹤	南开大学
2501	徐虹	南开大学
2502	许晖	南开大学
2503	许檀	南开大学
2504	宣朝庆	南开大学
2505	杨栋梁	南开大学
2506	余新忠	南开大学
2507	曾晓渝	南开大学
2508	查宏德	南开大学
2509	周启星	南开大学
2510	周志强	南开大学
2511	左海聪	南开大学
2512	蔡陈聪	南通大学
2513	陈玉君	南通大学
2514	陈昭锋	南通大学
2515	成长春	南通大学
2516	邓宏宝	南通大学
2517	邓乐群	南通大学

续表

序号	姓名	单位
2518	丁富生	南通大学
2519	丁锦宏	南通大学
2520	顾金春	南通大学
2521	顾理辉	南通大学
2522	顾玉平	南通大学
2523	江应中	南通大学
2524	姜朝晖	南通大学
2525	蒋国宏	南通大学
2526	蒋乃华	南通大学
2527	刘建	南通大学
2528	浦玉忠	南通大学
2529	钱荣贵	南通大学
2530	钱小龙	南通大学
2531	邵志华	南通大学
2532	万久富	南通大学
2533	王学青	南通大学
2534	吾文泉	南通大学
2535	吴日明	南通大学
2536	吴延溢	南通大学
2537	吴耀华	南通大学
2538	许富宏	南通大学
2539	杨定海	南通大学
2540	杨凤华	南通大学
2541	余卫国	南通大学
2542	虞志坚	南通大学
2543	臧乃康	南通大学
2544	周建忠	南通大学
2545	陈永志	内蒙古博物院
2546	布仁巴图	内蒙古大学
2547	梁荣	内蒙古大学
2548	齐木德道尔吉	内蒙古大学

续表

序号	姓名	单位
2549	苏德毕力格	内蒙古大学
2550	乌日斯嘎拉	内蒙古大学
2551	白朴存	内蒙古工业大学
2552	阿拉坦格日乐	内蒙古民族大学
2553	巴・苏和	内蒙古民族大学
2554	白红梅	内蒙古民族大学
2555	陈永春	内蒙古民族大学
2556	额尔敦巴根	内蒙古民族大学
2557	葛鑫	内蒙古民族大学
2558	郝青云	内蒙古民族大学
2559	刘额尔敦吐	内蒙古民族大学
2560	齐金国	内蒙古民族大学
2561	秋喜	内蒙古民族大学
2562	王立平	内蒙古民族大学
2563	修长百	内蒙古民族大学
2564	徐寿军	内蒙古民族大学
2565	于东新	内蒙古民族大学
2566	盖志毅	内蒙古农业大学
2567	续维国	内蒙古农业大学
2568	张立伟	内蒙古社会科学院
2569	丁彩霞	内蒙古师范大学
2570	李龙	内蒙古师范大学
2571	咏梅	内蒙古师范大学
2572	曹建恩	内蒙古文物考古研究所
2573	张文平	内蒙古文物考古研究所
2574	高振强	宁波大红鹰学院
2575	陈正良	宁波大学
2576	钭晓东	宁波大学
2577	贺国庆	宁波大学
2578	乐传永	宁波大学
2579	李包庚	宁波大学

续表

序号	姓名	单位
2580	曲波	宁波大学
2581	邵光华	宁波大学
2582	沈满洪	宁波大学
2583	王玉鹏	宁波大学
2584	张光陆	宁波大学
2585	钟昌标	宁波大学
2586	李平	宁波诺丁汉大学
2587	周明海	宁波诺丁汉大学
2588	梁一群	宁波市委党校
2589	钱亚仙	宁波市委党校
2590	徐慧枫	宁波市委党校
2591	段玉泉	宁夏大学
2592	李伟	宁夏大学
2593	梁向明	宁夏大学
2594	马春宝	宁夏大学
2595	马宗保	宁夏大学
2596	潘洁	宁夏大学
2597	彭向前	宁夏大学
2598	张会萍	宁夏大学
2599	梁春阳	宁夏区委党校
2600	陈通明	宁夏社会科学院
2601	郭正礼	宁夏社会科学院
2602	李保平	宁夏社会科学院
2603	李华	宁夏社会科学院
2604	李习文	宁夏社会科学院
2605	李有智	宁夏社会科学院
2606	刘家俊	宁夏社会科学院
2607	刘天明	宁夏社会科学院
2608	马燕	宁夏社会科学院
2609	孙俊萍	宁夏社会科学院
2610	魏淑霞	宁夏社会科学院

续表

序号	姓名	单位
2611	吴忠礼	宁夏社会科学院
2612	薛正昌	宁夏社会科学院
2613	张廉	宁夏社会科学院
2614	张玉海	宁夏社会科学院
2615	郎伟	宁夏师范学院
2616	罗丰	宁夏文物考古研究所
2617	王慧春	宁夏自治区政府研究室
2618	詹慧龙	农业部农村事业发展中心
2619	陈军	浦东区委党校
2620	郭琳琳	浦东区委党校
2621	姜朋	浦东区委党校
2622	邵文波	浦发银行总行
2623	曹玮	秦始皇帝陵博物院
2624	侯宁彬	秦始皇帝陵博物院
2625	许卫红	秦始皇帝陵博物院
2626	张仲立	秦始皇帝陵博物院
2627	郭为	青岛大学
2628	黄晓珠	青岛大学
2629	李汝成	青岛大学
2630	马波	青岛大学
2631	易宪容	青岛大学
2632	石建国	青岛科技大学
2633	敬志伟	青岛市委党校
2634	孙志强	青岛市委党校
2635	李子华	青海民族大学
2636	唐仲山	青海民族大学
2637	张科	青海民族大学
2638	鄂崇荣	青海省社会科学院
2639	刘傲洋	青海省社会科学院
2640	马勇进	青海省社会科学院
2641	王亚波	青海省社会科学院

续表

序号	姓名	单位
2642	张前	青海省社会科学院
2643	魏道明	青海师范大学
2644	艾四林	清华大学
2645	蔡继明	清华大学
2646	车丕照	清华大学
2647	陈国平	清华大学
2648	陈劲	清华大学
2649	陈涛涛	清华大学
2650	陈争平	清华大学
2651	崔刚	清华大学
2652	崔建远	清华大学
2653	封宗信	清华大学
2654	高其才	清华大学
2655	顾朝林	清华大学
2656	韩锡斌	清华大学
2657	何建坤	清华大学
2658	何晓斌	清华大学
2659	蓝志勇	清华大学
2660	李稻葵	清华大学
2661	李东红	清华大学
2662	李锋亮	清华大学
2663	李曼丽	清华大学
2664	李守奎	清华大学
2665	梁正	清华大学
2666	林来梵	清华大学
2667	刘晗	清华大学
2668	刘建明	清华大学
2669	刘江永	清华大学
2670	梅雪芹	清华大学
2671	蒙克	清华大学
2672	倪玉平	清华大学

续表

序号	姓名	单位
2673	庞珣	清华大学
2674	任剑涛	清华大学
2675	史静寰	清华大学
2676	万俊人	清华大学
2677	王峰明	清华大学
2678	王敬慧	清华大学
2679	王宁	清华大学
2680	王天夫	清华大学
2681	王志诚	清华大学
2682	文雯	清华大学
2683	吴潜涛	清华大学
2684	肖贵清	清华大学
2685	肖鹰	清华大学
2686	徐雨衡	清华大学
2687	杨燕绥	清华大学
2688	应星	清华大学
2689	张国刚	清华大学
2690	张小军	清华大学
2691	庄惟敏	清华大学
2692	邹广文	清华大学
2693	段瑞聪	庆应义塾大学
2694	孙剑	求是杂志社
2695	陈萍	区域经济评论杂志社
2696	刘昱洋	区域经济评论杂志社
2697	任晓莉	区域经济评论杂志社
2698	何爱霞	曲阜师范大学
2699	柳士彬	曲阜师范大学
2700	卢卫中	曲阜师范大学
2701	戚万学	曲阜师范大学
2702	秦洪武	曲阜师范大学
2703	宋立林	曲阜师范大学

续表

序号	姓名	单位
2704	王京传	曲阜师范大学
2705	尹世久	曲阜师范大学
2706	周统权	曲阜师范大学
2707	杜洁	全国妇联妇女研究所
2708	马焱	全国妇联妇女研究所
2709	宓瑞新	全国妇联妇女研究所
2710	刘文开	泉州幼儿师范高等专科学校
2711	方国根	人民出版社
2712	顾之川	人民教育出版社
2713	刘立德	人民教育出版社
2714	鹿锡俊	日本大东文化大学
2715	谭志松	三峡大学
2716	柏培文	厦门大学
2717	别敦荣	厦门大学
2718	蔡从燕	厦门大学
2719	蔡永明	厦门大学
2720	曹剑波	厦门大学
2721	陈双燕	厦门大学
2722	陈支平	厦门大学
2723	戴淑庚	厦门大学
2724	邓明	厦门大学
2725	刁培俊	厦门大学
2726	范宏伟	厦门大学
2727	高和荣	厦门大学
2728	葛威	厦门大学
2729	郭颖	厦门大学
2730	贺昌盛	厦门大学
2731	胡旭	厦门大学
2732	黄鸣奋	厦门大学
2733	黄新华	厦门大学
2734	江玮	厦门大学

续表

序号	姓名	单位
2735	李无未	厦门大学
2736	李艳霞	厦门大学
2737	李展	厦门大学
2738	廖哲平	厦门大学
2739	林德荣	厦门大学
2740	林枫	厦门大学
2741	林金辉	厦门大学
2742	林民书	厦门大学
2743	刘海峰	厦门大学
2744	刘连泰	厦门大学
2745	刘志云	厦门大学
2746	刘子曦	厦门大学
2747	罗思东	厦门大学
2748	潘越	厦门大学
2749	邵宜航	厦门大学
2750	沈小波	厦门大学
2751	宋建丽	厦门大学
2752	孙传旺	厦门大学
2753	覃红霞	厦门大学
2754	童敏	厦门大学
2755	王传龙	厦门大学
2756	王洪才	厦门大学
2757	王日根	厦门大学
2758	王绍森	厦门大学
2759	王旭	厦门大学
2760	王艳艳	厦门大学
2761	叶兴建	厦门大学
2762	叶颖玫	厦门大学
2763	于李胜	厦门大学
2764	张侃	厦门大学
2765	张艳涛	厦门大学

续表

序号	姓名	单位
2766	张羽	厦门大学
2767	赵振祥	厦门大学
2768	郑若玲	厦门大学
2769	周序	厦门大学
2770	朱福惠	厦门大学
2771	朱水涌	厦门大学
2772	王智烜	厦门国家会计学院
2773	黄爱东	厦门市委党校
2774	彭心安	厦门市委党校
2775	毕秀玲	山东财经大学
2776	董长瑞	山东财经大学
2777	冯林	山东财经大学
2778	冯玉梅	山东财经大学
2779	高凤勤	山东财经大学
2780	葛永波	山东财经大学
2781	郭建	山东财经大学
2782	郝涛	山东财经大学
2783	姜琪	山东财经大学
2784	焦霄黎	山东财经大学
2785	靳卫东	山东财经大学
2786	刘培德	山东财经大学
2787	路春城	山东财经大学
2788	曲顺兰	山东财经大学
2789	苏昕	山东财经大学
2790	王传荣	山东财经大学
2791	谢申祥	山东财经大学
2792	徐晓雯	山东财经大学
2793	张红凤	山东财经大学
2794	赵付科	山东财经大学
2795	赵利	山东财经大学
2796	周杰	山东财经大学

续表

序号	姓名	单位
2797	曹现强	山东大学
2798	曹永福	山东大学
2799	陈坚	山东大学
2800	陈淑卿	山东大学
2801	陈雪香	山东大学
2802	成会君	山东大学
2803	程相占	山东大学
2804	丁秀菊	山东大学
2805	董豫	山东大学
2806	樊丽明	山东大学
2807	方辉	山东大学
2808	顾銮斋	山东大学
2809	郝云飞	山东大学
2810	黄发有	山东大学
2811	黄少安	山东大学
2812	贾乐耀	山东大学
2813	靳桂云	山东大学
2814	郎剑锋	山东大学
2815	李保杰	山东大学
2816	李春明	山东大学
2817	李桂奎	山东大学
2818	李文	山东大学
2819	李占扬	山东大学
2820	李忠夏	山东大学
2821	林聚任	山东大学
2822	刘宝全	山东大学
2823	刘昌明	山东大学
2824	刘文	山东大学
2825	刘玉安	山东大学
2826	路国权	山东大学
2827	栾丰实	山东大学

续表

序号	姓名	单位
2828	马风书	山东大学
2829	苗威	山东大学
2830	潘爱玲	山东大学
2831	钱曾怡	山东大学
2832	宋艳波	山东大学
2833	随洪光	山东大学
2834	孙微	山东大学
2835	唐仲明	山东大学
2836	王佃利	山东大学
2837	王华	山东大学
2838	王会宗	山东大学
2839	王建民	山东大学
2840	王俊菊	山东大学
2841	王青	山东大学
2842	王韶兴	山东大学
2843	韦倩	山东大学
2844	魏建	山东大学
2845	肖贵田	山东大学
2846	谢永珍	山东大学
2847	杨林	山东大学
2848	余东华	山东大学
2849	翟奎凤	山东大学
2850	张东辉	山东大学
2851	张海燕	山东大学
2852	张玉明	山东大学
2853	赵玉华	山东大学
2854	朱磊	山东大学
2855	杨慧	山东大学（威海）文学院
2856	张开祝	山东工商学院
2857	秦丽萍	山东建筑大学
2858	解永照	山东警察学院

续表

序号	姓名	单位
2859	孙凌志	山东科技大学
2860	吴士健	山东科技大学
2861	程钧谟	山东理工大学
2862	孙秀梅	山东理工大学
2863	闫秀霞	山东理工大学
2864	尹玉吉	山东理工大学
2865	张峰	山东理工大学
2866	张务伟	山东农业大学
2867	王玉香	山东青年政治学院
2868	杨波	山东省博物馆
2869	曾庆伟	山东省教科院
2870	申培轩	山东省教育科学研究院
2871	白全民	山东省科学院
2872	周勇	山东省科学院
2873	秦庆武	山东省社会科学院
2874	袁红英	山东省社会科学院
2875	杨爱国	山东省石刻艺术博物馆
2876	刘延常	山东省文物考古研究院
2877	孙波	山东省文物考古研究院
2878	郑同修	山东省文物考古研究院
2879	曹鹏	山东师范大学
2880	陈大兴	山东师范大学
2881	冯永刚	山东师范大学
2882	江林昌	山东师范大学
2883	王保宁	山东师范大学
2884	王增福	山东师范大学
2885	夏同水	山东师范大学
2886	徐继存	山东师范大学
2887	燕生东	山东师范大学
2888	宋占美	山东英才学院
2889	米子川	山西财经大学

续表

序号	姓名	单位
2890	薛宝贵	山西财经大学
2891	周新生	山西财经大学
2892	郭卫东	山西传媒学院
2893	韩秀丽	山西传媒学院
2894	李海芳	山西传媒学院
2895	赵慧勤	山西大同大学
2896	郭万金	山西大学
2897	郭永平	山西大学
2898	侯怀银	山西大学
2899	李雪峰	山西大学
2900	刘庆昌	山西大学
2901	刘晓哲	山西大学
2902	乔全生	山西大学
2903	桑宁霞	山西大学
2904	石岩	山西大学
2905	苏泽龙	山西大学
2906	孙杰	山西大学
2907	魏屹东	山西大学
2908	行龙	山西大学
2909	邢云文	山西大学
2910	余永成	山西大学
2911	岳谦厚	山西大学
2912	张健彪	山西大学
2913	佘小宁	山西农业大学
2914	赵赟	山西农业大学
2915	韩克勇	山西省社会科学院
2916	李小平	山西省社会科学院
2917	戎爱萍	山西省社会科学院
2918	孙秀玲	山西省社会科学院
2919	岳婷婷	山西省社会科学院
2920	张爱英	山西省社会科学院

续表

序号	姓名	单位
2921	车效梅	山西师范大学
2922	王小平	山西师范大学
2923	杨霞	山西师范大学
2924	杨晓	山西师范大学
2925	段志光	山西中医药大学
2926	罗云	陕西科技大学教育学院
2927	王炜林	陕西历史博物馆
2928	杨效俊	陕西历史博物馆
2929	丁岩	陕西省考古研究院
2930	胡松梅	陕西省考古研究院
2931	焦南峰	陕西省考古研究院
2932	李明	陕西省考古研究院
2933	刘呆运	陕西省考古研究院
2934	马明志	陕西省考古研究院
2935	马永嬴	陕西省考古研究院
2936	宋远茹	陕西省考古研究院
2937	孙周勇	陕西省考古研究院
2938	田亚岐	陕西省考古研究院
2939	王小蒙	陕西省考古研究院
2940	王占奎	陕西省考古研究院
2941	岳连建	陕西省考古研究院
2942	张建林	陕西省考古研究院
2943	张鹏程	陕西省考古研究院
2944	张天恩	陕西省考古研究院
2945	赵西晨	陕西省考古研究院
2946	秦开凤	陕西省社会科学院
2947	石英	陕西省社会科学院
2948	韩建武	陕西省文物保护研究院
2949	薛耀晗	陕西省新闻出版广电局
2950	白凯	陕西师范大学
2951	卜风贤	陕西师范大学

续表

序号	姓名	单位
2952	陈龙	陕西师范大学
2953	程秀兰	陕西师范大学
2954	杜文玉	陕西师范大学
2955	段塔丽	陕西师范大学
2956	方兰	陕西师范大学
2957	冯建新	陕西师范大学
2958	冯立君	陕西师范大学
2959	葛文双	陕西师范大学
2960	郝婷	陕西师范大学
2961	胡卫平	陕西师范大学
2962	黄正林	陕西师范大学
2963	孔祥利	陕西师范大学
2964	李创斌	陕西师范大学
2965	李少梅	陕西师范大学
2966	李震	陕西师范大学
2967	刘蒙之	陕西师范大学
2968	龙宝新	陕西师范大学
2969	马红亮	陕西师范大学
2970	马耀峰	陕西师范大学
2971	南长森	陕西师范大学
2972	裴辉儒	陕西师范大学
2973	任晓伟	陕西师范大学
2974	史耀疆	陕西师范大学
2975	睢党臣	陕西师范大学
2976	孙根年	陕西师范大学
2977	田建荣	陕西师范大学
2978	王晖	陕西师范大学
2979	王其祎	陕西师范大学
2980	王欣	陕西师范大学
2981	肖超	陕西师范大学
2982	许加彪	陕西师范大学

续表

序号	姓名	单位
2983	许倩倩	陕西师范大学
2984	阎树群	陕西师范大学
2985	袁利平	陕西师范大学
2986	袁祖社	陕西师范大学
2987	张宝辉	陕西师范大学
2988	张积玉	陕西师范大学
2989	张懋镕	陕西师范大学
2990	张文兰	陕西师范大学
2991	周晓唯	陕西师范大学
2992	陈晓艳	陕西学前师范学院
2993	龚雨轩	陕西学前师范学院
2994	刘煜	陕西学前师范学院
2995	唐海朋	陕西学前师范学院
2996	王怡	陕西学前师范学院
2997	王瑜	陕西学前师范学院
2998	文明	陕西学前师范学院
2999	熊伟	陕西学前师范学院
3000	张亚妮	陕西学前师范学院
3001	甄丽娜	陕西学前师范学院
3002	甘永涛	汕头大学
3003	黄静霞	汕头大学
3004	李振中	汕头大学
3005	肖俊洪	汕头广播电视大学
3006	蒋姮	商务部
3007	崔卫杰	商务部国际贸易经济合作研究院
3008	董超	商务部国际贸易经济合作研究院
3009	李志鹏	商务部国际贸易经济合作研究院
3010	梁明	商务部国际贸易经济合作研究院
3011	王志芳	商务部国际贸易经济合作研究院
3012	袁波	商务部国际贸易经济合作研究院
3013	周密	商务部国际贸易经济合作研究院

续表

序号	姓名	单位
3014	竺彩华	商务部国际贸易经济合作研究院
3015	陈丽芬	商务部流通产业促进中心
3016	刘建湖	商业经济研究杂志社
3017	陈杰	上海博物馆
3018	宋建	上海博物馆
3019	曹建华	上海财经大学
3020	程霖	上海财经大学
3021	丁剑平	上海财经大学
3022	杜恂诚	上海财经大学
3023	何建民	上海财经大学
3024	何骏	上海财经大学
3025	贺小刚	上海财经大学
3026	李增泉	上海财经大学
3027	刘乃全	上海财经大学
3028	刘水林	上海财经大学
3029	鲁品越	上海财经大学
3030	邵帅	上海财经大学
3031	苏熠慧	上海财经大学
3032	汪伟	上海财经大学
3033	吴纯杰	上海财经大学
3034	吴一平	上海财经大学
3035	徐国利	上海财经大学
3036	徐龙炳	上海财经大学
3037	燕红忠	上海财经大学
3038	杨翠迎	上海财经大学
3039	章忠民	上海财经大学
3040	周亚虹	上海财经大学
3041	朱小能	上海财经大学
3042	罗尧成	上海出版印刷高等专科学校
3043	曹辛华	上海大学
3044	陈敬根	上海大学

续表

序号	姓名	单位
3045	陈蒙	上海大学
3046	崔文玉	上海大学
3047	傅敬民	上海大学
3048	高立伟	上海大学
3049	黄晓春	上海大学
3050	计迎春	上海大学
3051	兰跃军	上海大学
3052	李凤章	上海大学
3053	李清伟	上海大学
3054	李孝弟	上海大学
3055	李友梅	上海大学
3056	刘旭光	上海大学
3057	秦钠	上海大学
3058	邱仁富	上海大学
3059	邵炳军	上海大学
3060	孙晓忠	上海大学
3061	文学国	上海大学
3062	殷凤	上海大学
3063	曾军	上海大学
3064	张文宏	上海大学
3065	周成璐	上海大学
3066	王朝科	上海对外经贸大学
3067	魏农建	上海对外经贸大学
3068	温建平	上海对外经贸大学
3069	李新	上海国际问题研究院
3070	叶江	上海国际问题研究院
3071	陈嘉明	上海交通大学
3072	陈业新	上海交通大学
3073	程兆奇	上海交通大学
3074	耿涌	上海交通大学
3075	顾海英	上海交通大学

续表

序号	姓名	单位
3076	韩志明	上海交通大学
3077	何伟文	上海交通大学
3078	胡开宝	上海交通大学
3079	江凌	上海交通大学
3080	李侠	上海交通大学
3081	林彦	上海交通大学
3082	刘念才	上海交通大学
3083	陆铭	上海交通大学
3084	仇晓春	上海交通大学
3085	王积龙	上海交通大学
3086	王思懿	上海交通大学
3087	王先林	上海交通大学
3088	王振华	上海交通大学
3089	赵思渊	上海交通大学
3090	徐皓	上海开放大学
3091	宋亦芳	上海开放航空运输学院
3092	屈绍建	上海理工大学
3093	张云	上海立信会计金融学院
3094	陈宁	上海青年管理干部学院
3095	邓蕾	上海青年管理干部学院
3096	刘宏森	上海青年管理干部学院
3097	赵文	上海青年管理干部学院
3098	胡晓鹏	上海社会科学研究院
3099	高洪民	上海社会科学院
3100	姜佑福	上海社会科学院
3101	金永明	上海社会科学院
3102	李开盛	上海社会科学院
3103	刘亮	上海社会科学院
3104	彭峰	上海社会科学院
3105	钱运春	上海社会科学院
3106	沈桂龙	上海社会科学院

续表

序号	姓名	单位
3107	陶希东	上海社会科学院
3108	涂龙科	上海社会科学院
3109	王健	上海社会科学院
3110	熊月之	上海社会科学院
3111	徐觉哉	上海社会科学院
3112	杨雄	上海社会科学院
3113	曾燕波	上海社会科学院
3114	杜立婕	上海师范大学
3115	范兆飞	上海师范大学
3116	高耀明	上海师范大学
3117	郭长江	上海师范大学
3118	侯冲	上海师范大学
3119	黄兴丰	上海师范大学
3120	黄友初	上海师范大学
3121	蒋传光	上海师范大学
3122	黎加厚	上海师范大学
3123	刘子奎	上海师范大学
3124	潘悟云	上海师范大学
3125	钱文亮	上海师范大学
3126	申浩	上海师范大学
3127	石书臣	上海师范大学
3128	汤勤福	上海师范大学
3129	阎亚军	上海师范大学
3130	胡鹏	上海市法学会
3131	孙建伟	上海市法学会
3132	吴以扬	上海市法学会
3133	徐士强	上海市教科院
3134	张肇丰	上海市教科院
3135	南钢	上海市教育科学研究院
3136	王启龙	上海市教育科学研究院
3137	郭扬	上海市教育科学研究院职业教育与成人教育研究所

续表

序号	姓名	单位
3138	徐红军	上海市浦东新区人民政府法制办公室
3139	陶柏康	上海市委党校
3140	戴国斌	上海体育学院
3141	杨琼	上海体育学院
3142	吴建中	上海图书馆
3143	戴炜栋	上海外国语大学
3144	李春虎	上海外国语大学
3145	刘宏松	上海外国语大学
3146	那传林	上海外国语大学
3147	乔国强	上海外国语大学
3148	孙会军	上海外国语大学
3149	王雪梅	上海外国语大学
3150	吴春相	上海外国语大学
3151	武心波	上海外国语大学
3152	肖维青	上海外国语大学
3153	查明建	上海外国语大学
3154	章远	上海外国语大学
3155	潘健华	上海戏剧学院
3156	杨扬	上海戏剧学院
3157	俞建村	上海戏剧学院
3158	朱荣恩	上海新世纪资信评估有限公司
3159	刘宇录	上海应用技术大学
3160	关保英	上海政法学院
3161	刘晓红	上海政法学院
3162	潘牧天	上海政法学院
3163	祁志祥	上海政法学院
3164	盛红生	上海政法学院
3165	王康	上海政法学院
3166	杨华	上海政法学院
3167	岳平	上海政法学院
3168	赵运锋	上海政法学院

续表

序号	姓名	单位
3169	樊民胜	上海中医药大学
3170	何裕民	上海中医药大学
3171	聂洪辉	上饶师范学院
3172	饶爱京	上饶师范学院
3173	高利华	绍兴文理学院
3174	汪俊昌	绍兴文理学院
3175	何频	社会科学研究杂志社
3176	李晓凤	深圳大学
3177	李兴敏	深圳大学
3178	徐道稳	深圳大学
3179	易松国	深圳大学
3180	张晓红	深圳大学
3181	周建新	深圳大学
3182	田杰	深圳青年学院
3183	张红标	深圳市建设工程造价管理站
3184	孟建民	深圳市建筑设计研究总院有限公司
3185	陈秋明	深圳职业技术学院
3186	刘亚臣	沈阳建筑大学
3187	张玲玲	沈阳建筑大学
3188	贺绍俊	沈阳师范大学
3189	李菁	沈阳师范大学
3190	卢伟	沈阳师范大学
3191	孟繁华	沈阳师范大学
3192	秦旭芳	沈阳师范大学
3193	索长清	沈阳师范大学
3194	田鹏辉	沈阳师范大学
3195	徐涵	沈阳师范大学
3196	詹丽	沈阳师范大学
3197	赵践	沈阳师范大学
3198	赵伟	沈阳师范大学
3199	赵颖	沈阳师范大学

续表

序号	姓名	单位
3200	常波	沈阳体育学院
3201	程文广	沈阳体育学院
3202	郭长寿	沈阳体育学院
3203	兰彤	沈阳体育学院
3204	李成梁	沈阳体育学院
3205	李军岩	沈阳体育学院
3206	刘红霞	沈阳体育学院
3207	牛雪松	沈阳体育学院
3208	乔艳春	沈阳体育学院
3209	张新安	沈阳体育学院
3210	张兴泉	沈阳体育学院
3211	陈国军	沈阳医学院
3212	陈颖	生态环境部
3213	葛察忠	生态环境部
3214	裴晓菲	生态环境部
3215	万军	生态环境部
3216	王彬	生态环境部
3217	王夏晖	生态环境部
3218	吴舜泽	生态环境部
3219	於方	生态环境部
3220	蔡文伯	石河子大学
3221	杜文军	石河子大学
3222	胡新华	石河子大学
3223	梁红军	石河子大学
3224	任屹立	石河子大学
3225	王胜华	石河子大学
3226	张凡	石河子大学
3227	赵旭国	石河子大学
3228	安树伟	首都经济贸易大学
3229	陈立平	首都经济贸易大学
3230	黎煦	首都经济贸易大学

续表

序号	姓名	单位
3231	刘冠军	首都经济贸易大学
3232	米新丽	首都经济贸易大学
3233	谢太峰	首都经济贸易大学
3234	杨春学	首都经济贸易大学
3235	朱安博	首都经济贸易大学
3236	迟云飞	首都师范大学
3237	邓小军	首都师范大学
3238	丁邦平	首都师范大学
3239	杜平	首都师范大学
3240	范燕宁	首都师范大学
3241	方海光	首都师范大学
3242	郝春文	首都师范大学
3243	何峰	首都师范大学
3244	洪波	首都师范大学
3245	黄树先	首都师范大学
3246	金寿福	首都师范大学
3247	金滢坤	首都师范大学
3248	李春	首都师范大学
3249	梁占军	首都师范大学
3250	刘峻杉	首都师范大学
3251	孟繁华	首都师范大学
3252	孟庆澍	首都师范大学
3253	钱益汇	首都师范大学
3254	施诚	首都师范大学
3255	石新中	首都师范大学
3256	唐一鹏	首都师范大学
3257	田国秀	首都师范大学
3258	王红梅	首都师范大学
3259	王陆	首都师范大学
3260	王云峰	首都师范大学
3261	吴高臣	首都师范大学

续表

序号	姓名	单位
3262	谢新水	首都师范大学
3263	晏绍祥	首都师范大学
3264	姚百慧	首都师范大学
3265	袁广阔	首都师范大学
3266	袁泉	首都师范大学
3267	翟韬	首都师范大学
3268	张光昕	首都师范大学
3269	张丽娜	首都师范大学
3270	张萍	首都师范大学
3271	张桃洲	首都师范大学
3272	张天虹	首都师范大学
3273	张志忠	首都师范大学
3274	朱晓宏	首都师范大学
3275	丁传伟	首都体育学院
3276	冯国有	首都体育学院
3277	王文生	首都体育学院
3278	谢军	首都体育学院
3279	尹军	首都体育学院
3280	郑晓鸿	首都体育学院
3281	白彬	四川大学
3282	曹顺庆	四川大学
3283	陈放	四川大学
3284	范逢春	四川大学
3285	傅其林	四川大学
3286	干胜道	四川大学
3287	韩旭	四川大学
3288	黄金辉	四川大学
3289	霍巍	四川大学
3290	李强彬	四川大学
3291	李怡	四川大学
3292	李永宪	四川大学

续表

序号	姓名	单位
3293	米军	四川大学
3294	沈影	四川大学
3295	石硕	四川大学
3296	孙尚勇	四川大学
3297	王元地	四川大学
3298	王竹	四川大学
3299	熊文彬	四川大学
3300	杨清凡	四川大学
3301	杨永红	四川大学
3302	姚乐野	四川大学
3303	曾元祥	四川大学
3304	张循	四川大学
3305	赵毅衡	四川大学
3306	祝梓翔	四川大学
3307	左卫民	四川大学
3308	刘纯龙	四川广播电视大学
3309	谭明杰	四川广播电视大学
3310	陈于后	四川理工学院
3311	黄英杰	四川理工学院
3312	万东升	四川理工学院
3313	蒋玉国	四川省广汉师范学校
3314	袁晓文	四川省民族研究所
3315	陈果	四川省社会科学院
3316	杜受祜	四川省社会科学院
3317	潘纯琳	四川省社会科学院
3318	许丽梅	四川省社会科学院
3319	颜冲	四川省社会科学院
3320	张琦	四川省社会科学院
3321	周中举	四川省社会科学院
3322	高大伦	四川省文物考古研究院
3323	刘彦武	四川省直党校

续表

序号	姓名	单位
3324	朱凤霞	四川省直党校
3325	邱建	四川省住房和城乡建设厅
3326	董路	四川省自然资源科学研究院
3327	胡代泽	四川省自然资源科学研究院
3328	黄昭贤	四川省自然资源科学研究院
3329	卢永记	四川省自然资源科学研究院
3330	罗勇	四川省自然资源科学研究院
3331	乔建勇	四川省自然资源科学研究院
3332	秦蓁	四川省自然资源科学研究院
3333	汪昉	四川省自然资源科学研究院
3334	王治涛	四川省自然资源科学研究院
3335	邢晓东	四川省自然资源科学研究院
3336	丁任重	四川师范大学
3337	房锐	四川师范大学
3338	何光全	四川师范大学
3339	李盛聪	四川师范大学
3340	李松林	四川师范大学
3341	凌兴珍	四川师范大学
3342	刘世民	四川师范大学
3343	卢德生	四川师范大学
3344	罗银科	四川师范大学
3345	邵晓枫	四川师范大学
3346	苏雪梅	四川师范大学
3347	孙勇	四川师范大学
3348	唐普	四川师范大学
3349	王川	四川师范大学
3350	许晓光	四川师范大学
3351	张韧仁	四川师范大学
3352	郑富兴	四川师范大学
3353	段俊晖	四川外国语大学
3354	彭江	四川外国语大学

续表

序号	姓名	单位
3355	王成端	四川文理学院
3356	卜璐	苏州大学
3357	曹炜	苏州大学
3358	曹永国	苏州大学
3359	车玉玲	苏州大学
3360	程雪阳	苏州大学
3361	崔玉平	苏州大学
3362	方汉文	苏州大学
3363	方世南	苏州大学
3364	方新军	苏州大学
3365	胡玉鸿	苏州大学
3366	黄启兵	苏州大学
3367	黄学贤	苏州大学
3368	江波	苏州大学
3369	刘磊	苏州大学
3370	刘思萱	苏州大学
3371	罗时进	苏州大学
3372	罗雯瑶	苏州大学
3373	母小勇	苏州大学
3374	上官丕亮	苏州大学
3375	施从美	苏州大学
3376	施立栋	苏州大学
3377	石镇平	苏州大学
3378	汪雄涛	苏州大学
3379	王军	苏州大学
3380	王卫平	苏州大学
3381	王尧	苏州大学
3382	王一涛	苏州大学
3383	许庆豫	苏州大学
3384	许小亮	苏州大学
3385	杨雅婕	苏州大学

续表

序号	姓名	单位
3386	余敏江	苏州大学
3387	臧知非	苏州大学
3388	曾一果	苏州大学
3389	赵蒙成	苏州大学
3390	赵强	苏州大学
3391	赵杏根	苏州大学
3392	赵毅	苏州大学
3393	周川	苏州大学
3394	周生杰	苏州大学
3395	陈娇华	苏州科技大学
3396	樊杏花	太原科技大学
3397	郭相宏	太原科技大学
3398	崔俊霞	太原理工大学
3399	樊荣	太原理工大学
3400	郝雪玲	太原理工大学
3401	冀伦文	太原理工大学
3402	雷兰	太原理工大学
3403	李恩平	太原理工大学
3404	李玮	太原理工大学
3405	李永福	太原理工大学
3406	栗继祖	太原理工大学
3407	林雪原	太原理工大学
3408	刘振霞	太原理工大学
3409	漆捷	太原理工大学
3410	渠桂萍	太原理工大学
3411	权立枝	太原理工大学
3412	王金平	太原理工大学
3413	杨建华	太原理工大学
3414	姚建军	太原理工大学
3415	张莉	太原理工大学
3416	赵慧	太原理工大学

续表

序号	姓名	单位
3417	赵丽萍	太原理工大学
3418	赵树庆	太原理工大学
3419	朱颖原	太原理工大学
3420	佟继英	唐山学院
3421	白仲林	天津财经大学
3422	段志民	天津财经大学
3423	杨贵军	天津财经大学
3424	黄凌翔	天津城建大学
3425	王振坡	天津城建大学
3426	杜修平	天津大学
3427	潘海生	天津大学
3428	孙佑海	天津大学
3429	魏健馨	天津大学
3430	闫广芬	天津大学
3431	张颀	天津大学
3432	董显辉	天津技术师范大学
3433	李剑萍	天津教科院
3434	印寿根	天津理工大学
3435	刘双良	天津商业大学
3436	刘禹宏	天津商业大学
3437	毕宏音	天津社会科学院
3438	杜海燕	天津师范大学
3439	高春芽	天津师范大学
3440	哈全安	天津师范大学
3441	侯建新	天津师范大学
3442	纪德奎	天津师范大学
3443	贾利民	天津师范大学
3444	刘景华	天津师范大学
3445	王光明	天津师范大学
3446	王桂艳	天津师范大学
3447	王金宝	天津师范大学

续表

序号	姓名	单位
3448	王临惠	天津师范大学
3449	王亚平	天津师范大学
3450	王臻	天津师范大学
3451	杨仁忠	天津师范大学
3452	张继亮	天津师范大学
3453	王海莹	天津市教育科学研究院
3454	米靖	天津市职业技术教育中心
3455	冯雷鸣	天津外国语大学
3456	李名梁	天津外国语大学
3457	王铭玉	天津外国语大学
3458	曹晔	天津职业技术师范大学
3459	董刚	天津职业技术师范大学
3460	蓝欣	天津职业技术师范大学
3461	杨大伟	天津职业技术师范大学
3462	李彦	《天津职业院校联合学报》
3463	龙德毅	《天津职业院校联合学报》
3464	王丽雅	《天津职业院校联合学报》
3465	张金钟	天津中医药大学
3466	吴原	天水师范学院
3467	常青	同济大学
3468	金泽刚	同济大学
3469	李滨	同济大学
3470	李浈	同济大学
3471	王德	同济大学
3472	尤建新	同济大学
3473	张德禄	同济大学
3474	侯长林	铜仁学院
3475	董亮	外交学院
3476	樊莹	外交学院
3477	高飞	外交学院
3478	高广春	外交学院

续表

序号	姓名	单位
3479	何敏	外交学院
3480	江国清	外交学院
3481	江瑞平	外交学院
3482	凌胜利	外交学院
3483	曲博	外交学院
3484	任远喆	外交学院
3485	孙吉胜	外交学院
3486	魏玲	外交学院
3487	徐英	外交学院
3488	张爱宁	外交学院
3489	张建	外交学院
3490	吴学东	皖西学院
3491	高敏芳	渭南师范学院
3492	牛怀岗	渭南师范学院
3493	谢丽春	渭南师范学院
3494	詹歆睿	渭南师范学院
3495	朱正平	渭南师范学院
3496	何毅	温州大学
3497	杨刚	温州大学
3498	杨祥银	温州大学
3499	黄兆信	温州医科大学
3500	范智红	文学评论
3501	王秀臣	文学评论
3502	刘宝山	无锡市文化遗产保护和考古研究所
3503	仝瑞中	武昌辛亥革命研究室
3504	蔡守秋	武汉大学
3505	陈传夫	武汉大学
3506	陈国恩	武汉大学
3507	陈世香	武汉大学
3508	陈望衡	武汉大学
3509	陈文新	武汉大学

续表

序号	姓名	单位
3510	程承坪	武汉大学
3511	程斯辉	武汉大学
3512	杜群	武汉大学
3513	范如国	武汉大学
3514	方卿	武汉大学
3515	方圆圆	武汉大学
3516	冯果	武汉大学
3517	冯惠敏	武汉大学
3518	龚锋	武汉大学
3519	关培凤	武汉大学
3520	管涛	武汉大学
3521	郭熙保	武汉大学
3522	何萍	武汉大学
3523	侯成琪	武汉大学
3524	胡德坤	武汉大学
3525	胡杰	武汉大学
3526	胡晶晶	武汉大学
3527	黄德明	武汉大学
3528	黄明东	武汉大学
3529	黄伟	武汉大学
3530	黄先蓉	武汉大学
3531	黄志雄	武汉大学
3532	简新华	武汉大学
3533	江国华	武汉大学
3534	蒋小翼	武汉大学
3535	柯坚	武汉大学
3536	孔令杰	武汉大学
3537	匡增军	武汉大学
3538	雷筱露	武汉大学
3539	李保强	武汉大学
3540	李纲	武汉大学

续表

序号	姓名	单位
3541	李英华	武汉大学
3542	刘成奎	武汉大学
3543	刘春明	武汉大学
3544	刘金波	武汉大学
3545	刘杉	武汉大学
3546	刘一伟	武汉大学
3547	卢盛峰	武汉大学
3548	陆伟	武汉大学
3549	罗教讲	武汉大学
3550	罗儒国	武汉大学
3551	罗知	武汉大学
3552	吕普生	武汉大学
3553	孟颖颖	武汉大学
3554	牟沫英	武汉大学
3555	欧阳敏	武汉大学
3556	漆彤	武汉大学
3557	强月新	武汉大学
3558	乔雄兵	武汉大学
3559	单波	武汉大学
3560	佘双好	武汉大学
3561	申建林	武汉大学
3562	石磊	武汉大学
3563	石义彬	武汉大学
3564	司莉	武汉大学
3565	孙来斌	武汉大学
3566	谭卫元	武汉大学
3567	谭秀杰	武汉大学
3568	田蒿	武汉大学
3569	屠酥	武汉大学
3570	万智	武汉大学
3571	王晨光	武汉大学

续表

序号	姓名	单位
3572	王传毅	武汉大学
3573	王竞超	武汉大学
3574	王晓光	武汉大学
3575	王增文	武汉大学
3576	吴传清	武汉大学
3577	吴蔚	武汉大学
3578	吴永贵	武汉大学
3579	夏帆	武汉大学
3580	向德平	武汉大学
3581	肖秋会	武汉大学
3582	肖希明	武汉大学
3583	肖永平	武汉大学
3584	解冰	武汉大学
3585	谢湖伟	武汉大学
3586	熊灵	武汉大学
3587	徐开彬	武汉大学
3588	徐雷	武汉大学
3589	徐丽芳	武汉大学
3590	徐少华	武汉大学
3591	薛惠元	武汉大学
3592	薛志华	武汉大学
3593	杨丹丹	武汉大学
3594	杨冕	武汉大学
3595	杨泽伟	武汉大学
3596	姚曦	武汉大学
3597	姚永春	武汉大学
3598	叶初升	武汉大学
3599	叶正国	武汉大学
3600	余敏友	武汉大学
3601	余西云	武汉大学
3602	余振	武汉大学

续表

序号	姓名	单位
3603	郁之虹	武汉大学
3604	查先进	武汉大学
3605	张芬	武汉大学
3606	张晋朝	武汉大学
3607	张琼	武汉大学
3608	张士伟	武汉大学
3609	张晓娟	武汉大学
3610	张愿	武汉大学
3611	章成	武汉大学
3612	赵宁宁	武汉大学
3613	赵小琪	武汉大学
3614	郑威	武汉大学
3615	周黎明	武汉大学
3616	周耀林	武汉大学
3617	朱炳祥	武汉大学
3618	何荣功	武汉大学法学院
3619	张廷	武汉科技大学
3620	方俊	武汉理工大学
3621	郭国祥	武汉理工大学
3622	李志峰	武汉理工大学
3623	刘锦宏	武汉理工大学
3624	王能东	武汉理工大学
3625	严新平	武汉理工大学
3626	赵富强	武汉理工大学
3627	胡艺华	武汉音乐学院
3628	李幼平	武汉音乐学院
3629	袁佩球	武警警官学院
3630	陈淑芳	西安财经学院
3631	陈晓莉	西安财经学院
3632	崔国平	西安财经学院
3633	杜一哲	西安财经学院

续表

序号	姓名	单位
3634	高士荣	西安财经学院
3635	黄斌	西安财经学院
3636	李佼瑞	西安财经学院
3637	李林平	西安财经学院
3638	李勤	西安财经学院
3639	刘小冬	西安财经学院
3640	刘育红	西安财经学院
3641	马红鸽	西安财经学院
3642	马慧	西安财经学院
3643	任红梅	西安财经学院
3644	任燕	西安财经学院
3645	王恩胡	西安财经学院
3646	王晓红	西安财经学院
3647	王佐仁	西安财经学院
3648	韦艳	西安财经学院
3649	张爱婷	西安财经学院
3650	张维群	西安财经学院
3651	张治国	西安财经学院
3652	史会斌	西安电子科技大学
3653	王益锋	西安电子科技大学
3654	韦统义	西安电子科技大学
3655	袁立国	西安电子科技大学
3656	聂迅	西安工程大学
3657	李博	西安建筑科技大学
3658	刘加平	西安建筑科技大学
3659	张晓川	西安建筑科技大学
3660	边燕杰	西安交通大学
3661	陈建兵	西安交通大学
3662	陈善平	西安交通大学
3663	崔建军	西安交通大学
3664	崔文田	西安交通大学

续表

序号	姓名	单位
3665	杜海峰	西安交通大学
3666	冯根福	西安交通大学
3667	冯宪芬	西安交通大学
3668	郭妍利	西安交通大学
3669	郝渊晓	西安交通大学
3670	黎荔	西安交通大学
3671	李慧	西安交通大学
3672	李景平	西安交通大学
3673	李黎明	西安交通大学
3674	李明德	西安交通大学
3675	李树茁	西安交通大学
3676	李永胜	西安交通大学
3677	林军	西安交通大学
3678	刘星原	西安交通大学
3679	卢春天	西安交通大学
3680	卢黎歌	西安交通大学
3681	陆根书	西安交通大学
3682	陆卫明	西安交通大学
3683	马文涛	西安交通大学
3684	马晓彬	西安交通大学
3685	马治国	西安交通大学
3686	梅红	西安交通大学
3687	单文华	西安交通大学
3688	石朝霞	西安交通大学
3689	孙早	西安交通大学
3690	王玥	西安交通大学
3691	魏泽龙	西安交通大学
3692	温军	西安交通大学
3693	兀静	西安交通大学
3694	燕连福	西安交通大学
3695	杨建科	西安交通大学

续表

序号	姓名	单位
3696	杨秀云	西安交通大学
3697	姚公安	西安交通大学
3698	张成虎	西安交通大学
3699	张顺	西安交通大学
3700	张思锋	西安交通大学
3701	赵文龙	西安交通大学
3702	朱正威	西安交通大学
3703	李金勇	西安科技大学
3704	杨忠民	西安科技大学
3705	袁金群	西安科技大学
3706	张江洋	西安科技大学
3707	党兴华	西安理工大学
3708	胡海青	西安理工大学
3709	李庆明	西安理工大学
3710	李随成	西安理工大学
3711	黄谦	西安体育学院
3712	黄立波	西安外国语大学
3713	吕生禄	西安外国语大学
3714	南健翀	西安外国语大学
3715	孙华	西安外国语大学
3716	孙毅	西安外国语大学
3717	王和平	西安外国语大学
3718	毋育新	西安外国语大学
3719	张生庭	西安外国语大学
3720	周永平	西安外国语大学
3721	蔡军	西安文理学院
3722	袁小陆	西安邮电大学
3723	张鸿	西安邮电大学
3724	白永秀	西北大学
3725	段清波	西北大学
3726	郭世辉	西北大学

续表

序号	姓名	单位
3727	郝润华	西北大学
3728	贾三强	西北大学
3729	来向武	西北大学
3730	刘志仁	西北大学
3731	钱耀鹏	西北大学
3732	冉万里	西北大学
3733	任保平	西北大学
3734	史党社	西北大学
3735	王满仓	西北大学
3736	席恒	西北大学
3737	赵丛苍	西北大学
3738	丁社教	西北工业大学
3739	陆风	西北工业大学
3740	肖周录	西北工业大学
3741	满珂	西北民族大学
3742	白君礼	西北农林科技大学
3743	董红	西北农林科技大学
3744	董应才	西北农林科技大学
3745	冯小	西北农林科技大学
3746	郭占锋	西北农林科技大学
3747	霍学喜	西北农林科技大学
3748	孔荣	西北农林科技大学
3749	李桦	西北农林科技大学
3750	刘天军	西北农林科技大学
3751	马欣荣	西北农林科技大学
3752	孟全省	西北农林科技大学
3753	聂强	西北农林科技大学
3754	司汉武	西北农林科技大学
3755	苏燕平	西北农林科技大学
3756	汪红梅	西北农林科技大学
3757	王征兵	西北农林科技大学

续表

序号	姓名	单位
3758	魏凤	西北农林科技大学
3759	夏显力	西北农林科技大学
3760	徐春成	西北农林科技大学
3761	杨立社	西北农林科技大学
3762	姚顺波	西北农林科技大学
3763	袁君刚	西北农林科技大学
3764	张红	西北农林科技大学
3765	张洁	西北农林科技大学
3766	赵敏娟	西北农林科技大学
3767	赵晓峰	西北农林科技大学
3768	朱宏斌	西北农林科技大学
3769	白亮	西北师范大学
3770	陈青	西北师范大学
3771	郭绍青	西北师范大学
3772	韩高年	西北师范大学
3773	李瑾瑜	西北师范大学
3774	田澍	西北师范大学
3775	熊华军	西北师范大学
3776	赵明仁	西北师范大学
3777	付玉明	西北政法大学
3778	李晓宁	西北政法大学
3779	倪楠	西北政法大学
3780	孙昊亮	西北政法大学
3781	王国龙	西北政法大学
3782	王瀚	西北政法大学
3783	张爱军	西北政法大学
3784	张金平	西北政法大学
3785	张师伟	西北政法大学
3786	张夏恒	西北政法大学
3787	郑艳馨	西北政法大学
3788	朱希良	西部学刊杂志社

续表

序号	姓名	单位
3789	阿贵	西藏大学
3790	蔡秀清	西藏大学
3791	格朗	西藏大学
3792	拉巴次仁	西藏大学
3793	索郎桑姆	西藏大学
3794	周晓艳	西藏大学
3795	顾祖成	西藏民族大学
3796	许德存	西藏民族大学
3797	赵长江	西藏民族大学
3798	周德仓	西藏民族大学
3799	赵国栋	西藏民族学院
3800	保罗	西藏自治区社会科学院
3801	车明怀	西藏自治区社会科学院
3802	次仁平措	西藏自治区社会科学院
3803	达瓦次仁	西藏自治区社会科学院
3804	方晓玲	西藏自治区社会科学院
3805	何宗英	西藏自治区社会科学院
3806	刘红娟	西藏自治区社会科学院
3807	米玛次仁	西藏自治区社会科学院
3808	王春焕	西藏自治区社会科学院
3809	徐文华	西藏自治区社会科学院
3810	徐武达	西藏自治区社会科学院
3811	杨亚波	西藏自治区社会科学院
3812	钱宁	西华大学
3813	文少保	西华师范大学
3814	曾彬	西华师范大学
3815	张利洪	西华师范大学
3816	王克西	西京大学
3817	蔡春	西南财经大学
3818	曾康霖	西南财经大学
3819	樊行健	西南财经大学

续表

序号	姓名	单位
3820	高晋康	西南财经大学
3821	罗珉	西南财经大学
3822	陈宝良	西南大学
3823	陈恩伦	西南大学
3824	陈婷	西南大学
3825	戴思锐	西南大学
3826	丁玉峰	西南大学
3827	黄其洪	西南大学
3828	蒋登科	西南大学
3829	黎小龙	西南大学
3830	廖其发	西南大学
3831	刘革平	西南大学
3832	刘明华	西南大学
3833	潘洵	西南大学
3834	彭泽平	西南大学
3835	宋乃庆	西南大学
3836	唐伟胜	西南大学
3837	田阡	西南大学
3838	王牧华	西南大学
3839	文旭	西南大学
3840	谢长法	西南大学
3841	杨理论	西南大学
3842	杨晓萍	西南大学
3843	赵谦	西南大学
3844	周睿	西南大学
3845	周勇	西南大学
3846	朱德全	西南大学
3847	段从学	西南交通大学
3848	沈中伟	西南交通大学
3849	颜学勇	西南交通大学
3850	支玲	西南林业大学

续表

序号	姓名	单位
3851	彭超	西南民族大学
3852	赵心愚	西南民族大学
3853	曹兴权	西南政法大学
3854	陈苇	西南政法大学
3855	郭忠	西南政法大学
3856	黄忠	西南政法大学
3857	李雨峰	西南政法大学
3858	王玫黎	西南政法大学
3859	肖顺武	西南政法大学
3860	刘选	现代远程教育研究杂志社
3861	田党瑞	现代远程教育研究杂志社
3862	汪燕	现代远程教育研究杂志社
3863	朱庆之	香港教育大学
3864	李雅兴	湘潭大学
3865	饶娣清	湘潭大学
3866	谭燕芝	湘潭大学
3867	田常清	湘潭大学
3868	万莲娇	湘潭大学
3869	万莲姣	湘潭大学
3870	王文兵	湘潭大学
3871	肖湘雄	湘潭大学
3872	颜佳华	湘潭大学
3873	章育良	湘潭大学
3874	周建军	湘潭大学
3875	双传学	新华日报社
3876	张学文	新华文摘杂志社
3877	于志勇	新疆博物馆
3878	何秉孟	新疆日报
3879	贾丛江	新疆社会科学院
3880	田卫疆	新疆社会科学院
3881	栗硕	信息工程大学洛阳校区

续表

序号	姓名	单位
3882	李俊	信阳师范学院
3883	黄忠东	徐州工程学院
3884	朱春花	徐州工程学院
3885	朱海涛	徐州工程学院
3886	朱娟	亚太建设科技信息研究院
3887	崔明德	烟台大学
3888	冯志宏	延安大学
3889	刘国荣	延安大学
3890	茹梦丹	延安大学
3891	孙刚成	延安大学
3892	李宗勋	延边大学
3893	严秀英	延边大学
3894	陆勇	盐城工学院
3895	才华	燕山大学
3896	柴勇	燕山大学
3897	陈国强	燕山大学
3898	陈玉	燕山大学
3899	丛鑫	燕山大学
3900	董明伟	燕山大学
3901	樊清	燕山大学
3902	韩兆柱	燕山大学
3903	何强	燕山大学
3904	侯玉梅	燕山大学
3905	惠吉兴	燕山大学
3906	李春玲	燕山大学
3907	李龙海	燕山大学
3908	李兴国	燕山大学
3909	刘邦凡	燕山大学
3910	刘叶涛	燕山大学
3911	石敦国	燕山大学
3912	宋之杰	燕山大学

续表

序号	姓名	单位
3913	王大鹏	燕山大学
3914	王林海	燕山大学
3915	魏忠强	燕山大学
3916	翁钢民	燕山大学
3917	仵凤清	燕山大学
3918	闫顺利	燕山大学
3919	杨春江	燕山大学
3920	杨新宾	燕山大学
3921	殷艳树	燕山大学
3922	于维洋	燕山大学
3923	袁旭梅	燕山大学
3924	张纯江	燕山大学
3925	张敬伟	燕山大学
3926	张亚明	燕山大学
3927	赵铁石	燕山大学
3928	陈爱国	扬州大学
3929	陈秋苹	扬州大学
3930	李海龙	扬州大学
3931	刘佳	扬州大学
3932	刘明寿	扬州大学
3933	鲁烨	扬州大学
3934	潘洪建	扬州大学
3935	熊登榜	扬州大学
3936	薛晓阳	扬州大学
3937	周领顺	扬州大学
3938	束家平	扬州市文物考古研究所
3939	杨增雄	云南财经大学
3940	陈国保	云南大学
3941	陈庆德	云南大学
3942	陈曦	云南大学
3943	邓玉函	云南大学

续表

序号	姓名	单位
3944	董云川	云南大学
3945	方铁	云南大学
3946	郭武	云南大学
3947	何明	云南大学
3948	黄纯艳	云南大学
3949	李海英	云南大学
3950	李晓斌	云南大学
3951	廖国强	云南大学
3952	刘灵坪	云南大学
3953	刘徐湘	云南大学
3954	刘永刚	云南大学
3955	罗群	云南大学
3956	罗圣荣	云南大学
3957	马琦	云南大学
3958	马玉华	云南大学
3959	聂琴	云南大学
3960	潘先林	云南大学
3961	王文光	云南大学
3962	袁明旭	云南大学
3963	张建民	云南大学
3964	张轲风	云南大学
3965	赵倩	云南大学
3966	周琼	云南大学
3967	段金生	云南民族大学
3968	刘劲荣	云南民族大学
3969	罗鸣春	云南民族大学
3970	普丽春	云南民族大学
3971	韦名应	云南民族大学
3972	陈慧妮	云南省社会科学院
3973	杜雪飞	云南省社会科学院
3974	廖霞	云南省社会科学院

续表

序号	姓名	单位
3975	谢雨佟	云南省社会科学院
3976	黄龙光	云南师范大学
3977	王鉴	云南师范大学
3978	王艳玲	云南师范大学
3979	杨文正	云南师范大学
3980	张广斌	云南师范大学
3981	张翔升	运城幼儿师范高等专科学校
3982	曹胜强	枣庄学院
3983	董业明	枣庄学院
3984	杨全顺	枣庄学院
3985	吕春燕	战略支援部队信息工程大学洛阳校区
3986	徐万胜	战略支援部队信息工程大学洛阳校区
3987	冯姣	浙江财经大学
3988	茅铭晨	浙江财经大学
3989	赵琼	浙江财经大学
3990	崔波	浙江传媒学院
3991	杨向荣	浙江传媒学院
3992	曹正汉	浙江大学
3993	陈凌	浙江大学
3994	陈信勇	浙江大学
3995	程工	浙江大学
3996	池昌海	浙江大学
3997	代玉启	浙江大学
3998	董望	浙江大学
3999	方展画	浙江大学
4000	冯建波	浙江大学
4001	高奋	浙江大学
4002	顾建民	浙江大学
4003	何文炯	浙江大学
4004	胡可先	浙江大学
4005	黄华新	浙江大学

续表

序号	姓名	单位
4006	黄擎	浙江大学
4007	黄先海	浙江大学
4008	黄笑山	浙江大学
4009	菅志翔	浙江大学
4010	赖金良	浙江大学
4011	郎友兴	浙江大学
4012	李艳	浙江大学
4013	李有星	浙江大学
4014	梁永佳	浙江大学
4015	林卡	浙江大学
4016	刘朝晖	浙江大学
4017	刘进宝	浙江大学
4018	刘志军	浙江大学
4019	罗卫东	浙江大学
4020	桑兵	浙江大学
4021	眭依凡	浙江大学
4022	王进	浙江大学
4023	王小章	浙江大学
4024	魏江	浙江大学
4025	吴雪萍	浙江大学
4026	吴铮强	浙江大学
4027	伍宸	浙江大学
4028	伍醒	浙江大学
4029	肖文	浙江大学
4030	许钧	浙江大学
4031	严建强	浙江大学
4032	阎亚军	浙江大学
4033	张国清	浙江大学
4034	郑健壮	浙江大学
4035	周谷平	浙江大学
4036	陈华兴	浙江工商大学

续表

序号	姓名	单位
4037	陈林林	浙江工商大学
4038	陈剩勇	浙江工商大学
4039	封利强	浙江工商大学
4040	古祖雪	浙江工商大学
4041	何大安	浙江工商大学
4042	马齐林	浙江工商大学
4043	吴义爽	浙江工商大学
4044	向书坚	浙江工商大学
4045	姚耀军	浙江工商大学
4046	叶肖华	浙江工商大学
4047	殷克涛	浙江工商大学
4048	俞立平	浙江工商大学
4049	陈利强	浙江工业大学
4050	陈衍	浙江工业大学
4051	方巍	浙江工业大学
4052	刘晓	浙江工业大学
4053	王庆喜	浙江工业大学
4054	杨艳东	浙江工业大学
4055	何辉	浙江建设职业技术学院
4056	周建松	浙江金融职业学院
4057	程博	浙江农林大学
4058	马永双	浙江农林大学
4059	张永亮	浙江农林大学
4060	陈亚飞	浙江社会科学杂志社
4061	刘洋	浙江社会科学杂志社
4062	俞伯灵	浙江社会科学杂志社
4063	陈先春	浙江省社会科学界联合会
4064	郭鹰	浙江省社会科学院
4065	何显明	浙江省社会科学院
4066	唐明良	浙江省社会科学院
4067	王金玲	浙江省社会科学院

续表

序号	姓名	单位
4068	吴光	浙江省社会科学院
4069	徐剑锋	浙江省社会科学院
4070	徐友龙	浙江省社会科学院
4071	徐明华	浙江省委党校
4072	方向明	浙江省文物考古研究所
4073	刘斌	浙江省文物考古研究所
4074	王宁远	浙江省文物考古研究所
4075	郑嘉励	浙江省文物考古研究所
4076	陈华文	浙江师范大学
4077	冯定雄	浙江师范大学
4078	胡铁球	浙江师范大学
4079	李建华	浙江师范大学
4080	李棉管	浙江师范大学
4081	李润洲	浙江师范大学
4082	李志超	浙江师范大学
4083	林晓珊	浙江师范大学
4084	刘爱生	浙江师范大学
4085	刘尧	浙江师范大学
4086	王良辉	浙江师范大学
4087	吴翔宇	浙江师范大学
4088	谢守红	浙江师范大学
4089	杨天平	浙江师范大学
4090	曾平飞	浙江师范大学
4091	张法	浙江师范大学
4092	张华龙	浙江师范大学
4093	张维忠	浙江师范大学
4094	张先亮	浙江师范大学
4095	张小峰	浙江师范大学
4096	陈新民	浙江树人大学
4097	徐绪卿	浙江树人大学
4098	尹晓敏	浙江树人大学

续表

序号	姓名	单位
4099	宣勇	浙江外国语学院
4100	俞海山	浙江外国语学院
4101	易凌	浙江万里学院
4102	薄守生	郑州大学
4103	陈朝云	郑州大学
4104	高卫星	郑州大学
4105	关罡	郑州大学
4106	韩国河	郑州大学
4107	韩恒	郑州大学
4108	靳松安	郑州大学
4109	罗家湘	郑州大学
4110	秦国民	郑州大学
4111	孙发锋	郑州大学
4112	孙钢柱	郑州大学
4113	汪振军	郑州大学
4114	王星光	郑州大学
4115	辛世俊	郑州大学
4116	余丽	郑州大学
4117	张民服	郑州大学
4118	张倩红	郑州大学
4119	张学领	郑州大学
4120	郑永扣	郑州大学
4121	周倩	郑州大学
4122	周阳敏	郑州大学
4123	冯登艳	郑州航空工业管理学院
4124	杨德钦	郑州航空工业管理学院
4125	郝红星	郑州市文物考古研究院
4126	程宇	职业技术教育杂志社
4127	李玉静	职业技术教育杂志社
4128	孟凡华	职业技术教育杂志社
4129	平和光	职业技术教育杂志社

续表

序号	姓名	单位
4130	于志晶	职业技术教育杂志社
4131	张祺午	职业技术教育杂志社
4132	王小琴	中北大学
4133	付启章	中共成都市委党校
4134	肖文涛	中共福建省委党校
4135	陈利锋	中共广东省委党校
4136	朱海波	中共广东省委党校
4137	陈春生	中共河北省委党校
4138	程瑞山	中共河北省委党校
4139	李胜茹	中共河北省委党校
4140	孙英臣	中共河北省委党校
4141	于亚博	中共河北省委党校
4142	岳俊辉	中共河北省委党校
4143	徐学庆	中共河南省委党校
4144	左瑞成	中共湖北省委宣传部
4145	邓志强	中共湖南省委党校
4146	杨振闻	中共湖南省委党校
4147	胡宗仁	中共江苏省委党校
4148	刘绛华	中共江西省委党校
4149	刘云华	中共江西省委党校
4150	邓帅	中共山东省委党校
4151	裴传永	中共山东省委党校
4152	谭建	中共山东省委党校
4153	魏磊	中共山东省委党校
4154	张蕴萍	中共山东省委党校
4155	赵丽娜	中共山东省委党校
4156	薛勇民	中共山西省委党校
4157	梁军	中共陕西省委党校
4158	沈士光	中共上海市委党校
4159	赵刚印	中共上海市委党校
4160	刘琼莲	中共天津市委党校

续表

序号	姓名	单位
4161	张亚勇	中共天津市委党校
4162	蔡志强	中共中央党校（国家行政学院）
4163	曹立	中共中央党校（国家行政学院）
4164	陈积敏	中共中央党校（国家行政学院）
4165	陈曙光	中共中央党校（国家行政学院）
4166	董振华	中共中央党校（国家行政学院）
4167	冯鹏志	中共中央党校（国家行政学院）
4168	冯俏彬	中共中央党校（国家行政学院）
4169	高惺惟	中共中央党校（国家行政学院）
4170	高中华	中共中央党校（国家行政学院）
4171	龚维斌	中共中央党校（国家行政学院）
4172	郭全中	中共中央党校（国家行政学院）
4173	胡颖廉	中共中央党校（国家行政学院）
4174	胡月星	中共中央党校（国家行政学院）
4175	胡振良	中共中央党校（国家行政学院）
4176	贾建芳	中共中央党校（国家行政学院）
4177	李宏伟	中共中央党校（国家行政学院）
4178	李蕾	中共中央党校（国家行政学院）
4179	刘东超	中共中央党校（国家行政学院）
4180	刘海涛	中共中央党校（国家行政学院）
4181	罗平汉	中共中央党校（国家行政学院）
4182	祁述裕	中共中央党校（国家行政学院）
4183	秦刚	中共中央党校（国家行政学院）
4184	舒绍福	中共中央党校（国家行政学院）
4185	宋惠昌	中共中央党校（国家行政学院）
4186	孙林	中共中央党校（国家行政学院）
4187	孙晓莉	中共中央党校（国家行政学院）
4188	陶元浩	中共中央党校（国家行政学院）
4189	王道勇	中共中央党校（国家行政学院）
4190	王怀超	中共中央党校（国家行政学院）
4191	徐平	中共中央党校（国家行政学院）

续表

序号	姓名	单位
4192	许全新	中共中央党校（国家行政学院）
4193	许耀桐	中共中央党校（国家行政学院）
4194	钟开斌	中共中央党校（国家行政学院）
4195	陈庆英	中国藏学研究中心
4196	德吉卓玛	中国藏学研究中心
4197	扎洛	中国藏学研究中心
4198	荆学民	中国传媒大学
4199	刘文杰	中国传媒大学
4200	隋岩	中国传媒大学
4201	张国涛	中国传媒大学
4202	陈会军	中国地质大学
4203	成金华	中国地质大学（武汉）
4204	黄娟	中国地质大学（武汉）
4205	刘牧	中国地质大学（武汉）
4206	吴元丰	中国第一历史档案馆
4207	吴建雄	中国反腐败司法研究中心
4208	邢厚媛	中国服务外包研究中心
4209	陈礼达	中国高校科技
4210	马海泉	中国高校科技
4211	仇加勉	中国公安大学
4212	郑良芳	中国管理科学研究院
4213	姜志达	中国国际问题研究院
4214	沈雅梅	中国国际问题研究院
4215	时永明	中国国际问题研究院
4216	戴向明	中国国家博物馆
4217	冯峰	中国国家博物馆
4218	信立祥	中国国家博物馆
4219	姚安	中国国学研究与交流中心
4220	蔡勤禹	中国海洋大学
4221	桑本谦	中国海洋大学
4222	孙莹	中国海洋大学

续表

序号	姓名	单位
4223	杨连瑞	中国海洋大学
4224	张广海	中国海洋大学
4225	鲍静	中国行政管理学会
4226	沈荣华	中国行政管理学会
4227	张定安	中国行政管理学会
4228	王玉平	中国航空规划建设发展有限公司
4229	卞靖	中国宏观经济研究院
4230	盛朝迅	中国宏观经济研究院
4231	徐楠轩	中国计量大学
4232	徐涌金	中国计量大学
4233	李宏	中国建设科技集团科技质量部
4234	黄志凌	中国建设银行
4235	高印立	中国建筑技术集团有限公司
4236	曹莉	中国建筑设计研究院有限公司
4237	禚新伦	中国建筑设计院有限公司
4238	冯雅	中国建筑西南设计研究院有限公司
4239	马晓强	中国教科院信息中心
4240	翟博	中国教育报刊社
4241	薄存旭	中国教育科学研究院
4242	陈飞	中国教育科学研究院
4243	邓友超	中国教育科学研究院
4244	郝志军	中国教育科学研究院
4245	蒋国华	中国教育科学研究院
4246	金东贤	中国教育科学研究院
4247	李红恩	中国教育科学研究院
4248	刘贵华	中国教育科学研究院
4249	刘晓云	中国教育科学研究院
4250	任春荣	中国教育科学研究院
4251	孙诚	中国教育科学研究院
4252	吴霓	中国教育科学研究院
4253	曾天山	中国教育科学研究院

续表

序号	姓名	单位
4254	谈松华	中国教育学会
4255	路巍	中国经济出版社
4256	孔燕	中国科学技术大学
4257	张居中	中国科学技术大学
4258	陈国梁	中国科学院
4259	邓祥征	中国科学院
4260	李亚舒	中国科学院
4261	苏荣誉	中国科学院
4262	王金霞	中国科学院
4263	王社江	中国科学院
4264	吴家睿	中国科学院
4265	肖尤丹	中国科学院
4266	张林秀	中国科学院
4267	赵文利	中国科学院
4268	赵作权	中国科学院
4269	钟林生	中国科学院
4270	宋国定	中国科学院大学
4271	徐艳梅	中国科学院大学
4272	魏衍华	中国孔子研究院
4273	陈红	中国矿业大学
4274	丁志华	中国矿业大学
4275	段鑫星	中国矿业大学
4276	高淮生	中国矿业大学
4277	侯晓红	中国矿业大学
4278	黄国良	中国矿业大学
4279	李金齐	中国矿业大学
4280	刘波	中国矿业大学
4281	刘传哲	中国矿业大学
4282	龙如银	中国矿业大学
4283	吕涛	中国矿业大学
4284	聂锐	中国矿业大学

续表

序号	姓名	单位
4285	孙自愿	中国矿业大学
4286	王帮俊	中国矿业大学
4287	王德鲁	中国矿业大学
4288	王锋	中国矿业大学
4289	王丽恩	中国矿业大学
4290	王文宾	中国矿业大学
4291	王晓珍	中国矿业大学
4292	王新宇	中国矿业大学
4293	薛健飞	中国矿业大学
4294	阎国华	中国矿业大学
4295	姚圣	中国矿业大学
4296	陈幸良	中国林业科学研究院
4297	李忠魁	中国林业科学研究院
4298	王登举	中国林业科学研究院
4299	戴斌	中国旅游研究院
4300	宋子千	中国旅游研究院
4301	李晓津	中国民航大学
4302	刘胜军	中国民航大学
4303	谢泗薪	中国民航大学
4304	李旭练	中国民族语文翻译局（中心）
4305	陈世栋	中国农业大学
4306	葛敏	中国农业大学
4307	何秀荣	中国农业大学
4308	田志宏	中国农业大学
4309	赵卫涛	中国农业大学
4310	胡同乐	中国农业科学院
4311	秦富	中国农业科学院
4312	张素玲	中国浦东干部学院
4313	郑金洲	中国浦东干部学院
4314	段艳文	中国期刊协会
4315	彭莹辉	中国气象报社

续表

序号	姓名	单位
4316	柴宝勇	中国青年政治学院
4317	陈树强	中国青年政治学院
4318	马岭	中国青年政治学院
4319	袁光亮	中国青年政治学院
4320	周晓燕	中国青年政治学院
4321	邓希泉	中国青少年研究中心
4322	弓立新	中国青少年研究中心
4323	郭开元	中国青少年研究中心
4324	洪明	中国青少年研究中心
4325	胡献忠	中国青少年研究中心
4326	刘秀英	中国青少年研究中心
4327	孙宏艳	中国青少年研究中心
4328	张晓冰	中国青少年研究中心
4329	金碚	中国区域经济学会
4330	肖金成	中国区域经济学会
4331	陈胜前	中国人民大学
4332	陈小沁	中国人民大学
4333	成栋	中国人民大学
4334	程方平	中国人民大学
4335	崔海兴	中国人民大学
4336	丁相顺	中国人民大学
4337	范愉	中国人民大学
4338	房乐宪	中国人民大学
4339	冯仕政	中国人民大学
4340	付立庆	中国人民大学
4341	高圣平	中国人民大学
4342	葛玉好	中国人民大学
4343	郭国庆	中国人民大学
4344	郭庆光	中国人民大学
4345	郭英剑	中国人民大学
4346	郭瑜	中国人民大学

续表

序号	姓名	单位
4347	韩大元	中国人民大学
4348	韩克庆	中国人民大学
4349	郝立新	中国人民大学
4350	贺阳	中国人民大学
4351	侯猛	中国人民大学
4352	胡德宝	中国人民大学
4353	胡宏伟	中国人民大学
4354	奂平清	中国人民大学
4355	黄大慧	中国人民大学
4356	贾俊雪	中国人民大学
4357	柯水发	中国人民大学
4358	孔祥智	中国人民大学
4359	雷达	中国人民大学
4360	李景治	中国人民大学
4361	李立国	中国人民大学
4362	李梅田	中国人民大学
4363	李戎	中国人民大学
4364	李世安	中国人民大学
4365	李珍	中国人民大学
4366	林岗	中国人民大学
4367	刘刚	中国人民大学
4368	刘谦	中国人民大学
4369	刘少杰	中国人民大学
4370	刘未	中国人民大学
4371	卢铁澎	中国人民大学
4372	卢小宾	中国人民大学
4373	罗骞	中国人民大学
4374	罗来军	中国人民大学
4375	马光荣	中国人民大学
4376	马中	中国人民大学
4377	孟广林	中国人民大学

续表

序号	姓名	单位
4378	牛贯杰	中国人民大学
4379	牛润珍	中国人民大学
4380	庞晓鹏	中国人民大学
4381	蒲国良	中国人民大学
4382	祁美琴	中国人民大学
4383	邱海平	中国人民大学
4384	仇雨临	中国人民大学
4385	瞿蔼堂	中国人民大学
4386	申素平	中国人民大学
4387	沈江平	中国人民大学
4388	石敏俊	中国人民大学
4389	时殷弘	中国人民大学
4390	史际春	中国人民大学
4391	宋少鹏	中国人民大学
4392	宋文辉	中国人民大学
4393	宋月萍	中国人民大学
4394	孙柏英	中国人民大学
4395	孙久文	中国人民大学
4396	孙文凯	中国人民大学
4397	孙郁	中国人民大学
4398	陶文钊	中国人民大学
4399	涂永红	中国人民大学
4400	王凤彬	中国人民大学
4401	王晋斌	中国人民大学
4402	王利明	中国人民大学
4403	王义桅	中国人民大学
4404	王云霞	中国人民大学
4405	王子今	中国人民大学
4406	魏坚	中国人民大学
4407	温铁军	中国人民大学
4408	乌云毕力格	中国人民大学

续表

序号	姓名	单位
4409	吴健	中国人民大学
4410	吴晶妹	中国人民大学
4411	吴清军	中国人民大学
4412	武宝瑞	中国人民大学
4413	肖群忠	中国人民大学
4414	谢富胜	中国人民大学
4415	熊燕	中国人民大学
4416	徐晋	中国人民大学
4417	徐正英	中国人民大学
4418	许光建	中国人民大学
4419	宣小红	中国人民大学
4420	杨保军	中国人民大学
4421	杨德山	中国人民大学
4422	杨菊华	中国人民大学
4423	杨立雄	中国人民大学
4424	杨瑞龙	中国人民大学
4425	杨伟国	中国人民大学
4426	俞国良	中国人民大学
4427	曾祥波	中国人民大学
4428	张吉豫	中国人民大学
4429	张康之	中国人民大学
4430	张雷声	中国人民大学
4431	张翔	中国人民大学
4432	张永江	中国人民大学
4433	张云飞	中国人民大学
4434	张志铭	中国人民大学
4435	赵国庆	中国人民大学
4436	赵旭东	中国人民大学
4437	赵忠	中国人民大学
4438	郑功成	中国人民大学
4439	周光礼	中国人民大学

续表

序号	姓名	单位
4440	周晓英	中国人民大学
4441	周业安	中国人民大学
4442	朱斌	中国人民大学
4443	朱冠明	中国人民大学
4444	朱万曙	中国人民大学
4445	朱文奇	中国人民大学
4446	朱信凯	中国人民大学
4447	诸葛忆兵	中国人民大学
4448	马振超	中国人民公安大学
4449	赵美娟	中国人民解放军总医院
4450	徐诺金	中国人民银行广州分行
4451	孙国峰	中国人民银行金融研究所
4452	高宏	中国人民银行研究局
4453	李宏瑾	中国人民银行研究局
4454	潘宏胜	中国人民银行研究局
4455	王银枝	中国人民银行郑州培训学院
4456	张淑彩	中国人民银行郑州培训学院
4457	胡斌	中国商报
4458	张高平	中国商务出版社
4459	阿拉腾奥其尔	中国社会科学院
4460	安德明	中国社会科学院
4461	白晓红	中国社会科学院
4462	白云翔	中国社会科学院
4463	卞修跃	中国社会科学院
4464	曹道巴特尔	中国社会科学院
4465	曹红辉	中国社会科学院
4466	常怀颖	中国社会科学院
4467	朝克	中国社会科学院
4468	陈建樾	中国社会科学院
4469	陈劲松	中国社会科学院
4470	陈秋红	中国社会科学院

续表

序号	姓名	单位
4471	陈涛	中国社会科学院
4472	陈耀	中国社会科学院
4473	陈迎	中国社会科学院
4474	陈祖武	中国社会科学院
4475	程凯	中国社会科学院
4476	程荣	中国社会科学院
4477	程亦军	中国社会科学院
4478	储泽祥	中国社会科学院
4479	崔世广	中国社会科学院
4480	崔志海	中国社会科学院
4481	邓纯东	中国社会科学院
4482	邓曲恒	中国社会科学院
4483	丁工	中国社会科学院
4484	丁国旗	中国社会科学院
4485	丁赛	中国社会科学院
4486	东艳	中国社会科学院
4487	董炳月	中国社会科学院
4488	董向荣	中国社会科学院
4489	董新林	中国社会科学院
4490	都阳	中国社会科学院
4491	杜国平	中国社会科学院
4492	杜金鹏	中国社会科学院
4493	杜娟	中国社会科学院
4494	杜鑫	中国社会科学院
4495	樊吉社	中国社会科学院
4496	樊建新	中国社会科学院
4497	范恩实	中国社会科学院
4498	方勇	中国社会科学院
4499	冯珏	中国社会科学院
4500	冯维江	中国社会科学院
4501	冯颜利	中国社会科学院

续表

序号	姓名	单位
4502	冯永晟	中国社会科学院
4503	冯昭奎	中国社会科学院
4504	尕藏加	中国社会科学院
4505	高超群	中国社会科学院
4506	高歌	中国社会科学院
4507	高海红	中国社会科学院
4508	高洪	中国社会科学院
4509	高际香	中国社会科学院
4510	高建平	中国社会科学院
4511	高凌云	中国社会科学院
4512	高士华	中国社会科学院
4513	高文书	中国社会科学院
4514	高晓慧	中国社会科学院
4515	高兴	中国社会科学院
4516	高媛	中国社会科学院
4517	高月	中国社会科学院
4518	葛道顺	中国社会科学院
4519	耿云志	中国社会科学院
4520	宫长为	中国社会科学院
4521	郭晓琼	中国社会科学院
4522	国洪更	中国社会科学院
4523	韩铁英	中国社会科学院
4524	郝时远	中国社会科学院
4525	何吉贤	中国社会科学院
4526	何星亮	中国社会科学院
4527	贺双荣	中国社会科学院
4528	贺新元	中国社会科学院
4529	侯惠勤	中国社会科学院
4530	侯玮红	中国社会科学院
4531	侯毅	中国社会科学院
4532	呼和	中国社会科学院

续表

序号	姓名	单位
4533	胡澎	中国社会科学院
4534	黄成龙	中国社会科学院
4535	黄道炫	中国社会科学院
4536	黄晋	中国社会科学院
4537	黄敬宝	中国社会科学院
4538	姬虹	中国社会科学院
4539	姜琍	中国社会科学院
4540	蒋菁	中国社会科学院
4541	蒋来用	中国社会科学院
4542	蒋立峰	中国社会科学院
4543	蒋震	中国社会科学院
4544	金惠敏	中国社会科学院
4545	金民卿	中国社会科学院
4546	金善明	中国社会科学院
4547	蓝庆元	中国社会科学院
4548	李崇富	中国社会科学院
4549	李春华	中国社会科学院
4550	李大龙	中国社会科学院
4551	李丹琳	中国社会科学院
4552	李东燕	中国社会科学院
4553	李海舰	中国社会科学院
4554	李花子	中国社会科学院
4555	李金华	中国社会科学院
4556	李鹏飞	中国社会科学院
4557	李强	中国社会科学院
4558	李瑞琴	中国社会科学院
4559	李薇	中国社会科学院
4560	李细珠	中国社会科学院
4561	李新伟	中国社会科学院
4562	李燕	中国社会科学院
4563	李勇慧	中国社会科学院

续表

序号	姓名	单位
4564	李玉红	中国社会科学院
4565	李育书	中国社会科学院
4566	李云兵	中国社会科学院
4567	李中海	中国社会科学院
4568	李周	中国社会科学院
4569	梁展	中国社会科学院
4570	林跃勤	中国社会科学院
4571	刘白驹	中国社会科学院
4572	刘大先	中国社会科学院
4573	刘丹	中国社会科学院
4574	刘东民	中国社会科学院
4575	刘方喜	中国社会科学院
4576	刘泓	中国社会科学院
4577	刘建国	中国社会科学院
4578	刘仑	中国社会科学院
4579	刘宁	中国社会科学院
4580	刘庆柱	中国社会科学院
4581	刘仕国	中国社会科学院
4582	刘维广	中国社会科学院
4583	刘卫东	中国社会科学院
4584	刘显忠	中国社会科学院
4585	刘小珉	中国社会科学院
4586	刘振东	中国社会科学院
4587	刘正寅	中国社会科学院
4588	刘治彦	中国社会科学院
4589	柳丰华	中国社会科学院
4590	卢昊	中国社会科学院
4591	陆建德	中国社会科学院
4592	陆旸	中国社会科学院
4593	罗检秋	中国社会科学院
4594	罗静	中国社会科学院

续表

序号	姓名	单位
4595	罗振兴	中国社会科学院
4596	吕薇洲	中国社会科学院
4597	吕文利	中国社会科学院
4598	吕耀东	中国社会科学院
4599	吕政	中国社会科学院
4600	马春华	中国社会科学院
4601	马强	中国社会科学院
4602	梅笑	中国社会科学院
4603	莫纪宏	中国社会科学院
4604	倪峰	中国社会科学院
4605	倪鹏飞	中国社会科学院
4606	欧明刚	中国社会科学院
4607	庞大鹏	中国社会科学院
4608	彭战	中国社会科学院
4609	朴光海	中国社会科学院
4610	齐皓	中国社会科学院
4611	钱国祥	中国社会科学院
4612	秦岚	中国社会科学院
4613	仇朝兵	中国社会科学院
4614	邱仁宗	中国社会科学院
4615	屈小博	中国社会科学院
4616	曲玥	中国社会科学院
4617	任洁	中国社会科学院
4618	任晶晶	中国社会科学院
4619	任全娥	中国社会科学院
4620	单菁菁	中国社会科学院
4621	沈红	中国社会科学院
4622	沈家煊	中国社会科学院
4623	沈杰	中国社会科学院
4624	沈铭辉	中国社会科学院
4625	施爱东	中国社会科学院

续表

序号	姓名	单位
4626	施劲松	中国社会科学院
4627	史丹	中国社会科学院
4628	宋泓	中国社会科学院
4629	宋瑞	中国社会科学院
4630	宋迎昌	中国社会科学院
4631	宋月华	中国社会科学院
4632	宋镇豪	中国社会科学院
4633	苏畅	中国社会科学院
4634	苏振兴	中国社会科学院
4635	孙宏年	中国社会科学院
4636	孙伶伶	中国社会科学院
4637	孙少华	中国社会科学院
4638	孙竹	中国社会科学院
4639	孙壮志	中国社会科学院
4640	谭晓军	中国社会科学院
4641	田丰	中国社会科学院
4642	汪朝光	中国社会科学院
4643	王爱云	中国社会科学院
4644	王碧珺	中国社会科学院
4645	王灿龙	中国社会科学院
4646	王春光	中国社会科学院
4647	王达敏	中国社会科学院
4648	王大洲	中国社会科学院
4649	王桂香	中国社会科学院
4650	王立胜	中国社会科学院
4651	王美艳	中国社会科学院
4652	王谋	中国社会科学院
4653	王松奇	中国社会科学院
4654	王巍	中国社会科学院
4655	王玮	中国社会科学院
4656	王小庆	中国社会科学院

续表

序号	姓名	单位
4657	王晓泉	中国社会科学院
4658	王晓毅	中国社会科学院
4659	王业强	中国社会科学院
4660	王宇信	中国社会科学院
4661	王振中	中国社会科学院
4662	王震	中国社会科学院
4663	王孜弘	中国社会科学院
4664	魏翔	中国社会科学院
4665	魏众	中国社会科学院
4666	吴安其	中国社会科学院
4667	吴白乙	中国社会科学院
4668	吴光兴	中国社会科学院
4669	吴怀中	中国社会科学院
4670	吴建征	中国社会科学院
4671	吴利学	中国社会科学院
4672	吴小英	中国社会科学院
4673	吴晓都	中国社会科学院
4674	吴要武	中国社会科学院
4675	吴子林	中国社会科学院
4676	武力	中国社会科学院
4677	武寅	中国社会科学院
4678	夏传玲	中国社会科学院
4679	夏杰长	中国社会科学院
4680	向静林	中国社会科学院
4681	向征	中国社会科学院
4682	项开喜	中国社会科学院
4683	肖立晟	中国社会科学院
4684	谢鸿飞	中国社会科学院
4685	辛向阳	中国社会科学院
4686	星焱	中国社会科学院
4687	邢广程	中国社会科学院

续表

序号	姓名	单位
4688	徐畅	中国社会科学院
4689	徐崇温	中国社会科学院
4690	徐德林	中国社会科学院
4691	徐刚	中国社会科学院
4692	徐乐	中国社会科学院
4693	徐良高	中国社会科学院
4694	徐龙国	中国社会科学院
4695	徐梅	中国社会科学院
4696	徐坡岭	中国社会科学院
4697	徐奇渊	中国社会科学院
4698	徐世澄	中国社会科学院
4699	徐世璇	中国社会科学院
4700	徐义华	中国社会科学院
4701	徐再荣	中国社会科学院
4702	许宏	中国社会科学院
4703	许华	中国社会科学院
4704	许建英	中国社会科学院
4705	许明龙	中国社会科学院
4706	许文鸿	中国社会科学院
4707	薛福岐	中国社会科学院
4708	薛宁兰	中国社会科学院
4709	荀丽丽	中国社会科学院
4710	严志斌	中国社会科学院
4711	杨伯江	中国社会科学院
4712	杨丹辉	中国社会科学院
4713	杨进	中国社会科学院
4714	杨盼盼	中国社会科学院
4715	杨延超	中国社会科学院
4716	杨永龙	中国社会科学院
4717	尹虎彬	中国社会科学院
4718	印群	中国社会科学院

续表

序号	姓名	单位
4719	于法稳	中国社会科学院
4720	余斌	中国社会科学院
4721	余少祥	中国社会科学院
4722	袁东振	中国社会科学院
4723	袁富华	中国社会科学院
4724	袁靖	中国社会科学院
4725	袁征	中国社会科学院
4726	苑鹏	中国社会科学院
4727	岳洪彬	中国社会科学院
4728	张斌	中国社会科学院
4729	张成福	中国社会科学院
4730	张聪明	中国社会科学院
4731	张帆	中国社会科学院
4732	张昊琦	中国社会科学院
4733	张弘	中国社会科学院
4734	张辉	中国社会科学院
4735	张季风	中国社会科学院
4736	张继焦	中国社会科学院
4737	张建峰	中国社会科学院
4738	张建刚	中国社会科学院
4739	张建立	中国社会科学院
4740	张俊义	中国社会科学院
4741	张宁	中国社会科学院
4742	张盛发	中国社会科学院
4743	张晓晶	中国社会科学院
4744	张晓山	中国社会科学院
4745	张永攀	中国社会科学院
4746	张振兴	中国社会科学院
4747	张志敏	中国社会科学院
4748	张重岗	中国社会科学院
4749	赵海涛	中国社会科学院

续表

序号	姓名	单位
4750	赵会荣	中国社会科学院
4751	赵农	中国社会科学院
4752	赵天晓	中国社会科学院
4753	赵稀方	中国社会科学院
4754	赵晓阳	中国社会科学院
4755	赵学军	中国社会科学院
4756	赵志军	中国社会科学院
4757	赵智奎	中国社会科学院
4758	郑秉文	中国社会科学院
4759	郑大华	中国社会科学院
4760	郑联盛	中国社会科学院
4761	郑猛	中国社会科学院
4762	郑艳	中国社会科学院
4763	郑真真	中国社会科学院
4764	钟春平	中国社会科学院
4765	钟志清	中国社会科学院
4766	周少青	中国社会科学院
4767	周祖文	中国社会科学院
4768	朱晓中	中国社会科学院
4769	竺青	中国社会科学院
4770	祝伟伟	中国社会科学院
4771	庄贵阳	中国社会科学院
4772	宗笑飞	中国社会科学院
4773	左玉河	中国社会科学院
4774	周鹏	中国石油大学（华东）
4775	林钧跃	中国市场学会学术委员会
4776	陈双专	中国税务杂志社
4777	窦清红	中国税务杂志社
4778	曹兵武	中国文化遗产研究院
4779	刘军红	中国现代国际关系研究院
4780	牛新春	中国现代国际关系研究院

续表

序号	姓名	单位
4781	王郦久	中国现代国际关系研究院
4782	王朔	中国现代国际关系研究院
4783	吴洪英	中国现代国际关系研究院
4784	许涛	中国现代国际关系研究院
4785	张文宗	中国现代国际关系研究院
4786	袁广林	中国刑警学院
4787	吴方	中国药科大学
4788	崔雷	中国医科大学
4789	袁钟	中国医学科学院
4790	翟晓梅	中国医学科学院
4791	李松睿	中国艺术研究院
4792	鲁太光	中国艺术研究院
4793	曹德明	中国政法大学
4794	柴小青	中国政法大学
4795	冯晓青	中国政法大学
4796	宏结	中国政法大学
4797	黄进	中国政法大学
4798	黄立君	中国政法大学
4799	金晶	中国政法大学
4800	孔庆江	中国政法大学
4801	刘家安	中国政法大学
4802	陆敏	中国政法大学
4803	舒国滢	中国政法大学
4804	宋连斌	中国政法大学
4805	苏洁澈	中国政法大学
4806	卫灵	中国政法大学
4807	杨飞	中国政法大学
4808	应星	中国政法大学
4809	于飞	中国政法大学
4810	于文轩	中国政法大学
4811	张力	中国政法大学

续表

序号	姓名	单位
4812	张淑静	中国政法大学
4813	赵晓华	中国政法大学
4814	周志忍	中国政治学会
4815	马树超	中国职业技术教育学会
4816	曾雄生	中国自然科学史研究所
4817	李云雷	中国作协
4818	吴义勤	中国作协
4819	李敏	中华女子学院
4820	刘梦	中华女子学院
4821	张李玺	中华女子学院
4822	冯光生	中华世纪坛世界艺术中心
4823	方乃纯	中华职业教育社
4824	杨农	中华职业教育社
4825	高笑霜	中建交通建设集团公司
4826	薛冰	中科院沈阳分院
4827	柴尚金	中联部
4828	郑东超	中联部
4829	陈柏峰	中南财经政法大学
4830	陈敦贤	中南财经政法大学
4831	胡浩志	中南财经政法大学
4832	黄美玲	中南财经政法大学
4833	冀志斌	中南财经政法大学
4834	黎江虹	中南财经政法大学
4835	李栋	中南财经政法大学
4836	刘德光	中南财经政法大学
4837	刘仁山	中南财经政法大学
4838	吕国营	中南财经政法大学
4839	庞凤喜	中南财经政法大学
4840	祁毓	中南财经政法大学
4841	钱学锋	中南财经政法大学
4842	石晓波	中南财经政法大学

续表

序号	姓名	单位
4843	石智雷	中南财经政法大学
4844	王安异	中南财经政法大学
4845	吴海涛	中南财经政法大学
4846	肖加元	中南财经政法大学
4847	徐涤宇	中南财经政法大学
4848	徐双敏	中南财经政法大学
4849	薛钢	中南财经政法大学
4850	杨灿明	中南财经政法大学
4851	易会文	中南财经政法大学
4852	袁中华	中南财经政法大学
4853	曾婧婧	中南财经政法大学
4854	张青	中南财经政法大学
4855	张忠民	中南财经政法大学
4856	赵曼	中南财经政法大学
4857	陈海嵩	中南大学
4858	陈文联	中南大学
4859	邓超	中南大学
4860	董海军	中南大学
4861	范武邱	中南大学
4862	关健	中南大学
4863	何彩章	中南大学
4864	何炼红	中南大学
4865	姜国钧	中南大学
4866	李后卿	中南大学
4867	刘鸿	中南大学
4868	刘玲武	中南大学
4869	刘益灯	中南大学
4870	潘泽泉	中南大学
4871	庞青山	中南大学
4872	吴晓林	中南大学
4873	张楠	中南大学

续表

序号	姓名	单位
4874	张少雄	中南大学
4875	陈文俊	中南林业科技大学
4876	成凤明	中南林业科技大学
4877	戴美琪	中南林业科技大学
4878	邓集文	中南林业科技大学
4879	方威	中南林业科技大学
4880	傅晓华	中南林业科技大学
4881	侯茂章	中南林业科技大学
4882	胡志	中南林业科技大学
4883	黄江泉	中南林业科技大学
4884	蒋兰香	中南林业科技大学
4885	廖小平	中南林业科技大学
4886	罗芬	中南林业科技大学
4887	罗攀柱	中南林业科技大学
4888	秦立春	中南林业科技大学
4889	王东	中南林业科技大学
4890	伍永忠	中南林业科技大学
4891	肖建武	中南林业科技大学
4892	肖艳	中南林业科技大学
4893	熊曦	中南林业科技大学
4894	徐保风	中南林业科技大学
4895	寻舸	中南林业科技大学
4896	尹少华	中南林业科技大学
4897	袁怀宇	中南林业科技大学
4898	袁建琼	中南林业科技大学
4899	张赓	中南林业科技大学
4900	张亚连	中南林业科技大学
4901	张治忠	中南林业科技大学
4902	钟永德	中南林业科技大学
4903	周训芳	中南林业科技大学
4904	朱玉林	中南林业科技大学

续表

序号	姓名	单位
4905	哈正利	中南民族大学
4906	康翠萍	中南民族大学
4907	孔凡哲	中南民族大学
4908	孟立军	中南民族大学
4909	田敏	中南民族大学
4910	王海燕	中南民族大学
4911	王世忠	中南民族大学
4912	王同舟	中南民族大学
4913	保继刚	中山大学
4914	陈宏辉	中山大学
4915	陈少明	中山大学
4916	程焕文	中山大学
4917	程瑜	中山大学
4918	范瑞泉	中山大学
4919	龚隽	中山大学
4920	何诗海	中山大学
4921	黄晓星	中山大学
4922	黄瑶	中山大学
4923	雷杰	中山大学
4924	李吉奎	中山大学
4925	李伟民	中山大学
4926	李挚萍	中山大学
4927	梁玉成	中山大学
4928	刘梅	中山大学
4929	刘亚平	中山大学
4930	刘志伟	中山大学
4931	刘志扬	中山大学
4932	倪梁康	中山大学
4933	牛端	中山大学
4934	彭玉平	中山大学
4935	彭宅文	中山大学

续表

序号	姓名	单位
4936	孙九霞	中山大学
4937	郜忠智	中山大学
4938	唐清泉	中山大学
4939	万毅	中山大学
4940	王东风	中山大学
4941	王坤	中山大学
4942	吴滔	中山大学
4943	谢湜	中山大学
4944	谢晓尧	中山大学
4945	谢有顺	中山大学
4946	谢致平	中山大学
4947	徐红罡	中山大学
4948	许长青	中山大学
4949	岳经纶	中山大学
4950	曾国军	中山大学
4951	詹小美	中山大学
4952	张朝枝	中山大学
4953	张曦	中山大学
4954	赵立彬	中山大学
4955	郑向春	中山大学
4956	钟晓慧	中山大学
4957	周大鸣	中山大学
4958	朱富强	中山大学
4959	朱沆	中山大学
4960	朱亚坤	中山大学
4961	庄初升	中山大学
4962	姚力鸣	中商商业经济研究中心
4963	刘宪章	中铁建中非建设有限公司
4964	季正聚	中央编译局
4965	白云真	中央财经大学
4966	褚福灵	中央财经大学

续表

序号	姓名	单位
4967	郝秉键	中央财经大学
4968	李国武	中央财经大学
4969	李宇环	中央财经大学
4970	李远行	中央财经大学
4971	马海涛	中央财经大学
4972	齐兰	中央财经大学
4973	谭小芬	中央财经大学
4974	邢华	中央财经大学
4975	杨敏	中央财经大学
4976	于丽	中央财经大学
4977	张相林	中央财经大学
4978	朱晓峰	中央财经大学
4979	王珠珠	中央电化教育馆
4980	程荣贵	中央军委训练管理部
4981	于瑞江	中央军委政治工作部网络舆论局
4982	郑岩	中央美术学院
4983	苍铭	中央民族大学
4984	常永才	中央民族大学
4985	朝格吐	中央民族大学
4986	达力扎布	中央民族大学
4987	戴庆厦	中央民族大学
4988	丁宏	中央民族大学
4989	高鹏怀	中央民族大学
4990	郭伟和	中央民族大学
4991	海路	中央民族大学
4992	胡素华	中央民族大学
4993	黄泰岩	中央民族大学
4994	黄义军	中央民族大学
4995	贾仲益	中央民族大学
4996	金炳镐	中央民族大学
4997	李鸿宾	中央民族大学

续表

序号	姓名	单位
4998	李健	中央民族大学
4999	李锦芳	中央民族大学
5000	李俊清	中央民族大学
5001	力提甫	中央民族大学
5002	林继富	中央民族大学
5003	陆平辉	中央民族大学
5004	麻国庆	中央民族大学
5005	孟凡东	中央民族大学
5006	潘守永	中央民族大学
5007	彭勇	中央民族大学
5008	青觉	中央民族大学
5009	色音	中央民族大学
5010	邵六益	中央民族大学
5011	宋才发	中央民族大学
5012	苏德	中央民族大学
5013	苏日娜	中央民族大学
5014	孙英	中央民族大学
5015	王远新	中央民族大学
5016	卫小将	中央民族大学
5017	吴明海	中央民族大学
5018	邢莉	中央民族大学
5019	徐中起	中央民族大学
5020	严庆	中央民族大学
5021	杨圣敏	中央民族大学
5022	张铁山	中央民族大学
5023	张子新	中央民族大学
5024	赵令志	中央民族大学
5025	周国炎	中央民族大学
5026	周润年	中央民族大学
5027	柳素平	中原工学院
5028	李清臣	周口职业技术学院

续表

序号	姓名	单位
5029	江必新	最高人民法院
5030	龙艺	遵义医学院
5031	侯苗苗	《编辑之友》编辑部
5032	康宏	《编辑之友》编辑部
5033	李晶	《编辑之友》编辑部
5034	吕晓东	《编辑之友》编辑部
5035	王介平	《编辑之友》编辑部
5036	张君	《编辑之友》编辑部
5037	高建成	《超市周刊》编辑部
5038	宋逸夫	《成人教育》编辑部
5039	冯引如	《犯罪研究》编辑部
5040	姚申	《高等学校文科学术文摘》编辑部
5041	赖力	《贵州社会科学》编辑部
5042	吕文妙	《国家教育行政学院学报》编辑部
5043	闫树涛	《河北大学成人教育学院学报》编辑部
5044	杨九铨	《河北师范大学学报・教育科学版》编辑部
5045	许建礼	《技术与创新管理》编辑部
5046	孟小捷	《健康报》编辑部
5047	王波	《江苏商论》编辑部
5048	翁伟斌	《教育发展研究》编辑部
5049	金城	《教育发展与评估》编辑部
5050	李涛	《教育学报》编辑部
5051	叶庆娜	《教育与经济》编辑部
5052	黄晶晶	《教育与职业》编辑部
5053	刘杰	《教育与职业》编辑部
5054	徐辉富	《开放教育研究》编辑部
5055	程天君	《南京师大学报》编辑部
5056	叶赋桂	《清华大学教育研究》编辑部
5057	魏烈刚	《苏区研究》编辑部
5058	钟晓流	《现代教育技术》编辑部
5059	陈瑶	《现代远距离教育》编辑部

续表

序号	姓名	单位
5060	叶桉	《职教论坛》编辑部
5061	谭明	《职教通讯》编辑部
5062	张学英	《职业教育研究》编辑部
5063	李二斌	《中国农业教育》编辑部
5064	刘呈庆	《中国人口资源与环境》编辑部
5065	冯琳	《中国远程教育》编辑部
5066	唐以志	《中国远程教育》编辑部

五　哲学社会科学评价专家库名单（不含咨询委、专家委、推荐专家，共 728 人）

开展 2018 年期刊评价的同行评议工作时，除咨询委、专家委、推荐专家外，还有一部分学者对期刊进行了评价。截至 2018 年 10 月 30 日，参与中国社会科学评价研究院期刊评价并申请进入我院“哲学社会科学评价专家库”的共计 1426 人。根据评价院专家库专家遴选原则，共遴选出 728 人进入“哲学社会科学评价专家库”（不含咨询委、专家委、推荐专家）。名单附后，按照单位、姓名音序排列。

哲学社会科学评价专家库名单（不含咨询委、专家委、推荐专家，共 728 人）

序号	姓名	单位
1	方鸣	安徽财经大学
2	盛明泉	安徽财经大学
3	储节旺	安徽大学
4	刘云	安徽大学
5	汪家海	安徽大学
6	徐玲英	安徽大学
7	杨仁发	安徽大学
8	程靖	安徽行政学院
9	周业柱	安徽行政学院
10	尹达	安徽师范大学
11	张筱荣	安徽中医药大学
12	吴一鸣	安庆职业技术学院
13	张劲松	澳门城市大学
14	黄春	蚌埠医学院

续表

序号	姓名	单位
15	杨德亮	北方民族大学
16	郭伟	北华大学
17	郝添	北华大学
18	刘景瑜	北华大学
19	刘卫东	北华大学
20	王坤	北华大学
21	于蓬蓬	北华大学
22	张伟	北华大学
23	赵文铎	北华大学
24	赵新亮	北京大学
25	周飞舟	北京大学
26	李素杰	北京第二外国语学院
27	朱蕴波	北京第二外国语学院
28	崔唯	北京服装学院
29	王轶	北京工商大学
30	张正平	北京工商大学
31	王志成	北京国家会计学院
32	吴笑晗	北京国家会计学院
33	田俊武	北京航空航天大学
34	毕颖	北京交通大学
35	韩振峰	北京交通大学
36	林建成	北京交通大学
37	刘越	北京交通大学
38	叶龙	北京交通大学
39	赵启兰	北京交通大学
40	宋宝琳	北京交通大学海滨学院
41	张娜	北京教育科学研究院
42	周惠	北京教育科学研究院
43	田军	北京教育学院
44	张玉平	北京教育学院
45	李孔文	北京联合大学

续表

序号	姓名	单位
46	林宏彬	北京联合大学
47	冯用军	北京师范大学
48	胡艳	北京师范大学
49	李文婕	北京师范大学
50	刘宝存	北京师范大学
51	杨开城	北京师范大学
52	张永芝	北京师范大学
53	赵宏	北京师范大学
54	司显柱	北京石油化工学院
55	江树革	北京市社会科学院
56	穆松林	北京市社会科学院
57	谭日辉	北京市社会科学院
58	谢金松	北京市委教育工委
59	龙霄飞	北京市文物局
60	范琳	北京外国语大学
61	任小玫	北京外国语大学
62	尚珂	北京物资学院
63	陆薇	北京语言大学
64	程旺	北京中医药大学
65	李晶	编辑之友杂志社
66	李珂	财会月刊杂志社湖北有限公司
67	杭兰平	长安大学
68	王玉英	长春大学
69	綦天柱	长春师范大学
70	张晓刚	长春师范大学
71	陈栋	长江出版传媒股份有限公司
72	徐红	长江大学
73	蹇世琼	长江师范学院
74	刘晓芳	长沙南方职业学院
75	王飞	长沙学院
76	张春芳	常州大学

续表

序号	姓名	单位
77	谈莉	巢湖学院
78	陈宁	成都杜甫草堂博物馆
79	陈本锋	成都工贸职业技术学院
80	李巍	成都师范学院
81	邹威华	成都师范学院
82	张宏	成都市文广新局
83	汪燕	成都体育学院
84	白杨	成都学院
85	代显华	成都学院
86	范崇高	成都学院
87	黄云峰	成都学院
88	景鹏	成都学院
89	屈陆	成都学院
90	沈岚	成都学院
91	孙雁霞	成都学院
92	王德林	成都学院
93	杨聪林	重庆大学
94	刘小红	重庆第二师范学院
95	王伟	重庆工商大学
96	刘晓林	重庆三峡学院
97	冉亚辉	重庆师范大学
98	何晓波	重庆市沙坪坝区教师进修学院
99	田夏彪	大理大学
100	段凡	大连大学
101	姜春林	大连理工大学
102	徐成芳	大连理工大学
103	张秀萍	大连理工大学
104	房敏	德州学院
105	胡延峰	德州学院
106	邹涛	电子科技大学
107	董革非	东北大学

续表

序号	姓名	单位
108	姜威	东北电力大学
109	郑德胜	东北林业大学
110	康秀云	东北师范大学
111	李彩华	东北师范大学
112	李小白	东北师范大学
113	孙成武	东北师范大学
114	王立仁	东北师范大学
115	王平	东北师范大学
116	谢乃和	东北师范大学
117	王蕾	东华大学
118	王宏禹	对外经济贸易大学
119	王志民	对外经济贸易大学
120	原珂	对外经济贸易大学
121	庄芮	对外经济贸易大学
122	党燕妮	敦煌研究院
123	丁得天	敦煌研究院
124	王志鹏	敦煌研究院
125	戴光荣	福建工程学院
126	刘文军	福建农林大学
127	杨伦增	福建农林大学
128	庄艺真	福建农林大学
129	王伟宜	福建师范大学
130	高兰	复旦大学
131	王贺	复旦大学
132	邢丽菊	复旦大学
133	赵友良	复旦大学
134	周桂勋	甘肃民族师范学院
135	巨虹	甘肃省社会科学院
136	杨文德	甘肃省社会科学院
137	赵国军	甘肃省社会科学院
138	郭武	甘肃政法学院

续表

序号	姓名	单位
139	贾丽娜	甘肃政法学院
140	谢泽源	赣州市教育局
141	冯晓川	高等教育出版社
142	庞龙斌	广东工业大学
143	杨公齐	广东金融学院
144	莫爱屏	广东外语外贸大学
145	唐伟胜	广东外语外贸大学
146	张欣	广东外语外贸大学
147	赵卫华	广东外语外贸大学
148	奉钦亮	广西财经学院
149	崔晓麟	广西民族大学
150	苏玉鑫	广西民族大学
151	张跃军	广西民族大学
152	林智荣	广西社会科学院
153	周青	广西社会科学院
154	王政武	广西社科联
155	涂成林	广州大学
156	赵锋	广州番禺职业技术学院
157	朱义喆	贵州财经大学
158	李瑞	贵州师范大学
159	李兴韵	贵州师范大学
160	刘会民	国防大学
161	方杰	国防科技大学
162	杨宜勇	国家发改委
163	吕文妙	国家教育行政学院
164	柳辉	国家林业局
165	黄嘉莉	台湾师范大学
166	葛杨	哈尔滨工程大学
167	黄超	哈尔滨工业大学
168	康成文	哈尔滨商业大学
169	乔淑英	海南热带海洋学院

续表

序号	姓名	单位
170	张治国	海南政法职业学院
171	卢锐	杭州师范大学
172	王小章	杭州师范大学
173	李静	合肥工业大学
174	李德才	合肥学院
175	李林	河北大学
176	连会新	河北大学
177	梁春胜	河北大学
178	廖寅	河北大学
179	林顺利	河北大学
180	乔艳华	河北大学
181	徐文武	河北大学
182	张岭泉	河北大学
183	孙素梅	河北工业大学
184	温科	河北工业大学
185	高奎亭	河北环境工程学院
186	田韶华	河北经贸大学
187	王余丁	河北科技大学
188	靳占忠	河北科技师范学院
189	葛文光	河北农业大学
190	史育华	河北农业大学
191	李靖	河北生社科院
192	把增强	河北省社会科学院
193	白玉芹	河北省社会科学院
194	陈璐	河北省社会科学院
195	崔巍	河北省社会科学院
196	董颖	河北省社会科学院
197	杜欣	河北省社会科学院
198	冯金忠	河北省社会科学院
199	韩春秒	河北省社会科学院
200	郝晏荣	河北省社会科学院

续表

序号	姓名	单位
201	侯建华	河北省社会科学院
202	贾淑军	河北省社会科学院
203	寇大伟	河北省社会科学院
204	李会霞	河北省社会科学院
205	刘书越	河北省社会科学院
206	刘勇	河北省社会科学院
207	吕广亮	河北省社会科学院
208	马春梅	河北省社会科学院
209	苗聪聪	河北省社会科学院
210	石亚碧	河北省社会科学院
211	宋东升	河北省社会科学院
212	孙宏滨	河北省社会科学院
213	孙荣欣	河北省社会科学院
214	王春蕊	河北省社会科学院
215	王菲	河北省社会科学院
216	王建强	河北省社会科学院
217	王艳宁	河北省社会科学院
218	向回	河北省社会科学院
219	谢强	河北省社会科学院
220	徐颖	河北省社会科学院
221	严晓萍	河北省社会科学院
222	杨艳君	河北省社会科学院
223	张波	河北省社会科学院
224	张静	河北省社会科学院
225	张葳	河北省社会科学院
226	郑瑞爽	河北省社会科学院
227	焦新旗	河北省社会科学院
228	王宝治	河北师范大学
229	胡碧媛	河海大学
230	施国庆	河海大学
231	吴玲	河海大学

续表

序号	姓名	单位
232	张海榕	河海大学
233	程政举	河南财经政法大学
234	蔡建东	河南大学
235	李伟昉	河南大学
236	梁留科	河南大学
237	谭波	河南工业大学
238	安晓明	河南省社会科学院
239	贾媛媛	黑龙江大学
240	王志军	黑龙江大学
241	高晓燕	黑龙江省社会科学院
242	曹贵雄	红河学院
243	卢玲	湖北经济学院
244	陈西新	湖北省文化厅
245	陈晞	湖南大学
246	李震声	湖南大学
247	莫梅锋	湖南大学
248	唐松林	湖南大学
249	彭利元	湖南工业大学
250	郑坚	湖南工业大学
251	郭丽君	湖南农业大学
252	谢冬水	湖南商学院
253	禹兰	湖南省社会科学界联合会
254	陈文胜	湖南省社会科学院
255	刘师健	湖南省社会科学院
256	郭辉	湖南师范大学
257	马冲宇	湖南师范大学
258	彭舜	湖南师范大学
259	石爱民	湖南师范大学
260	朱海龙	湖南师范大学
261	舒志定	湖州师范学院
262	曾艳钰	湖南师范大学

续表

序号	姓名	单位
263	于辉	华东交通大学
264	高丹丹	华东师范大学
265	孔令琴	华东师范大学
266	唐忠毛	华东师范大学
267	童想文	华东师范大学
268	王美	华东师范大学
269	阎光才	华东师范大学
270	张国霖	华东师范大学
271	周萍	华东师范大学
272	崔文霞	华东政法大学
273	潘宜玲	华南理工大学
274	阳义南	华南理工大学
275	何高大	华南农业大学
276	侯桂新	华南师范大学
277	陈历明	华侨大学
278	杜志卿	华侨大学
279	刘超	华侨大学
280	郭林	华中科技大学
281	雷望红	华中科技大学
282	骆四铭	华中科技大学
283	余东升	华中科技大学
284	何可	华中农业大学
285	何卫华	华中师范大学
286	江立华	华中师范大学
287	刘兮颖	华中师范大学
288	屠静芬	华中师范大学
289	陈志利	淮北师范大学
290	韩冰清	黄冈师范学院
291	巴殿君	吉林大学
292	付秀荣	吉林大学
293	韩松	吉林大学

续表

序号	姓名	单位
294	胡铁生	吉林大学
295	刘晓林	吉林大学
296	刘雪莲	吉林大学
297	朴玉	吉林大学
298	任增元	吉林大学
299	田毅鹏	吉林大学
300	王昊	吉林大学
301	王平	吉林大学
302	吴昊	吉林大学
303	伍思静	吉林大学
304	许佳	吉林大学
305	程宇	吉林工程技术师范学院
306	李倩	吉林省社会科学院
307	洪潇楠	吉林艺术学院
308	蒲若茜	暨南大学
309	杨才英	暨南大学
310	郑晓艳	江汉大学
311	卢杰	江南大学
312	周赟	江南大学
313	虞晓骏	江苏城市职业学院
314	张向凤	江苏大学
315	史炳军	江苏警官学院
316	王焱	江苏警官学院
317	张鑫	江苏理工学院
318	楚小庆	江苏省文化艺术研究院
319	司增绰	江苏师范大学
320	吴义昌	江苏师范大学
321	黄欣荣	江西财经大学
322	李有	江西财经大学
323	王俊杰	江西财经大学
324	王展祥	江西财经大学

续表

序号	姓名	单位
325	肖文燕	江西财经大学
326	叶桉	江西科技师范大学
327	曾艳	江西省教育科学研究所
328	戚务念	江西省教育厅
329	何友良	江西省社会科学界联合会
330	魏烈刚	江西省社会科学界联合会
331	龚剑飞	江西省社会科学院
332	戴利朝	江西师范大学
333	蓝春娣	江西师范大学
334	钟彩顺	江西师范大学
335	陈礼达	教育部
336	陈丽萍	教育部
337	郭垒	教育部
338	胡锐军	教育部
339	刘亚荣	教育部
340	唐以志	教育部
341	薛娇	教育部
342	杨燕	教育部
343	张婕	教育部
344	陈文华	教育部科技发展中心
345	张秀峰	九江学院
346	高宝新	军事科学院
347	葛业文	军事科学院
348	郭芳	军事科学院
349	江新凤	军事科学院
350	柯春桥	军事科学院
351	糜万山	军事科学院
352	潘宏	军事科学院
353	潘友木	军事科学院
354	邱剑敏	军事科学院
355	王桂芳	军事科学院

续表

序号	姓名	单位
356	肖石忠	军事科学院
357	杨春华	军事科学院
358	赵真燕	军事科学院
359	魏衍华	孔子研究院
360	杨利华	兰州财经大学
361	张存刚	兰州财经大学
362	樊林洲	兰州大学
363	范巧	兰州大学
364	高红斌	兰州大学
365	斯丽娟	兰州大学
366	杨玲	兰州大学
367	周亮	兰州大学
368	景君学	兰州理工大学
369	李淑清	廊坊市委党校
370	罗明礼	乐山师范学院
371	范长征	辽宁大学
372	郭广珍	辽宁大学
373	李丹	辽宁大学
374	邵剑兵	辽宁大学
375	吴占军	辽宁大学
376	陈强	辽宁现代服务职业技术学院
377	刘子平	聊城大学
378	钱国旗	鲁东大学
379	王晓农	鲁东大学
380	陈乔桂	陆军研究院
381	李洪光	牡丹江师范学院
382	黄学胜	南昌大学
383	董晓	南京大学
384	李玉	南京大学
385	吴愈晓	南京大学
386	石云龙	南京航空航天大学

续表

序号	姓名	单位
387	黄伟	南京师范大学
388	杨跃	南京师范大学
389	宋怡	南京晓庄学院
390	曹爱华	南开大学
391	李金铮	南开大学
392	刘岳兵	南开大学
393	马红旗	南开大学
394	孙寿涛	南开大学
395	王凯	南开大学
396	于君	南开大学
397	郑蔚	南开大学
398	李君安	南宁市社会科学院
399	姚晶晶	南通大学
400	牛荣亮	南阳职业学院
401	张海燕	内蒙古大学
402	徐寿军	内蒙古民族大学
403	许黎莉	内蒙古农业大学
404	刘德明	内蒙古自治区农牧业科学院
405	张立伟	内蒙古自治区社会科学院
406	王志军	宁波大红鹰学院
407	贺爱军	宁波大学
408	洪春梅	宁夏大学
409	陈国兴	齐鲁工业大学
410	冯济平	青岛大学
411	侯德彤	青岛大学
412	姜振昌	青岛大学
413	王有升	青岛大学
414	尹洪山	青岛科技大学
415	郭印	青岛理工大学
416	生安锋	清华大学
417	叶富贵	清华大学

续表

序号	姓名	单位
418	应星	清华大学
419	朱嘉春	清华大学
420	上官燕	三峡大学
421	陈福平	厦门大学
422	李婷	厦门大学
423	周南翼	厦门大学
424	杨延从	厦门市翔安区教育研究中心
425	陈保启	山东财经大学
426	陈明华	山东财经大学
427	陈作华	山东财经大学
428	方慧	山东财经大学
429	申亮	山东财经大学
430	石永浩	山东财经大学
431	宋敏	山东财经大学
432	汪冬梅	山东财经大学
433	王恬	山东财经大学
434	徐宏	山东财经大学
435	闫绍华	山东财经大学
436	辛宝英	山东管理学院
437	刘君玲	山东教育科学研究
438	高越	山东理工大学
439	张海云	山东农业大学
440	杨荣	山东女子学院
441	车丽娜	山东师范大学
442	刘焱	山东师范大学
443	刘在良	山东师范大学
444	史家亮	山东师范大学
445	孙炬	山东师范大学
446	王卓	山东师范大学
447	杨蕾	山东师范大学
448	王三海	山东政法学院

续表

序号	姓名	单位
449	高楠	山西财经大学
450	马慧强	山西财经大学
451	侯苗苗	山西出版传媒集团
452	介子平	山西出版传媒集团
453	康宏	山西出版传媒集团
454	吕晓东	山西出版传媒集团
455	高帅	山西大学
456	郝平	山西大学
457	柳德军	山西大学
458	魏晓锴	山西大学
459	赵瑞林	山西大学
460	武英芝	山西大学商务学院
461	纪薇	山西农业大学
462	刘中华	山西农业大学
463	魏清顺	山西农业大学
464	武星亮	山西农业大学
465	毕红	山西省建筑科学研究院
466	张爱英	山西省社会科学院
467	王飞	山西省委党校
468	杨在平	山西省委党校
469	朱希良	陕西出版传媒集团
470	张联朋	陕西工业职业技术学院
471	卢阳	陕西理工大学
472	梁军	陕西省委党校（行政学院）
473	刘呆运	陕西省文物局
474	王炜林	陕西省文物局
475	王小蒙	陕西省文物局
476	齐国强	商务部
477	许娜	商务部
478	谭旭东	上海大学
479	金孝柏	上海对外经贸大学

续表

序号	姓名	单位
480	王卫新	上海对外经贸大学
481	耿强	上海海事大学
482	郭恋东	上海交通大学
483	尚必武	上海交通大学
484	郁昌鹏	上海交通大学
485	杨枫	上海交通大学
486	杨明明	上海交通大学
487	徐辉富	上海开放大学
488	牛培源	上海立信会计金融学院
489	江丰光	上海师范大学
490	苏令银	上海师范大学
491	曾艳	上海师范大学
492	鲍晓英	上海外国语大学
493	孙静	上海外国语大学
494	李伟	上海戏剧学院
495	韩生	上海应用技术大学
496	裘斌	绍兴文理学院
497	黄春平	深圳大学
498	林小玲	深圳大学
499	杨爱姣	深圳大学
500	杨莉莉	深圳大学
501	任文祥	沈阳工业大学
502	赵辉	沈阳广播电视台
503	李晓虹	沈阳师范大学
504	徐曼	生态环境部
505	张兰	十堰市教育局
506	胡利敏	石家庄学院
507	郭小凌	首都博物馆
508	黄雪寅	首都博物馆
509	康晓伟	首都师范大学
510	杨光	首都师范大学

续表

序号	姓名	单位
511	杨志成	首都师范大学
512	易晓明	首都师范大学
513	李若愚	四川大学
514	刘选	四川广播电视大学
515	乔兴媚	四川广播电视大学
516	田党瑞	四川广播电视大学
517	邓树明	四川日报报业集团
518	蒋玉国	四川省广汉市教育局
519	高善峰	四川省社会科学院
520	何频	四川省社会科学院
521	李华平	四川师范大学
522	钟秋波	四川师范大学
523	林川	四川外国语大学
524	龚光军	四川职业技术学院
525	漆明龙	四川职业技术学院
526	骆聘三	苏州大学
527	张振宇	苏州大学
528	朱新福	苏州大学
529	王勇	苏州科技大学
530	周雷	苏州职业大学
531	庄建东	泰山学院
532	王祖友	泰州学院
533	王东华	天津大学
534	姚伟	天津科技大学
535	赵志勇	天津科技大学
536	刘少东	天津理工大学
537	郝雅立	天津商业大学
538	王永光	天津商业大学
539	程永明	天津社会科学院
540	时世平	天津社会科学院
541	陈浮	天津师范大学

续表

序号	姓名	单位
542	李洪修	天津师范大学
543	岳俊冰	天津师范大学
544	张楠	天津师范大学
545	张学英	天津职业技术师范大学
546	田峰	天水师范学院
547	陈毅立	同济大学
548	黄立鹤	同济大学
549	郑春荣	同济大学
550	朱明胜	同济大学
551	冉光仙	铜仁学院
552	包兵兵	铜仁幼儿师范高等专科学校
553	沈雅梅	外交部
554	王佑镁	温州大学
555	朱家德	温州大学
556	高丽丽	武汉大学
557	吴平	武汉大学
558	向运华	武汉大学
559	张箭飞	武汉大学
560	赵士发	武汉大学
561	金诚	武汉理工大学
562	李银波	武汉理工大学
563	王勇	西安财经学院
564	刘天琪	西安工业大学
565	王伟	西安交通大学
566	葛睿	西安外国语大学
567	杨铭	西北工业大学
568	丁沂璐	西北民族大学
569	曹进	西北师范大学
570	丁松虎	西北师范大学
571	侯冬	西北师范大学
572	侯选明	西北师范大学

续表

序号	姓名	单位
573	李华	西北师范大学
574	李瑾	西北师范大学
575	马俊峰	西北师范大学
576	张永祥	西北师范大学
577	张超汉	西北政法大学
578	刘红娟	西藏自治区社会科学院
579	张存良	西华师范大学
580	王克西	西京学院
581	胡航	西南大学
582	刘立辉	西南大学
583	余亮	西南大学
584	宋云博	西南政法大学
585	潘信林	湘潭大学
586	艾斯卡尔模拉克	新疆大学
587	王鑫	新疆华夏博雄房地产有限公司
588	祁志伟	新疆农业大学
589	郝红	新疆日报社
590	王友强	新津县教育局
591	李世书	信阳师范学院
592	杨建朝	信阳师范学院
593	张鸿鹏	信阳师范学院
594	蔡月	盐城工学院
595	卜洪运	燕山大学
596	陈晶璞	燕山大学
597	郭伟	燕山大学
598	孔维航	燕山大学
599	李凌雁	燕山大学
600	李芹	燕山大学
601	梁东魁	燕山大学
602	梁振虎	燕山大学
603	刘月林	燕山大学

续表

序号	姓名	单位
604	曲正伟	燕山大学
605	司林波	燕山大学
606	王建青	燕山大学
607	王明霞	燕山大学
608	王晓宁	燕山大学
609	杨柳	燕山大学
610	曾志宏	燕山大学
611	张玉存	燕山大学
612	张玉兰	燕山大学
613	朱敏	燕山大学
614	韩昌跃	扬州大学
615	简圣宇	扬州大学
616	孙显军	扬州大学
617	王兴	阳泉市人民政府
618	李伟	宜宾学院
619	张渊	榆林学院
620	罗刚	云南大学
621	栗硕	战略支援部队信息工程大学
622	曹桂飞	浙江财经大学
623	林卡	浙江大学
624	张绪忠	浙江工商大学
625	郑英龙	浙江工商大学
626	周灿	浙江工商大学
627	李威峰	浙江省金华市教育局
628	查志强	浙江省社会科学院
629	王心良	浙江水利水电学院
630	桂清扬	浙江外国语学院
631	赖慧玲	郑州大学
632	周春雷	郑州大学
633	李书锋	中共河北省委党校
634	彭澜	中共河北省委党校

续表

序号	姓名	单位
635	惠国琴	中共黑龙江省委党校
636	王晓臣	中共宽城县委办公室
637	徐慧枫	中共宁波市委党校
638	吕晓斌	中共山西省委党校
639	潘华智	中共山西省委党校
640	苏玉娟	中共山西省委党校
641	于晓媛	中共山西省委党校
642	周巍	中共上海市委党校
643	唐兵	中共四川省委党校
644	刘彦武	中共四川省委省直机关党校
645	朱凤霞	中共四川省委省直机关党校
646	青格乐	中共锡盟委党校
647	郭全中	中共中央党校
648	张凯	中共中央对外联络部
649	荆学民	中国传媒大学
650	李祖超	中国地质大学（武汉）
651	岳奎	中国地质大学（武汉）
652	张淑翠	中国电子信息产业发展研究院
653	关秀丽	中国国家发展改革委
654	郭媛媛	中国环境出版集团
655	宋朝亮	中国建设银行
656	商丽娜	中国科学院
657	王文军	中国科学院
658	李浩	中国农业大学
659	刘长军	中国青年政治学院
660	车桂林	中国人民大学
661	刘海清	中国人民大学
662	卫小将	中国人民大学
663	宣小红	中国人民大学
664	李珍	中国人民公安大学
665	闫文博	中国人民解放军火箭军政治工作部

续表

序号	姓名	单位
666	王珏	中国人民解放军军事科学院
667	万里虹	中国人寿保险股份有限公司
668	陈祥	中国社会科学院
669	陈星星	中国社会科学院
670	郝鲁怡	中国社会科学院
671	侯京林	中国社会科学院
672	李金华	中国社会科学院
673	刘清涛	中国社会科学院
674	刘文远	中国社会科学院
675	秦爱华	中国社会科学院
676	王春光	中国社会科学院
677	王飞	中国社会科学院
678	王俊生	中国社会科学院
679	王振中	中国社会科学院
680	王中保	中国社会科学院
681	魏翔	中国社会科学院
682	吴要武	中国社会科学院
683	张海洋	中国社会科学院
684	张经纬	中国社会科学院
685	张勇	中国社会科学院
686	张忠山	中国社会科学院
687	支振锋	中国社会科学院
688	钟飞腾	中国社会科学院
689	朱涛	中国社会科学院
690	庄立	中国社会科学院
691	黄敬宝	中国社会科学院大学
692	杨凤鸣	中国世界贸易组织研究会
693	袁广林	中国刑事警察学院
694	张南	中国政法大学
695	黄泽敏	中南财经政法大学
696	毛晖	中南财经政法大学

续表

序号	姓名	单位
697	谭冰霖	中南财经政法大学
698	单宇	中南大学
699	谭晓萍	中南大学
700	张健东	中南大学
701	成凤明	中南林业科技大学
702	方威	中南林业科技大学
703	傅晓华	中南林业科技大学
704	侯茂章	中南林业科技大学
705	蒋兰香	中南林业科技大学
706	肖建武	中南林业科技大学
707	肖艳	中南林业科技大学
708	熊曦	中南林业科技大学
709	徐保风	中南林业科技大学
710	尹少华	中南林业科技大学
711	袁怀宇	中南林业科技大学
712	张亚连	中南林业科技大学
713	张治忠	中南林业科技大学
714	钟永德	中南林业科技大学
715	朱玉林	中南林业科技大学
716	陈雪萍	中南民族大学
717	翁义明	中南民族大学
718	袁雪芬	中南民族大学
719	赵宝春	中南民族大学
720	罗帅	中山大学
721	杨明伟	中央党史和文献研究院
722	于瑞江	中央军委政治工作部
723	苏德毕力格	中央民族大学
724	杨瑞芬	中央民族大学
725	季江静	中原工学院
726	吴殿朝	中原工学院
727	周维明	最高人民法院
728	李作章	《现代教育管理》编辑部

六　2018 年期刊评价期刊编辑部自评信息表

表 16　　**期刊编辑部自评信息表**

基本信息								
* 刊名（中文）								
曾用刊名								
刊名（英文）								
* CN			* ISSN			邮编		
* 创刊年			* 刊期					
* 主管单位				* 主办单位				
* 联系电话				出版地址				
* 有效联系 email				微信公众号				
* 期刊所属学科		出版单位性质		是否有国际编委				

续表

社长	姓名	性别	民族	出生年份	政治面貌	最高学历 所属学科	职称	
编辑部人员信息								
＊总编（主编）	姓名	性别	民族	出生年份	政治面貌	最高学历 所属学科	职称	
＊编辑部人员数量	正式编人数			编外人数				
＊编辑部人员职称（正式编辑部编制）	正高职称人数		副高职称人数		中级职称人数		其他	
＊编辑人员学历（正式编辑部编制）	博士人数		硕士人数		本科人数		其他	
＊编辑人员学历（编外编辑部编制）	博士人数		硕士人数		本科人数		其他	
体制机制建设								
发稿管理制度		审稿管理制度		业绩考核制度		开放获取情况		
审稿周期		发表周期		栏目设置				
投稿方式								

续表

其他特色	注：这次期刊评价，拟对期刊办刊过程中的好的做法、内容特色等推出经验介绍。因此，针对期刊自身特色，可以撰写 1000 字左右的介绍情况，可以附件方式提供。例如《数量经济技术经济研究》近期采用了动态页码制，这是一个新的做法，是其办刊特色之一，该期刊介绍了实施动态页码的背景（原因）、做法（如果是新做法请说明是否合规，如该刊的做法得到中国社会科学院和原国家新闻出版广电总局的批复、效果等）。	
期刊影响力情况		
被何种检索系统收录	1	
	2	
	3	
期刊获奖情况（国家级、省部级及有影响的专业/行业奖项）	1	
	2	
	3	
备注：	其他需要说明的事项。	

注意事项：

1. 请实事求是的填写，一经发现有不实之处，则该问卷内容做无效处理；
2. 请不要改动数据表的结构，如添加、删除、合并单元格，增删行、列信息等，因为问卷回收后会由计算机直接读取各单元格数据；
3. 如有任何意见或建议、需要再行说明的问题等，请在备注中进行标注。

致　　谢

在本项目调研及实施过程中，我们得到了全国哲学社会科学工作办公室、国家广播电视总局、中国社会科学院图书馆、中国社会科学网、中国知网等机构的指导和支持，得到了全国各地科研机构、期刊编辑部和专家学者的支持和帮助。在此，对以下期刊编辑部的支持表示感谢（按照期刊名称音序排列）。

序号	期刊名称
1	安徽大学学报・哲学社会科学版
2	安徽史学
3	安庆师范学院学报・社会科学版
4	北方经济
5	北方民族大学学报・哲学社会科学版
6	北京财贸职业学院学报
7	北京大学教育评论
8	北京大学学报・哲学社会科学版
9	北京第二外国语学院学报
10	北京工业大学学报・社会科学版
11	北京航空航天大学学报・社会科学版
12	北京交通大学学报・社会科学版
13	北京联合大学学报・人文社会科学版
14	北京社会科学
15	北京师范大学学报・社会科学版
16	北京舞蹈学院学报

续表

序号	期刊名称
17	编辑之友
18	财经研究
19	财贸经济
20	财贸研究
21	财政研究
22	产业经济研究
23	成都体育学院学报
24	成人教育
25	城市规划学刊
26	重庆大学学报・社会科学版
27	重庆工商大学学报・社会科学版
28	重庆理工大学学报・社会科学版
29	重庆社会科学
30	出版科学
31	创新
32	大连理工大学学报・社会科学版
33	当代韩国
34	当代教育科学
35	当代教育与文化
36	当代经济管理
37	当代青年研究
38	当代文坛
39	当代修辞学
40	当代亚太
41	当代职业教育
42	当代中国史研究
43	党政研究
44	电化教育研究
45	东北亚学刊
46	东方法学
47	东南大学学报・哲学社会科学版

续表

序号	期刊名称
48	东南文化
49	东南亚纵横
50	杜甫研究学刊
51	俄罗斯东欧中亚研究
52	俄罗斯学刊
53	发展研究
54	法学评论
55	法学研究
56	法治研究
57	方言
58	福建行政学院学报
59	福建师范大学学报·哲学社会科学版
60	妇女研究论丛
61	复旦教育论坛
62	改革
63	甘肃社会科学
64	高等工程教育研究
65	高等教育研究
66	高教发展与评估
67	高校教育管理
68	工业工程与管理
69	公共管理学报
70	观察与思考
71	管理评论
72	管理世界
73	广东财经大学学报
74	广东行政学院学报
75	广东社会科学
76	广西财经学院学报
77	广西大学学报·哲学社会科学版
78	广西民族大学学报·哲学社会科学版

续表

序号	期刊名称
79	广西师范大学学报·哲学社会科学版
80	广西师范学院学报·哲学社会科学版
81	广州大学学报·社会科学版
82	贵州财经大学学报
83	贵州社会科学
84	国际安全研究
85	国际经济合作
86	国际经济评论
87	国际社会科学杂志·中文版
88	国家行政学院学报
89	国家教育行政学院学报
90	国家图书馆学刊
91	国外社会科学
92	哈尔滨工业大学学报·社会科学版
93	行政与法
94	和平与发展
95	河北大学成人教育学院学报
96	河北大学学报·哲学社会科学版
97	河北工业大学学报·社会科学版
98	河海大学学报·哲学社会科学版
99	河南财经政法大学学报
100	河南工业大学学报·社会科学版
101	河南社会科学
102	河南师范大学学报·哲学社会科学版
103	湖南科技大学学报·社会科学版
104	湖湘论坛
105	华北电力大学学报·社会科学版
106	华东理工大学学报·社会科学版
107	华东师范大学学报·教育科学版
108	华东师范大学学报·哲学社会科学版
109	华南理工大学学报·社会科学版

续表

序号	期刊名称
110	华夏考古
111	华中科技大学学报·社会科学版
112	华中师范大学学报·人文社会科学版
113	淮阴师范学院学报·哲学社会科学版
114	环球法律评论
115	基础教育
116	吉林大学社会科学学报
117	吉林师范大学学报·人文社会科学版
118	技术与创新管理
119	价格月刊
120	建筑经济
121	江海学刊
122	江汉考古
123	江汉论坛
124	江汉学术
125	江淮论坛
126	江苏大学学报·社会科学版
127	江苏社会科学
128	江苏师范大学学报·哲学社会科学版
129	江西社会科学
130	交大法学
131	教学研究
132	教育科学研究
133	教育评论
134	教育学术月刊
135	教育研究
136	教育研究与实验
137	教育与教学研究
138	教育与职业
139	金融监管研究
140	金融教育研究

续表

序号	期刊名称
141	金融研究
142	近代史研究
143	经济管理
144	经济经纬
145	经济评论
146	经济问题
147	经济学动态
148	经济研究
149	经济与管理评论
150	经济与管理研究
151	经济纵横
152	抗日战争研究
153	考古
154	考古学报
155	考试研究
156	科技管理研究
157	拉丁美洲研究
158	理论视野
159	理论探索
160	理论学刊
161	理论月刊
162	历史研究
163	辽宁师范大学学报·社会科学版
164	林业经济
165	岭南学刊
166	领导科学
167	领导之友（现更名为《治理现代化研究》）
168	旅游学刊
169	马克思主义研究
170	美国研究
171	民国档案

续表

序号	期刊名称
172	民族教育研究
173	民族研究
174	民族语文
175	南方建筑
176	南京工业大学学报 · 社会科学版
177	南京理工大学学报 · 社会科学版
178	南京农业大学学报 · 社会科学版
179	南京社会科学
180	南开管理评论
181	南通大学学报 · 社会科学版
182	南亚研究
183	内蒙古民族大学学报 · 社会科学版
184	宁夏社会科学
185	农业考古
186	欧洲研究
187	企业改革与管理
188	企业经济
189	青海社会科学
190	青年探索
191	青年研究
192	清华大学学报 · 哲学社会科学版
193	清华法学
194	清史研究
195	情报学报
196	求实
197	求是
198	求索
199	人口与社会
200	日本问题研究
201	日本学刊
202	厦门大学学报 · 哲学社会科学版

续表

序号	期刊名称
203	厦门特区党校学报
204	山东大学学报・哲学社会科学版
205	山东师范大学学报・人文社会科学版
206	山东外语教学
207	山西高等学校社会科学学报
208	山西农业大学学报・社会科学版
209	陕西学前师范学院学报・学前教育版
210	商业经济研究
211	上海财经大学学报・哲学社会科学版
212	上海大学学报・社会科学版
213	上海教育科研
214	上海政法学院学报
215	社会保障研究
216	社会工作
217	社会科学研究
218	社会学研究
219	社会主义研究
220	深圳大学学报・人文社会科学版
221	沈阳师范大学学报・社会科学版
222	沈阳体育学院学报
223	石河子大学学报・哲学社会科学版
224	史学集刊
225	史学史研究
226	史学月刊
227	世界汉语教学
228	世界经济
229	世界经济与政治
230	世界民族
231	世界文学
232	世界哲学
233	世界宗教研究

续表

序号	期刊名称
234	首都师范大学学报・社会科学版
235	首都体育学院学报
236	数量经济技术经济研究
237	数学教育学报
238	水利经济
239	税收经济研究
240	税务研究
241	思想理论教育
242	思想战线
243	思想政治教育研究
244	四川理工学院学报・社会科学版
245	四川师范大学学报・社会科学版
246	苏州大学学报・哲学社会科学版
247	台湾研究
248	太原理工大学学报・社会科学版
249	体育科学
250	天津商业大学学报
251	统计研究
252	统计与信息论坛
253	图书情报工作
254	图书情报知识
255	外国经济与管理
256	外国文学评论
257	外语教学
258	外语教学与研究
259	外语学刊
260	外语研究
261	渭南师范学院学报
262	文博
263	文史哲
264	文学批评

续表

序号	期刊名称
265	文学评论
266	文学遗产
267	西安财经学院学报
268	西安外国语大学学报
269	西北农林科技大学学报·社会科学版
270	西藏大学学报·社会科学版
271	西藏研究
272	西亚非洲
273	戏剧艺术
274	现代大学教育
275	现代教育管理
276	现代图书情报技术
277	现代远程教育研究
278	湘潭大学学报·哲学社会科学版
279	心理学报
280	新疆社会科学
281	新世纪图书馆
282	新闻与传播研究
283	信息资源管理学报
284	徐州工程学院学报·社会科学版
285	学前教育研究
286	学术界
287	学术论坛
288	学术月刊
289	学校党建与思想教育
290	延安大学学报·社会科学版
291	燕山大学学报·哲学社会科学版
292	扬州大学学报·人文社会科学版
293	医学与哲学·人文社会医学版

续表

序号	期刊名称
294	银行家
295	阅江学刊
296	云南社会科学
297	枣庄学院学报
298	长安大学学报・社会科学版
299	长江学术
300	哲学动态
301	哲学研究
302	浙江工商大学学报
303	浙江社会科学
304	浙江树人大学学报
305	征信
306	郑州航空工业管理学院学报
307	郑州航空工业管理学院学报・社会科学版
308	政工学刊
309	政治学研究
310	政治与法律
311	职业技术教育
312	职业教育研究
313	中共宁波市委党校学报
314	中共中央党校学报
315	中国边疆史地研究
316	中国成人教育
317	中国出版
318	中国高校科技
319	中国工业经济
320	中国行政管理
321	中国经济问题
322	中国考试

续表

序号	期刊名称
323	中国科技翻译
324	中国矿业大学学报·社会科学版
325	中国劳动关系学院学报
326	中国农村观察
327	中国农村经济
328	中国农业大学学报·社会科学版
329	中国农业教育
330	中国青年研究
331	中国人口·资源与环境
332	中国人民大学学报
333	中国社会经济史研究
334	中国社会科学
335	中国社会科学评价
336	中国社会科学院研究生院学报
337	中国史研究
338	中国史研究动态
339	中国市场
340	中国特色社会主义研究
341	中国图书馆学报
342	中国文学研究
343	中国现代文学研究丛刊
344	中国语文
345	中国远程教育
346	中国职业技术教育
347	中南财经政法大学学报
348	中南大学学报·社会科学版
349	中南林业科技大学学报·社会科学版
350	中山大学学报·社会科学版
351	中外法学

续表

序号	期刊名称
352	中央民族大学学报·哲学社会科学版
353	中原文物
354	中州学刊
355	资源开发与市场
356	紫光阁

还有很多机构和期刊编辑部，特别是新刊、英文期刊给予我们大力支持，限于篇幅不一一列举，在此一并表示感谢。

后　记

本报告以中国社会科学评价研究院自建引文数据库、中宣部出版局年鉴数据、国家哲学社会科学文献中心学术期刊数据库、中国知网等为数据基础，对 1291 种 A 刊、164 种新刊及 68 种英文刊进行了评价。

本报告由中国社会科学评价研究院多位同志合作撰写。荆林波负责整体报告框架设计，参与各章节框架讨论。报告各章节撰写分工如下：

前言　荆林波

第一篇　A 刊评价报告　苏金燕

第二篇　A 刊评价与其他期刊评价的对比　逯万辉

第三篇　新刊评价报告　耿海英

第四篇　英文期刊评价报告　余倩

第五篇　附件　荆林波、苏金燕、王力力、耿海英、余倩、王雅静、奚祺海

本报告编制过程中得到了多方的大力支持和帮助。感谢中国社会科学评价研究院领导和各部门同事的关心和帮助；感谢中宣部出版局、国家哲学社会科学文献中心和中国知网的数据支持；感谢中宣部全国哲学社会科学工作办公室和中国社会科学院科研局的指导和帮助；感谢中国人文社会科学期刊评价专家委员会的专家提出的宝贵意见和建议；感谢众多期刊编辑部、专家学者的肯定和鼓励！